Literatursoziologie

Christine Magerski
Christa Karpenstein-Eßbach

Literatursoziologie

Grundlagen, Problemstellungen und Theorien

 Springer VS

Christine Magerski
Universität Zagreb
Zagreb, Kroatien

Christa Karpenstein-Eßbach
Universität Mannheim
Mannheim, Deutschland

ISBN 978-3-658-22291-8   ISBN 978-3-658-22292-5   (eBook)
https://doi.org/10.1007/978-3-658-22292-5

Die Deutsche Nationalbibliothek verzeichnet diese Publikation in der Deutschen Nationalbibliografie; detaillierte bibliografische Daten sind im Internet über http://dnb.d-nb.de abrufbar.

Springer VS
© Springer Fachmedien Wiesbaden GmbH, ein Teil von Springer Nature 2019
Das Werk einschließlich aller seiner Teile ist urheberrechtlich geschützt. Jede Verwertung, die nicht ausdrücklich vom Urheberrechtsgesetz zugelassen ist, bedarf der vorherigen Zustimmung des Verlags. Das gilt insbesondere für Vervielfältigungen, Bearbeitungen, Übersetzungen, Mikroverfilmungen und die Einspeicherung und Verarbeitung in elektronischen Systemen.
Die Wiedergabe von Gebrauchsnamen, Handelsnamen, Warenbezeichnungen usw. in diesem Werk berechtigt auch ohne besondere Kennzeichnung nicht zu der Annahme, dass solche Namen im Sinne der Warenzeichen- und Markenschutz-Gesetzgebung als frei zu betrachten wären und daher von jedermann benutzt werden dürften.
Der Verlag, die Autoren und die Herausgeber gehen davon aus, dass die Angaben und Informationen in diesem Werk zum Zeitpunkt der Veröffentlichung vollständig und korrekt sind. Weder der Verlag, noch die Autoren oder die Herausgeber übernehmen, ausdrücklich oder implizit, Gewähr für den Inhalt des Werkes, etwaige Fehler oder Äußerungen. Der Verlag bleibt im Hinblick auf geografische Zuordnungen und Gebietsbezeichnungen in veröffentlichten Karten und Institutionsadressen neutral.

Verantwortlich im Verlag: Cori Antonia Mackrodt

Springer VS ist ein Imprint der eingetragenen Gesellschaft Springer Fachmedien Wiesbaden GmbH und ist ein Teil von Springer Nature
Die Anschrift der Gesellschaft ist: Abraham-Lincoln-Str. 46, 65189 Wiesbaden, Germany

Inhaltsverzeichnis

1 Einführung 1
   1.1   Was ist Literatursoziologie? 1
   1.2   Wozu Literatursoziologie? 3
   1.3   Wozu ein Lehrbuch der Literatursoziologie? 4
   1.4   Aufbau des Lehrbuchs 6
   Literatur 7

2 Grundlage: Die Entdeckung des Gesellschaftlichen in der Literatur 9
   2.1   Die moderne Gesellschaft und ihre Literatur 9
   2.2   Das Gesellschaftliche in der Literatur I: Autor (Produktion) 13
   2.3   Das Gesellschaftliche in der Literatur II: Werk (Texte und Formen) 15
   2.4   Das Gesellschaftliche in der Literatur III: Leser (Rezeption) ... 19
   2.5   Illustration: Die literarische Gesellschaft im Gesellschaftsroman 21
   Literatur 22

3 Konkretisierung von Problemstellungen I: Ungeklärte Korrelationen 25
   3.1   Nicht jeder schreibt und liest alles: Soziale Differenzierung und literarische Distinktion 26
   3.2   Woher wissen wir das? Empirische Literatursoziologie 29
   3.3   Was soll man lesen? Wertung, Kanonisierung, Funktionszuschreibung 35
   3.4   Wertung als Urphänomen und gesellschaftliche Leistung 38
   3.5   Illustration: Bestsellerlisten 45
   Literatur 50

4 Konkretisierung von Problemstellungen II: Das Problem des Wandels ... 53
4.1 Rhythmen und Zeitschichten von Wandel ... 53
4.2 Literatur als Erkenntnisquelle sozialen Wandels ... 62
4.3 Ebenen und Modelle des Wandels I: Sozio-ökonomische Prozesse ... 66
4.4 Ebenen und Modelle des Wandels II: Zivilisationsprozeß und Psychohistorie ... 69
4.5 Literarischer und gesellschaftlicher Wandel zwischen Struktur und Kultur ... 74
4.6 Illustration: Historische Semantiken der Liebe ... 76
Literatur ... 79

5 Theoriebildung I: Soziologie der literarischen Formen ... 83
5.1 Entstehung und Grundlagen ... 83
5.2 Form, Funktion, Norm ... 87
5.3 Ästhetischer Wert im Spannungsgefüge außerästhetischer Phänomene: Ideale, Diskurse, Wissen ... 92
5.4 Anwendungsbeispiel: Das Drama *Bambiland* von Elfriede Jelinek ... 100
Literatur ... 103

6 Theoriebildung II: Soziologie des literarischen Geschmacks ... 105
6.1 Ästhetische Grundlagen ... 106
6.2 Entstehungskontext: Massenkultur und Geschmacks(ver)irrungen ... 110
6.3 Anfänge literarischer Geschmackssoziologie als Lösung eines Rätsels ... 112
6.4 Weiterentwicklung: Die soziale Logik des Geschmacks ... 119
6.5 Anwendungsbeispiel: Literarischer Kitsch ... 124
Literatur ... 129

7 Theoriebildung III: Soziologie der literarischen Institution ... 131
7.1 Entstehung und Grundlagen ... 131
7.2 Grundbegriffe: Institutionalisierung, Autonomie, Wechselwirkung ... 136
7.3 Weiterentwicklung: Institutionstheorie ... 142
7.4 Weiterentwicklung: Feld- und Systemtheorie ... 145
7.5 Anwendungsbeispiel: Lesegesellschaften ... 154
Literatur ... 157

8	**Theoriebildung IV: Literatursoziologie als Gesellschaftskritik**	159
	8.1 Entstehung und Grundlagen...........................	160
	8.2 Facetten der Gesellschaftskritik........................	163
	8.3 Jenseits hoher Literatur: Kulturindustrie und Cultural Studies	174
	8.4 Anwendungsbeispiel: Utopien.........................	179
	Literatur...	181
9	**Literatur und Medien**..	183
	9.1 Vorklärungen	183
	9.2 Medien und Kommunikation...........................	185
	9.3 Medien, Aisthesis, Künste.............................	187
	9.4 Mündlichkeit, Schrift und Buchdruck...................	190
	9.5 Medienkonkurrenzen..................................	194
	9.6 Anwendungsbeispiel: *Abfall für alle. Roman eines Jahres* von Rainald Goetz.....................................	198
	Literatur...	199
10	**Literatursoziologie – eine Fragestellung mit Brückenfunktion**	201
	10.1 Literatursoziologie und Kulturwissenschaft(en)	201
	10.2 Literatursoziologie und Literaturwissenschaft...............	206
	10.3 Literatursoziologie und Soziologie	212
	Literatur...	215
Literatur...		217

Einführung

1.1 Was ist Literatursoziologie?

Literatursoziologie ist keine Disziplin, sondern eine auf das Verhältnis von Literatur und Gesellschaft gerichtete Fragestellung. Der Gegenstand der Literatursoziologie ist folglich eine bestimmte Relation, und zwar die wechselseitige Beziehung zwischen Literatur und Gesellschaft. Dass diese Wechselbeziehung überhaupt kenntlich wurde und in den Blick der Wissenschaft geriet, verdankt sich dem Aufkommen der modernen Gesellschaft. Wie Jürgen Scharfschwerdt, einer der namhaftesten deutschen Literatursoziologen in den 1970er Jahren treffend festhielt, setzt allein der Begriff der Literatursoziologie ein differenziertes Gesellschaftsgefüge voraus, ja sind die Möglichkeit und Notwendigkeit literatursoziologischer Erkenntnisbemühung zentral rückgebunden an die Entstehung der neuzeitlichen bürgerlichen Gesellschaft (Scharfschwerdt 1977, S. 8 f.).

Wie ist das zu verstehen? Zunächst einmal bedeutet die Bindung der Literatursoziologie an die moderne bürgerliche Gesellschaft, dass erst mit dem unübersehbaren Auftauchen divergierender sozialer Gruppen auch die Differenzierung der Literatur beginnt. Nicht ohne Grund lassen sich die Schriften von Marx und Engels auch als die Anfänge der Literatursoziologie lesen. Wichtiger als die Frage des Ursprungs aber ist es zu unterstreichen, dass sowohl die Gesellschaft als auch die Literatur aufgespalten, also pluralisiert sein müssen, damit eine sich auf das Verhältnis von Literatur und Gesellschaft richtende Frage überhaupt gestellt werden kann. In einer geschlossenen sozialen Formation mit einem einheitlich verbindlichen Lesekanon könnte die Frage, wie sich die Literatur zur Gesellschaft verhält, gar nicht aufkommen, da das Verhältnis derart selbstverständlich wäre, dass es weder thematisiert noch problematisiert werden würde. Wo es nur *Die Bibel* gibt, gibt es keinen Gesellschafts- und auch keinen Literaturbegriff.

Nun gab es bereits vor der Entwicklung der modernen bürgerlichen Gesellschaft mehr als einen literarischen Text. Auch gab es seit den Anfängen der Schriftkultur zweifelsfrei divergierende Literaturen in demselben Raum. Doch handelte es sich dabei mehrheitlich um ein Nacheinander, also um eine diachrone Ordnung mit jeweils einem vorherrschenden, von dem Wertgefüge der dominierenden alphabetisierten sozialen Gruppe getragenen Stil. Mit der modernen Gesellschaft schwindet diese Form der Hierarchisierung und an die Stelle des Nacheinanders divergierender Literaturen tritt ein Nebeneinander. Zu denken ist hier an die literarischen Kämpfe um die Definitionsmacht darüber, wie moderne Literatur eigentlich beschaffen zu sein habe, wie sie um 1900 zwischen den Naturalisten und den Symbolisten ausgetragen wurden. Zeitgleich stellte man ganz unterschiedliche, ja programmatisch auf Unterscheidung basierende Literaturen vor und setzte eine Dynamik des literarischen, von der Avantgarde auf die Spitze getriebenen Wandels frei. Entscheidend für ein Verständnis der Literatursoziologie ist dabei, dass erst die Verlagerung der Auseinandersetzungen divergierender Literaturvorstellungen von einem diachronen zu einem synchronen Verhältnis jene Spannungsstruktur erzeugt, welche die Fragestellung provoziert, inwiefern die Strukturen der Literatur mit denen der Gesellschaft korrelieren.

Einmal gestellt, entfalten und bündeln sich unter dieser übergreifenden Fragestellung zahlreiche weitere, um das Verhältnis von Literatur und Gesellschaft kreisende Fragen: Wer oder was entscheidet über die jeweils vorherrschende Definition und mithin über die dominierende Form von Literatur? Wer produziert, distribuiert und rezipiert überhaupt Literatur? Folgt der Raum, in dem Literatur produziert, verbreitet und rezipiert wird, bestimmten, anderen gesellschaftlichen Bereichen vergleichbaren Regeln und Gesetzen, oder ist der Raum der Literatur selbstbestimmt und mithin autonom? Hat Literatur eine spezifische Funktion in der Gesellschaft und wer schreibt ihr diese in welcher Form zu? Wie ändern sich die literarischen Produktions- und Rezeptionsformen sowie die Funktionszuschreibungen der Literatur durch das Auftauchen anderer sozialer Kommunikationsmedien? Die Reihe relevanter literatursoziologischer Fragestellungen lässt sich fortsetzen und wird in diesem Lehrbuch systematisch verfolgt. An dieser Stelle muss festgehalten werden, dass Literatursoziologie eine genuin moderne Wissenschaft ist, und zwar insofern, als ihr Begriff sich nicht nur einem modernen differenzierten Gesellschaftsgefüge verdankt, sondern die spezifische Leistung der Literatursoziologie, das heißt ihr Erkenntniswert auch an eben diese differenzierte Gesellschaft gebunden ist.

1.2 Wozu Literatursoziologie?

Die Funktion der Literatursoziologie liegt in ihrem Beitrag für ein Verständnis der modernen Gesellschaft und ihrer Kultur. Selbstverständlich lassen sich die einmal entfalteten literatursoziologischen Frage- und Problemstellungen auch historisch nach rückwärts als sinnvolles analytisches Instrumentarium fruchtbar machen. Die Aufgabe, diese Zusammenhänge zu verstehen, teilt sie mit den Gesellschafts- und Kulturwissenschaften. Während aber die Gesellschaftswissenschaften vornehmlich die *sozialen* Formen und Ordnungen und die Kulturwissenschaften die *symbolischen* Formen und Ordnungen in den Blick nehmen, schlägt die Literatursoziologie die Brücke zwischen beiden. Ihre spezifische Leistung liegt, der Kunst- und Musiksoziologie vergleichbar, im Nachweis der Korrelationen zwischen sozialer und symbolischer Ordnung. Die Literatur bietet sich dafür in besonderer Weise an, da sie unmittelbar an Sprache gebunden ist. Sprache besteht aus Zeichen, und Zeichen sind ihrem Wesen nach soziale Phänomene. Gäbe es nur einen Menschen, so bräuchte es weder Stoppschilder noch Sprache oder Schrift. Wo es Zeichen, Sprache und Schrift gibt, sind diese ihrem Sinn und Aufbau nach auf die Existenz und das Verhalten anderer bezogen.

Illustrieren lässt sich der genuin soziale und von daher für das Verständnis der Literatursoziologie zentrale Charakter der Literatur an einem Kinderbuch mit dem sprechenden Titel *Post für den Tiger. Die Geschichte, wie der kleine Bär und der kleine Tiger die Briefpost, die Luftpost und das Telefon erfinden*. Janosch, der Autor, entwirft mit Tiger und Bär zwei literarische Figuren, die zusammen in einem Häuschen am Fluss leben. Nur kurzzeitig sind sie getrennt, nämlich immer dann, wenn der Bär zum Fluss geht, um Fische zu fangen. Dem kleinen Tiger ist die Zeit der Abwesenheit so lang, dass er den Bären bittet, ihm einen „Brief aus der Ferne" zu schreiben, sodass er sich freut. Der Bär kommt der Bitte nach und bringt mit Feder und Tinte folgendes auf das Papier: „Lieber Tiger! Teile dir mit, dass es mir gut geht, wie geht es dir? Schäle inzwischen die Zwiebeln und koch Kartoffeln, denn es gibt vielleicht Fisch. Es küsst dich dein Freund Bär." Da der Brief vor der Erfindung der Post verfasst wurde, kommt er erst mit dem Bären beim enttäuschten Tiger an, woraus sich die Kette der Erfindungen geradezu notwendig ergibt.

Geschriebenes, so illustriert die Kindergeschichte, verdankt sich dem scheinbar universellen Bedürfnis nach Unterhaltung und Kommunikation über zeiträumliche Grenzen hinaus, ist jedoch seinem Sinn und seiner Struktur nach auf den konkreten anderen, in diesem Fall den kleinen Tiger, bezogen. Zudem illustriert das Geschriebene im Geschriebenen, also der Brief im Kinderbuch, den genuin sozialen Charakter der Literatur insofern, als es die vielschichtigen Beziehungen zwischen den beiden literarischen Figuren nicht nur aufzeigt, sondern qua Literatur auch stiftet: Bär und Tiger sind und werden durch die

Literatur auf der kognitiven Ebene (‚Denken an' als explizite Wahrnehmung des Ich und des Anderen), der Handlungsebene („koch Kartoffeln") und der emotionalen Ebene („Es küsst dich") miteinander verbunden. Selbst ihre Perspektiven und Zukunftserwartungen werden durch den Akt des Schreibens und Lesens miteinander verknüpft, denn vielleicht, so lässt der Brief hoffen, gibt es für beide später Fisch. Auch wird das „Unterhaltungsnetz" durch ihre Erfindung der Brief- und Luftpost von den Bewohnern der Flusslandschaft bald bis nach Afrika ausgebaut: „Von hier nach dort und von dort nach da, kreuz und quer". Mit anderen Worten: Einmal in der Welt, gewinnt die Produktion, Distribution und Rezeption von Literatur an Dynamik und Formenvielfalt.

Und doch läuft es nicht ganz so „kreuz und quer", wie es Janoschs Erzähler die Kinder glauben macht. Dem literatursoziologischen Blick eröffnen sich vielmehr, nachdem er die soziologische Relevanz des Briefes und seiner Verbreitung einmal erkannt hat, viele weitere, die Leistungsfähigkeit der Literatursoziologie erweisende Fragen: Wer wird in dem ausgreifenden literarischen Kommunikationssystem wen als weiteren möglichen Adressaten entdecken und wie wird sich die Erfindung weiterer Verbreitungsmöglichkeiten auf das Schreib- und Leseverhalten in der Flusslandschaft auswirken? Welchen Sinn hat eigentlich das literarische Handeln ihrer Bewohner, welchen Normen folgt es und in welcher Beziehung stehen diese, denken wir an den oben zitierten Brief, zur Struktur der literarischen Texte? Und was sagt es überhaupt über unsere Gegenwartsgesellschaft, wenn ein Kinderbuch, in dem die Geschichte der Literatur bis hin zur Kommunikationsgesellschaft zum Gegenstand wird, den Jugendbuchpreis ‚Der silberne Griffel' erhält?

Vor allem eins, dass wir nämlich in einer Gesellschaft leben, die ihr eigenes Schaffen und mithin ihre eigene Kultur immer stärker reflektiert und verstehen will, wie ihre soziale und symbolische Ordnung funktioniert. Dazu braucht sie, so könnte man in Anlehnung an Max Webers bekannte Definition der Soziologie sagen, eine Wissenschaft, die literarisches Handeln und literarische Formen deutend verstehen und in ihrem Ablauf beziehungsweise ihrem Aufbau und ihren Wirkungen gesellschaftlich zu erklären versucht. „Wo wie was für wen und von wem?" lässt Janoschs Erzähler den kleinen Tiger ausrufen, als ihn der erste Brief erreicht. Diese Fragen so zu beantworten, dass sie zu einem Verständnis der modernen Gesellschaft beitragen, ist die Funktion der Literatursoziologie.

1.3 Wozu ein Lehrbuch der Literatursoziologie?

Literatursoziologie ist aufgrund der ihr eigenen Zweidimensionalität und Relationalität eine für das Verständnis der Gegenwartsgesellschaft eminent wichtige wissenschaftliche Zugangsform. Ein Lehrbuch wiederum ist (laut Wikipedia) eine

1.3 Wozu ein Lehrbuch der Literatursoziologie?

besondere Form des Sachbuchs, das aufgrund seiner didaktisch aufbereiteten Lehrstoffe und -materialien für den Unterricht verwendet wird. In diesem Sinne versteht sich das vorliegende Sachbuch ausdrücklich als Buch für die Lehre einer komplexen Relation. Sein Zweck ist es, den Zusammenhang zwischen Literatur und Gesellschaft unter Hinzuziehung aller relevanten Sachverhalte (seien sie sozialer, lebensweltlicher, kultureller, textueller und ästhetischer Art) didaktisch so für den Leser aufzubereiten, dass sich der spezifische Charakter der Literatursoziologie dem Leser in Schule, Studium und Selbststudium erschließt.

Ein solches Lehrbuch der Literatursoziologie gibt es nicht. Am ehesten wird die Funktion bislang von dem Band *Literatursoziologie* von Andreas Dörner und Ludgera Vogt erfüllt. Ihre *Einführung in zentrale Positionen – von Marx bis Bourdieu, von der Systemtheorie bis zu den British Cultural Studies* ist ein unersetzliches Standardwerk für das Studium der Literatursoziologie und hat maßgeblich zum Verfassen des vorliegenden Lehrbuchs beigetragen. Gleichwohl verfolgt das vorliegende Lehrbuch weitere, sowohl als Fundierung wie auch als Ergänzung der Einführung von Dörner und Vogt zu verstehende Ziele. Drei sind hervorzuheben:

1. Das Buch will dem Leser spezifisch literatursoziologisches Wissen vermitteln: das Wissen um die Wechselwirkung von Literatur und Gesellschaft. Implizit zumeist vorhanden, geht es dem Buch darum, aus dem impliziten ein explizites, das heißt ein bewusstes, begrifflich und theoretisch gefestigtes Wissen zu machen.
2. Das Buch will dem Leser spezifisch literatursoziologische Kenntnisse vermitteln: Kenntnisse der modernen Gesellschaft und ihrer Literatur. Um beide kennenzulernen, wird dargelegt, wie sie sich wechselseitig Eigenschaften zuschreiben und so unsere Gegenwartskultur konstituieren und zu deren Verständnis beitragen.
3. Das Buch will beim Leser eine spezifisch literatursoziologische Fähigkeit ausbilden: das Denken in Relationen, das heißt das systematische Aufsuchen und Herstellen von Zusammenhängen. Explizit als normative Vorgabe im heutigen Bildungsbereich durchaus vorhanden, mangelt es aufgrund der disziplinär getrennten Organisationsform von Wissen an der Umsetzung. Von daher versteht sich das Lehrbuch der inter- und transdisziplinären Literatursoziologie auch als ein Lehrbuch des Denkens in Relationen.

Deshalb möchten wir hier keine kompakten literatursoziologischen Theorien in bloßer Folge vorlegen, sondern den umgekehrten Weg einschlagen: Wir gehen von wesentlichen Fragestellungen, die den Gegenstandsbereich der Literatursoziologie konstituieren, aus, um dann die Facetten literatursoziologischer Theoriebildungen für ihre Explikationen heranzuziehen.

Ein beiläufiger und doch wesentlicher Zweck des Lehrbuches ist es zudem, das Missverständnis auszuräumen, dass ein literatursoziologischer Zugang grundsätzlich von einem ästhetischen zu unterscheiden sei, ja dass der soziologische Blick das Eigentliche der Literatur verfehle. Eine solche Kritik der Literatursoziologie verkennt nicht nur ihre Verankerung in kultursoziologischen Grundlagentexten wie Georg Simmels *Soziologische Ästhetik,* sondern auch deren weitreichendes, sich auf ein Verständnis der Literatur, der Kunst, der Mode und des Lebensstils erstreckendes Potenzial. Dieses Potenzial ist nicht in erster Linie als eines der griffigen Erkenntnisse zu denken, sondern als eines der Fragestellung und des Verstehenwollens. In diesem Sinne ist die übergreifende Intention des vorliegenden Buchs, den Leser zu lehren, literatursoziologische Fragen zu stellen. Wenn der Leser nach der Lektüre begrifflich und theoretisch geschult im Ästhetischen nach dem Gesellschaftlichen und, umgekehrt, im Gesellschaftlichen nach dem Ästhetischen fragt, ist das Ziel erreicht.

1.4 Aufbau des Lehrbuchs

Das Lehrbuch stellt die Literatursoziologie sowohl aus historischer als auch aus systematischer Perspektive dar. Dabei wird versucht, beide Perspektiven nach Möglichkeit miteinander zu verbinden, um deutlich zu machen, dass die Literatursoziologie in ihrem Entstehen und ihrer Entwicklung nicht nur eng an die Genese der Disziplinen der Soziologie und der Literaturwissenschaft, sondern auch an außerwissenschaftliche Felder wie selbstverständlich Literatur und Kunst, aber auch Politik gekoppelt ist. Konkret bedeutet dies, dass die Geschichte und Entwicklung der Literatursoziologie als eine Reihe von Entdeckungen dargestellt wird, an deren Anfang – und wie könnte es auch anders sein – die Entdeckung des Gesellschaftlichen in der Literatur steht.

Von der Entdeckung des Gesellschaftlichen nimmt unsere Darstellung der Literatursoziologie ihren Ausgang. Zunächst geht es um die Entfaltung der „Geburtsstunde" der Literatursoziologie im Reflexionsfeld um 1900 (Kap. 2). Es folgen zwei Kapitel zur Konkretisierung grundlegender Problemstellungen, die das komplexe Relationsgefüge von Literatur und Gesellschaft auseinanderfalten. Im dritten Kapitel werden, ausgehend von sozialer Differenzierung und literarischer Distinktion, die tragenden Begriffe der Literatursoziologie – Produktion, Distribution, Text, Form und Rezeption – im Rahmen der empirischen Literatursoziologie dargestellt und Fragen der Kanonbildung und literarischen Wertung behandelt. Das folgende (Kap. 4) nimmt eine historische Perspektive in dem Sinne ein, als es Zugänge zum Phänomen des Wandels in Literatur und Gesellschaft reflektiert, und dies im Blick auf sozio-ökonomische ebenso wie zivilisationsgeschichtliche Prozesse und in der Literatur selbst. Auch hier werden diese grundlegenden Problemstellungen in beispielhaften Zusammenhängen illustriert.

Die folgenden Kapitel (Kap. 5 bis 9) bauen darauf auf und konzentrieren sich auf Theoriebildungen speziellerer Charakters, um das thematische und methodologische Spektrum literatursoziologischer Fragestellungen genauer zu explizieren. Dazu gehören Fragen nach den Dimensionen und Implikationen literarischer Formen und einer soziologischen Ästhetik zwischen Funktion, Norm und Wert der Werke einschließlich ihrer außerästhetischen Relationen (Kap. 5). Die literarische Geschmacksbildung ist Gegenstand des 6. Kapitels. Geschmacksbildung wird hier als ein subjektives Vermögen wie auch als eine soziale Tatsache kenntlich gemacht und im Rahmen von Elite- und Massenkultur mit all den zugehörigen Distinktionspraxen erläutert. Zum Komplex speziellerer Theoriebildungen gehört des Weiteren eine auf die Autonomisierung der Literatur gründende Soziologie der literarischen Institution, angefangen von der Institutionssoziologie bis hin zu Feld- und Systemtheorie (Kap. 7). Inwieweit sich die Literatursoziologie auch als Gesellschaftskritik versteht, ist Gegenstand des folgenden Kapitels, das diesen Impuls von der Kritischen Theorie über eine marxistisch inspirierte Literatursoziologie bis hin zu den Cultural Studies nachzeichnet (Kap. 8). Das 9. Kapitel trägt der Einsicht Rechnung, dass sich die Literatursoziologie längst einer Auseinandersetzung mit dem Komplex Medien nicht mehr entziehen kann, sondern – über eine publizistische Tradition hinausgehend – mit den kulturellen Effekten von Medien und ihren Technologien konfrontiert ist. Ersichtlich gemacht wird dies an der Geschichte der Technologisierung des Wortes und neuer Medienkonkurrenzen.

Man darf es vielleicht als ‚Epilog' verstehen, wenn wir im letzten Kapitel den Gedanken vom Anfang noch einmal aufnehmen, wonach die Literatursoziologie keine Disziplin, sondern eine Fragestellung ist. Genauer: eine Fragegestellung mit Brückenfunktion. Drei solcher Brücken sollen am Ende des Lehrbuchs skizziert werden: zur Kulturwissenschaft beziehungsweise den Kulturwissenschaft(en); zur Literaturwissenschaft; zur Soziologie. Diese Brücken können und sollen als Einladungen an Fächer oder ‚ordentliche' Disziplinen verstanden werden, in fremden Gärten zu wildern und der intellektuellen Neugier Raum zu geben.

Literatur

Scharfschwerdt, Jürgen. 1977. *Grundprobleme der Literatursoziologie. Ein wissenschaftsgeschichtlicher Überblick.* Stuttgart: Kohlhammer.

Grundlage: Die Entdeckung des Gesellschaftlichen in der Literatur

2

Der Gegenstand der Literatursoziologie, so wurde in der Einleitung gesagt, ist die wechselseitige Beziehung zwischen Literatur und Gesellschaft – eine Wechselbeziehung, die überhaupt erst mit dem Aufkommen der modernen Gesellschaft in den Blick geriet. Erst mit der Bewusstwerdung unterschiedlicher sozialer Gruppen einschließlich der daraus entstehenden Probleme setzt auch jene Differenzierung der Literatur ein, die wiederum die Frage nach dem Verhältnis von Literatur und Gesellschaft provoziert. Die Differenzierung der Literatur ist als ein Nebeneinander unterschiedlicher Vorstellungen von Literatur zu verstehen, wobei sich an eben dieser Differenz der literarische Kampf um die Definition moderner Literatur entzündet. Erst die gleichzeitige Existenz opponierender Literaturvorstellungen lässt jenen Spannungsraum entstehen, dessen jeweilige Struktur mit der der Gesellschaft verglichen und – mittels der genuin modernen Wissenschaft der Literatursoziologie – in seiner Korrelation erfasst werden kann. In diesem Sinne wird das Auftauchen der Literatursoziologie im vorliegenden Kapitel als der Beginn der Geschichte von der Entdeckung des Gesellschaftlichen in der Literatur dargestellt.

2.1 Die moderne Gesellschaft und ihre Literatur

Begonnen hat die Entdeckungsgeschichte des Gesellschaftlichen in der Literatur genau da, wo sich die moderne Gesellschaft konstituierte, in den europäischen Metropolen des 19. Jahrhunderts. In Großstädten wie London, Paris oder auch Berlin konzentrierten sich nicht nur die politische Macht, das Kapital und die Kultur, sondern tauchten mit der wachsenden Industrialisierung und Arbeiterschaft auch neue politische Kräfte auf. Gesellschaftliche Spannungen entstanden und fanden ihren Niederschlag in der sogenannten „sozialen Frage". Die soziale Frage ist der diskursive Ausdruck der modernen Gesellschaft, das heißt einer Gesellschaft, die sowohl differenziert wie sich auch ihrer eigenen Differenziertheit bewusst ist. In ihr suchten auch jene jungen, mehrheitlich dem Bürgertum entstammenden Leute ihren Platz, die sich als moderne Literaten verstanden wissen wollten und nach einem Schulterschluss mit den modernen politischen Kräften der Zeit suchten. Als naturalistische Bewegung sind sie in die Literaturgeschichte eingegangen und haben, wenngleich die Bewegung von kurzer Dauer war, die literarische Landschaft radikal verändert. Die vielleicht wichtigste Veränderung war dabei nicht etwa der Naturalismus selbst, sondern vielmehr das Ergebnis des Dominoeffekts, den er im Raum der Literatur freigesetzt hat. Als selbsterklärte Modernisierer forderten die Naturalisten das literarisch-künstlerische Establishment der bürgerlichen Kultur radikal heraus, es kam zu ersten Erfolgen, gefolgt von Abspaltungen in den eigenen Reihen und, man denke hier an den Symbolismus und die Neu-Klassik, zu Gegenbewegungen, wobei jede Fraktion ihre Nachahmer fand und sich schließlich ein literarisches Spannungsfeld aufbaute, das von divergierenden, sich jedoch wechselseitig aufeinander beziehenden Vorstellungen hinsichtlich der Rolle und der Funktion der Literatur gekennzeichnet war. Je mehr sich dieses Spannungsfeld kristallisierte und je enger die wechselseitige Bezugnahme der konkurrierenden Positionen wurde, umso stärker band sich das Interesse der Literaten an ihr eigenes Universum, das heißt an die Welt der Literatur. Ein literarisches Feld mit spezifischen Positionen entstand und wurde auch als solches wahrgenommen.

Damit kommen wir zur Literatursoziologie beziehungsweise zu den Anfängen dessen, was sich als systematische Beobachtung der Literatur aus einer soziologischen Perspektive bezeichnen lässt. Vorab sei unterstrichen, dass, wann immer von Literatursoziologie die Rede ist, zwischen einer Beobachtung der Literatur von Außen und einer Binnenperspektive unterschieden werden muss. Für die Anfänge der Literatursoziologe im 19. Jahrhundert bedeutet dies, dass wir zwischen einer Wahrnehmung des Gesellschaftlichen der Literatur durch die Soziologie und einer Wahrnehmung des Gesellschaftlichen der Literatur durch die Literatur selbst unterscheiden müssen. Zunächst zur Soziologie und damit zu einer Wissenschaft, die um 1900 selbst noch am Anfang stand. Vertreter jener Richtung, die man heute unter dem Begriff der Kultursoziologie versammelt, wurden auf die literarische Entwicklung aufmerksam und begannen, sich intensiver mit der Organisationsform und den Inhalten der zeitgenössischen Literatur zu beschäftigen. So zogen literarische Gruppen wie der Kreis um den symbolistischen Lyriker Stefan George die Aufmerksamkeit von Pionieren der Kultursoziologie wie Max Weber und Georg Simmel auf sich, was umgekehrt dazu führte, dass man sich in den Kreisen der Literatur mit der Soziologie auseinanderzusetzen begann.

2.1 Die moderne Gesellschaft und ihre Literatur

Wie Wolf Lepenies in einer für Literatursoziologen unverzichtbaren Studie gezeigt hat, gestaltete sich das Verhältnis zwischen Literatur und Soziologie ambivalent (Lepenies 1988, S. 337 und 348). Was die Soziologen an der modernen Literatur und Kunst faszinierte, war die konsequente Umsetzung einer Position, die die Kunst zum Selbstzweck erklärte und um diese Position herum ein sektenartiges soziales Gefüge erbaute. Weber, der ebenso wie Simmel persönlichen Umgang mit George pflegte, rechnete die von künstlerischen Weltgefühlen getragenen Sekten zu den interessantesten Untersuchungsobjekten der Soziologie und regte 1910 bei der Deutschen Gesellschaft für Soziologie sogar eine Untersuchung zum Vereinswesen mit eben diesem Schwerpunkt an. Dazu kam es nicht. Tatsächlich wurde erst 1930, auf dem Siebenten Deutschen Soziologentag in Berlin, zum ersten Mal in der Geschichte der deutschen Soziologie an offizieller Stelle in einer eigenen Sektion das Thema ‚Soziologie der Kunst' verhandelt, und zwar mit der Versicherung an die Fachvertreter der ästhetischen Wissenschaften, dass keiner der Soziologen in ihren Bereich dringen und die „Welt der schönen und wahren Formen" (zitiert nach Scharfschwerdt 1977, S. 115–117) ins Soziale auflösen wolle.

Und doch zeichneten sich bereits um 1900 deutlich die Richtungen ab, in die es innerhalb der Soziologie weitergehen sollte. Zum einen die Untersuchung künstlerischer Organisationsformen; Kreise, Gruppierungen und Vereine, denen Weber neben Wirklichkeitsfremdheit auch eine programmatische, auf Rentnertum basierende Unwirtschaftlichkeit attestierte und als genuines Produkt der Großstadt auswies. Zum anderen eine Fokussierung auf die ästhetische Form, wie sie besonders von Simmel unternommen und zum Programm einer soziologischen Ästhetik erhoben wurde. Diese Richtung war es auch, welche innerhalb der Literatur auf den stärksten Widerspruch stieß. Zu denken ist hier an Akteure wie Friedrich Gundolf, ein ehemaliger Schüler von Stefan George, der es später zum Professor für neuere deutsche Literatur an der Universität Heidelberg brachte, sich selbst noch im akademischen Raum als Künstler der Wissenschaft und nicht etwa als Wissenschaftler der Künste verstand und das Schwinden der Scheu vor den Geheimnissen der Literatur und Kunst beklagte (Osterkamp 1993, S. 177).

Gleichwohl begann die Scheu vor den Geheimnissen der Literatur auch im Feld der Literatur selbst zu schwinden. Die soziologische Selbstaufklärung, also das, was oben als Binnenperspektive bezeichnet wurde, ist ebenfalls unmittelbar an die Entstehung eines autonomen literarischen Produktionsbereichs gebunden, da sich neue Positionen wie Naturalismus oder Symbolismus nur konstituieren und durchsetzen konnten, indem sie sich über den Stand der Entwicklung der Literatur Kenntnis verschafften. Literaturgeschichte – dies zeigen die Anfänge der Literatursoziologie deutlich – verläuft nicht blind, und dies umso weniger, je mehr Schriften auftauchen, mit und in denen um Funktion und Form der Literatur gestritten wird (Magerski 2004). Dass die Logik der Literatur mehr und mehr von aufmerksamen Literaten selbst durchschaut wurde, belegen insbesondere die Schriften von Samuel Lublinski (1868–1910). Lublinski – Schriftsteller, Literaturkritiker und Literaturhistoriker ohne akademische Anstellung – war ein Pionier der Literatursoziologie, der, inmitten des literarischen Lebens in Berlin um 1900, begreifen wollte, was die literarische Moderne überhaupt ist und wie sich das scheinbar chaotische Spannungsfeld widerstreitender Definitionen von Literatur systematisieren lässt. Bei diesem Versuch stieß er auf das, was den eigentlichen Nährboden der Literatursoziologie bildete: den Zusammenhang zwischen den literarischen und den gesellschaftlichen Kontroversen.

Sehen wir uns diese Schlüsselstelle der Genese der Literatursoziologie kurz genauer an: Lublinski stand vor der Frage, wie sich die Widersprüche der literarischen Moderne als historisch-gesellschaftliche Einheit begreifen lassen, und dies in einer Zeit, in der die soziale Frage ebenso im gesellschaftlichen Raum stand wie die Frage der wahrhaft modernen Kunst im literarischen. Der Schnittstelle näherte sich Lublinski durch einen genuin soziologischen Ansatz (Wunberg 1974, S. 213). Konkret bedeutet dies, dass er bürgerliche, naturalistische und symbolistische Tendenzen innerhalb der Literatur im Modell eines Spannungsraums zusammendachte, unter dem Begriff der literarischen Moderne bündelte und diesen in ein Verhältnis zum sozialen Raum stellte. Der „Gegensatz im Schoße einer gespaltenen Gesellschaft selbst" (Lublinski, Literatur und Gesellschaft, IV: 19) wird zum Ausgangspunkt einer literatursoziologischen Selbstaufklärung, die, wie wir im weiteren Verlauf sehen werden, das Modell einer Homologie zwischen literarischen und gesellschaftlichen Strukturen vorzeichnet. Wie die gesamteuropäische Bewegung der literarischen Moderne selbst, so übersteigt auch die in ihrer Genese an eben diese Moderne gebundene Literatursoziologie die Grenzen der Nationalliteratur und ihrer Konzeptionalisierung im Raum der Literaturwissenschaft.

Kasten 2.1. Literatursoziologie als Gegenentwurf zum Konzept der Nationalliteratur

Die Voraussetzung der Literatursoziologie ist eine heterogene und in ihrer Heterogenität spannungsgeladene soziale und literarische Landschaft, wie sie sich in den europäischen Großstädten der zweiten Hälfte des 19. Jahrhunderts findet. Unter dem Vorzeichen der Modernisierung kam es in den Metropolen zunächst zu einem Kampf gegen das kulturelle Establishment und das Epigonentum, wobei sich die Auseinandersetzungen und mit ihnen die Folge der Traditionsbrüche auch im Lager der Modernisten fortsetzten. Die Geschichte der literarischen Moderne verlief demnach transnational und wurde von der Literaturkritik auch als gesamteuropäische Entwicklung wahrgenommen. Akteure wie Hermann Bahr, Georg Brandes oder Samuel Lublinski stehen mit ihren Lebenswegen und Schriften für diese Öffnung der Literaturgeschichte. Mehr noch: Lublinskis mehrbändige Literaturgeschichte *Literatur und Gesellschaft des 19. Jahrhunderts* (1900) zeigt, dass die literatursoziologische Position, aus der heraus diese Literaturgeschichte verfasst wurde, eine deutliche Abkehr vom Projekt der Nationalliteratur markiert.

Die Darstellung der Literatur und Gesellschaft des 19. Jahrhunderts erfolgt hier – entgegen der bis heute vorherrschenden Tendenz innerhalb der Literaturwissenschaft – ohne eine Verbindung von Geschichte, Poesie und Nation. Literaturgeschichte fungiert weder als kulturelle Begründung noch als Spiegel der Nation, sondern versucht, das „Problem" von Literatur und Gesellschaft historisch zu erfassen. Wenn diese spezifisch literatursoziologische Problemstellung innerhalb der nachfolgenden Literaturwissenschaft nur eine begrenzte Rolle spielte, so dies nicht zuletzt, weil Literatursoziologen wie Samuel Lublinski oder Georg Lukács keine akademischen Laufbahnen einschlugen beziehungsweise einschlagen konnten. Auch hatte die literatursoziologische Orientierung allein deswegen keine Chance, weil sich die Soziologie selbst erst noch entwickeln, das heißt ihre Akzeptanz und institutionelle Identität finden musste. Die Zeiten für Soziologie und Literatursoziologie aber waren ungünstig, solange man angesichts offener sozialer und kultureller Fragen auf eine Wissenschaft hoffte, die Synthesewünsche zu befriedigen vermag. Eine auf Differenz abstellende Perspektive musste warten, bis die gespaltene Gesellschaft sich selbst zu akzeptieren gelernt hatte (Vgl. Baasner und Zens 2001; Fohrmann 1991; Sill 2001; Vosskamp 1993).

2.2 Das Gesellschaftliche in der Literatur I: Autor (Produktion)

Grundsätzlich kann die Literatursoziologie die Literatur auf unterschiedlichen Ebenen beobachten: auf der Ebene der Produktion, der Texte oder der Rezeption. Alle drei Ebenen finden sich bereits in der Frühgeschichte der Literatursoziologie. Auch hier aber ist unser Ausgangspunkt nicht die marxistische Position, sondern die um 1900 auftauchende literatursoziologische Binnenperspektive. Sie versteht Literatur nicht in erster Linie in der Logik des Klassenkampfes oder richtet den Blick auf die Arbeiterschaft, sondern konzentriert sich auf die innere Spaltung der bürgerlichen Klasse. Anders formuliert: Das Bürgertum und mithin der eigentliche Träger der Literatur um 1900 wird als eine dynamische, in sich gespaltene soziale Formation wahrgenommen, deren oberes Ende der Bourgeois beziehungsweise der Finanzkapitalist absteckt, während das untere Ende durch ein an das Proletariat grenzendes Kleinbürgertum markiert wird. Dieses Bürgertum nun erscheint in den frühen literatursoziologischen Schriften als der eigentliche soziale Ort der literarischen Produzenten und gleichsam als die Ursache für deren problematische gesellschaftliche Stellung. Die Literaten – von Pierre Bourdieu als „unklassifizierbare Bastardwesen" bezeichnet – hatten eine ambivalente Stellung in der Gesellschaft, und dies in Paris ebenso wie in Berlin oder anderen europäischen Großstädten (Bourdieu 1999, S. 184). Verlief die Orientierungssuche der Literaten innerhalb der modernen Gesellschaft anfangs noch in enger Anlehnung an politische Bewegungen, so führte sie zunehmend zu eigenen, von der Literatursoziologie aufmerksam beobachteten ästhetischen Parteibildungen.

Illustrieren lässt sich dieser Prozess am Beispiel des Naturalismus. Mit ihm hob in den 1880er Jahren in Berlin die lange Kette der Ismen an, wie sie die Literatur der Moderne bis hin zu den Avantgarden prägte. Die Kette selbst wiederum ist nicht zu denken ohne die zahlreichen jungen Leute, die aus der Provinz in die Metropole strömten und hier auf eine Karriere im Bereich der Kunst und Literatur hofften. In Berlin fand man sich zusammen, um gemeinsam dem Establishment die Stirn zu bieten und sich selbst einen Platz in der wachsenden kulturellen Landschaft der Metropole zu erobern. Neben zahlreichen programmatischen Schriften schrieb man Dramen, in denen sich das Elend des Subproletariats der Berliner Hinterhäuser spiegelte und von denen man zu Recht erwarten konnte, dass ihre Aufführungen in Skandalen enden würden. Auf der diskursiven Ebene hinterließen diese Skandale und Proteste eine anschwellende Diskussion über die Grenzen und Möglichkeiten der Literatur, während auf institutioneller Ebene ein rasanter Anstieg von Vereins- und Theatergründungen zu verzeichnen war. So folgte der Freien Bühne die Freie Volksbühne und, in kurzem Abstand, die Neue Freie Volksbühne, wobei in unserem Zusammenhang bezeichnend ist, dass die Freie Volksbühne ausdrücklich als proletarischer Theaterverein ins Leben gerufen wurde und sich als Ergänzung zur Freien Bühne verstand. Wenn ihr mit der Neuen Freien Volksbühne eine weitere Gründung folgte, so dies nicht zuletzt, weil sich die Anbindung an die unteren sozialen Schichten als wenig erfolgreich erwiesen hatte und zumindest ein Teil der Literaten zu der Überzeugung kam, dass moderne Literatur und Politik nur bedingt zusammengehen.

Die Literatursoziologie fing diese Entwicklung aus unmittelbarer Anschauung ein und beschrieb sie als einen politisch-sozialen Zersetzungsprozess, der kein

Halten kennt und aufgrund anhaltender innerer Spaltung in „Sonder- und Sektenströmungen" (Lublinski 1974, S. 108) ausläuft. Immer mehr Menschen und soziale Gruppen verlangten Spielräume zur Entfaltung; ein Verlangen, das in den frühen literatursoziologischen Schriften als symptomatisches Zeichen für einen vollkommenen Szenenwechsel verstanden wird. In diesem Zusammenhang ist bemerkenswert, dass die frühe Kultursoziologie das scheinbar paradoxe Ineinandergreifen von Individualisierungs- und Sozialisierungstendenzen zeitgleich mit dem treffenden Bild des „Vereins für Vereinsgegner" (Simmel) einfängt und mit ihm eine zentrale Herausforderung der Moderne für die Gesellschafts- und Kulturwissenschaften formuliert. Es waren die dynamischen Entwicklungen im Bereich der literarisch-künstlerischen Produktion, die den aufmerksamen Beobachtern vor Augen führten, dass jede Auflösungstendenz mit neuen sozialen Formierungen verbunden ist. Die alternativen Theater, aus Opposition zum staatlichen und kommerziellen Theaterbetrieb entstanden, wurden bald selbst zum Establishment und provozierten ihrerseits Alternativen. Erfolg, so ließ sich die Logik der Moderne an einer Bewegung wie dem Naturalismus früh erkennen, schlägt in sein Gegenteil um, wenn Differenz zum ästhetischen Prinzip erhoben wird. Was Bourdieu beinahe 100 Jahre später unter dem Stichwort „Ordnungsrufe" formulierte, dass nämlich die außeralltäglichen Akte, die die Gründungsheroen einer neuen Richtung vollziehen, zur Schaffung jener Voraussetzungen beitragen, unter denen sie selbst obsolet werden, war um 1900 bereits zu erkennen. Die Logik des Literaturbetriebs, in dem die Autoren sich zu behaupten hatten und den sie, indem sie dies versuchten, selbst mitgestalteten, trat immer deutlicher zutage und provozierte deren Entdeckung im Raum der Wissenschaft in der Form der Literatursoziologie.

2.3 Das Gesellschaftliche in der Literatur II: Werk (Texte und Formen)

Ein Hauptargument gegen die Literatursoziologie lautet, dass sie das Ästhetische der Literatur nicht erfasse und so das Eigentliche der Literatur verfehle, wobei das Ästhetische wiederum an die Form oder, genauer, an die spezifischen Ausdrucksformen der Literatur und damit an die Gattungen geknüpft wird. Was dieser Kritik entgeht ist die Tatsache, dass wir heute nicht nur auf eine Tradition der literarischen Formsoziologie zurückblicken können, sondern dass die Anfänge dieser Linie unmittelbar mit den Anfängen der Entdeckungsgeschichte des Gesellschaftlichen in der Literatur zusammenfallen. Nehmen wir als Beispiel für die mit der literarischen Moderne in den frühen

Schriften der Literatursoziologie auftauchende Frage, warum es im deutschsprachigen Raum keinen modernen, sozialen Roman gibt, wie er in Frankreich verfasst und erfolgreich rezipiert wurde. Die, heute würde man sagen komparatistisch ausgerichteten Literaturkritiker in einer Metropole wie Berlin erwarteten förmlich einen modernen Gesellschafts- oder gar Großstadtroman, schließlich lehrte die Erfahrung der frühen literarischen Moderne, dass sich Erfolgsrezepte schnell in den literarisch-kulturellen Zentren Europas verbreiten. Dass dies im Fall des Gesellschaftsromans nicht oder zumindest für den deutschsprachigen Raum nur mit Einschränkungen geschah, stieß auf Verwunderung und evozierte die literatursoziologisch interessierte Frage nach den Ursachen. Die sozialen Zustände selbst wurden zur Erklärung herangezogen und gefolgert, dass die junge Reichshauptstadt Berlin, anders als das Paris eines Emil Zola, noch keine festgegliederte soziale Struktur habe und es an deutlich konturierten „Klassen- und Gesellschaftstypen" (Lublinski 1900, S. 169) mangele, an denen sich die Schriftsteller orientieren könnten.

Wie der Zusammenhang zwischen sozialer und literarischer Form konkret zu denken sei, blieb in den Anfängen der Literatursoziologie noch offen. Das Problem wurde zunächst einmal formuliert, bevor elaborierte Begrifflichkeiten und Methoden entwickelt wurden, mit deren Hilfe sich die Relation untersuchen ließ. Entscheidend für die hier vorzustellende Frühphase ist, dass das Denken in Relationen – einschließlich der Relation von sozialer und literarischer Ordnung – zum integralen Bestandteil einer Literatursoziologie wurde, die aus der vergleichenden Perspektive ihre Rechtfertigung bezieht. Die neue, verworrene Strukturen generierende sozio-kulturelle Moderne ist ihr Motiv, ihr Thema und ihr Stoff. Erinnert sei in diesem Zusammenhang an die Worte Scharfschwerdts, dass die differenzierte bürgerliche Gesellschaft und die Literatursoziologie nicht voneinander zu trennen sind. An dieser Stelle könnte man noch weiter gehen und sagen, dass in dem Maße, in dem literatursoziologische Fragestellungen bei dem Versuch, eine Klärung in die verworrenen literarischen und sozialen Verhältnisse zu bringen, sie selbst ihre Konturen schärften, und so ihrerseits zur wachsenden Komplexität innerhalb des literatur- und gesellschaftswissenschaftlichen Bereichs beitrugen. Wie wir im fünften Kapitel sehen werden, gewinnt gerade die Auseinandersetzung mit der Frage der Form während der Konstituierungsphase der Literatursoziologie an Schwung. Der junge Georg Lukács wird sich, vom Kultursoziologen Georg Simmel geschult und für die theoretische Erfassung soziokultureller Objektivationen sensibilisiert, der Frage intensiv annehmen.

Für die Emergenz der Literatursoziologie ist festzuhalten, dass sie die literarische Form in den Blick nimmt, und dies nicht nur als Frage nach den Möglichkeiten bestimmter literarischer Formen in bestimmten soziokulturellen Kontexten, sondern

2.3 Das Gesellschaftliche in der Literatur II: Werk (Texte und Formen)

auch als gesteigerte Aufmerksamkeit für die Hierarchie der Gattungen einschließlich ihrer Verschiebungen. So entging einem literatursoziologisch ausgerichteten Beobachter wie Samuel Lublinski nicht, dass sowohl Naturalismus als auch Neu-Romantik ihre literarischen Erneuerungsversuche in der Gattung der Lyrik begannen, jedoch nur der Naturalismus seine literarischen Prinzipien auch auf die epischen und dramatischen Formen übertragen konnte, während die neuromantische Richtung ihre Wirkung kaum über die Lyrik hinaus ausdehnte. Auch findet sich bereits in den frühen literatursoziologischen Schriften eine ausführliche Auseinandersetzung mit der Form des Romans; eine spezifisch moderne Form, der, erneut durchaus vergleichbar mit dem weit nachfolgenden Ansatz des Kultursoziologen Bourdieu, ein mit der Dynamik der sozialen Entwicklung korrelierender Aufschwung und eine Mittelstellung innerhalb der Gattungshierarchie bescheinigt wird. Wie von selbst, so staunte Lublinski noch 1904 in seiner für die nachfolgende Literatursoziologie wegweisenden, mit dem bezeichnenden Titel *Die Bilanz der Moderne* versehen Schrift, habe die breite und unbestimmte Romanform und mit ihr die erzählende Dichtung insgesamt durch den Einfluss der Moderne eine höhere Stufe erklommen. Hinter das scheinbar Selbstverständliche der Formenwelt und ihrer Ordnung zu kommen, blieb fortan eine zentrale Aufgabe der Literatursoziologie.

Dies schließt von Beginn an ein besonderes Augenmerk für den Wandel nicht nur der Hierarchie der Formen, sondern der literarischen Formen selbst ein. Wenn, wie oben skizziert, ein Beobachter der Literatur um 1900 dem Naturalismus und Symbolismus, verstanden als zwei Positionen im Bereich der Literatur, jeweils zwei literarische Formen, nämlich Drama und Lyrik, zuordnet und zwischen beiden im hierarchisch gegliederten Raum der symbolischen Formen den Roman festmacht, so antizipiert er bereits die dynamische Struktur eines literarischen Raumes, wie er uns später in feld- oder auch systemtheoretischen Modellen wiederbegegnen wird (siehe Abschn. 7.4). Nachgerade in der Theorie des Feldes zieht der Aufstieg einer Gattung grundsätzlich die Veränderung des gesamten Raumes der literarischen Formen nach sich, wie auch jeder Herrschaftswechsel im Raum literarischer Positionen eine Verschiebung der Strukturen des gesamtes Feldes bewirkt, welche dann wiederum auf die symbolische Ordnung beziehungsweise die literarischen Formen selbst zurückwirkt. Die Erklärung des Wandels, so deutet sich hier bereits an, ist komplex und beschäftigt die Literatursoziologie bis heute. An ihren Anfängen steht, erneut, eine erstaunliche Beobachtung, dass sich nämlich „das Wiedererstarken der erzählenden Kunst und das Suchen nach neuen Formen wechselseitig" (Lublinski 1974, S. 364) bedingen.

Um diese Wechselwirkung zu erfassen, führen bereits die Pioniere der Literatursoziologie eine gewichtige Unterscheidung ein: die Unterscheidung zwischen offenen und geschlossenen Formen. So war es laut Lublinski die grundsätzliche

Offenheit oder auch Unbestimmtheit der Romanform, welche bewirkte, dass sich die Form des Romans unter dem gesellschaftlichen Wandel günstig entwickeln konnte, während die geschlossene Form des Dramas unter der Öffnung der Gesellschaft in die Krise geriet. An dieser Stelle bleibt zu betonen, dass die Homologie zwischen dem sozialen Raum (Autoren und Rezipienten) und dem symbolischen Raum (Formen und Gattungen) um 1900 aus nächster Anschauung gesehen und festgehalten wurde. Die Kommunikation und mithin das Verhältnis zwischen Produzenten und Rezipienten, so sah man gerade aus der literatursoziologischen Binnenperspektive deutlich, läuft über die Form, und dies selbst noch oder gerade im Fall einer Kunst, die sich ganz auf sich selbst zurückzuziehen und von Rezeptionszusammenhängen zu emanzipieren versucht.

So bestand für die Literatursoziologie der Jahrhundertwende kein Zweifel daran, dass sich die neuromantische, in Weltflucht mündende Position einer Rückwärtsgewandtheit der Literaten verdankte, deren tiefere Ursachen im sozialen Feld zu suchen waren. Auch hier Bourdieu vergleichbar, der den Pariser Symbolisten einen ästhetisierten Aristokratismus bescheinigt und diesen mit einer Wende hin zu Kunstformen verknüpft, mit denen sich die Verleugnung der sozialen Welt auf die Spitze treiben lässt, attestierte die Literatursoziologie der 1890er Jahre eine Mythologie der kulturstolzen Kreise und einen sie begleitenden Prestigezuwachs der Lyrik. Wenn dem aber so ist, wenn zeitgleich zur Emergenz einer differenzierten Gesellschaft und einer eben solchen Literatur auch eine aus heutiger Sicht erstaunlich differenzierte Analyse der Literatur auftauchte, so geschieht dies nicht zuletzt aufgrund einer anwachsenden Selbstreflexion der literarischen Moderne. Sie zeigt sich an der Vielzahl programmatischer Schriften, mit denen man versuchte, sich innerhalb und außerhalb des literarischen Produktionsbereichs Gehör zu verschaffen und seine Definition von Literatur im Allgemeinen, aber auch von dem Stellenwert einzelner literarischer Stile und Gattungen im wahrsten Sinne des Wortes ‚unter die Leute zu bringen'.

Bleibt die Frage, an wen sich die programmatischen Schriften überhaupt wendeten. Wen interessieren beim Kauf eines Romans die Kommentare des Autors? Sind diese nicht nur für Experten von Interesse, also für jene, die sich, sei es als Literaten, Kritiker oder Literaturwissenschaftler, professionell mit Literatur und Theater beschäftigen? Damit kommen wir zum dritten Untersuchungsschwerpunkt der Literatursoziologie: dem Leser beziehungsweise der Rezeption und damit, einmal mehr, zu einem am Beginn der literarischen Moderne ebenso problematischen wie anregenden Gegenstand, bildet doch das gespaltene und dadurch spannungsgeladene Verhältnis zwischen moderner Literatur und Publikum überhaupt erst die epistemologische Grundlage der Literatursoziologie.

2.4 Das Gesellschaftliche in der Literatur III: Leser (Rezeption)

Der Leser, auf den sich auch heute das Augenmerk der Literaturwissenschaft wieder verstärkt richtet, ist ein wesentlicher Bestandteil der Literatursoziologie, und dies seit ihren Anfängen. Die Spannungen zwischen der literarischen Moderne und dem Publikum lenkten am Ausgang des 19. Jahrhunderts das Interesse der frühen Literatursoziologie auf die Leserschaft hin, da die selbst ernannten literarischen Revolutionäre in den 1880er Jahren, nicht anders als die literarischen Erneuerer des Sturm und Drang oder der Romantik, im breiten Publikum zunächst auf taube Ohren oder gar Ablehnung stießen. Die Modernisierer der Literatur bildeten zunächst ihr eigenes Publikum und hofften – wie wir heute wissen, nicht alle vergeblich – auf eine zukünftige Kanonisierung. Die frühe Literatursoziologie sah die verschlungenen Wege der literarischen Rezeption bereits mit erstaunlicher Klarheit und vermerkte, dass das Publikum zur Bewertung der jeweiligen literarischen Richtung in entscheidendem Maße beitrage, da es zwar nicht immer über das endgültige, ganz gewiss aber über das augenblickliche Schicksal der Schriftsteller mit fast souveräner Willkür entscheide (Lublinski 1974, S. 185).

Denkt man in diesem Zusammenhang an die wechselvolle Rezeptionsgeschichte Hermann Sudermanns, Gerhart Hauptmanns oder auch Franz Kafkas, so ist diesem Befund ohne Abstriche zuzustimmen. Gleiches gilt für die Feststellung, dass es gerade die verworrenen Verhältnisse der 1880er und 90er Jahre waren, die diesem launenhaften Leser eine neue Wichtigkeit verliehen, weil zahlreiche literarische Bewegungen nahezu gleichzeitig auf das Publikum eindrangen und es zu gewinnen versuchten. „Die Moderne", so Lublinski pointiert, „forderte Einlaß beim Publikum, und dieses schlug der neuen Literatur die Tür vor der Nase zu" (Lublinski 1974, S. 185). Die sich bereits mit dem Naturalismus auftuende Kluft zwischen literarischer Moderne und Publikum, dies wurde von der Literatursoziologie um 1900 genauestens verfolgt, verschärfte sich mit der Neu-Romantik und führte zu einer Situation, in der jede Möglichkeit einer weiteren Annäherung fast vollständig unmöglich schien. Das Resultat war, dass sich das große Publikum von der neuen Literatur abwandte und die moderne Literatur nolens volens zu einer Gesellschaft in der Gesellschaft wurde: mit eigenen Werten, Spielregeln und entsprechenden Verhaltensmustern. Zwar dauerte es, wie wir seit Thomas Nipperdeys einschlägiger Studie wissen, nicht lange, bis das Bürgertum die Moderne fand, auch war und blieb die literarische Moderne selbst auf Produktions- wie Rezeptionsebene ein genuin bürgerliches Phänomen, doch bildet sich mit ihr nichtsdestoweniger ein relativ autonomer Bereich innerhalb der bürgerlichen Gesellschaft, was wiederum eine Ablösung der Literaten von den Erwartungen eines großen Publikums ebenso voraussetzt wie zur Folge hat.

Am Beispiel des Theaters kann dieser Prozess veranschaulicht werden; eine literarische Institution, die, wie Bourdieu später unterstreichen wird, die Nähe zu den Werten des bürgerlichen, in den Zentren lebenden und gesellschaftlich wie kulturell stärker ‚distinguierten' Publikums voraussetzt (Bourdieu 1999, S. 191). Die frühe Literatursoziologie argumentierte bereits in dieselbe Richtung, wenn sie festhielt, dass die politischen und sozialen Ausgangspunkte der literarischen Bewegung nirgendwo so stark hervortreten wie im naturalistischen Drama, weil die Zuschauer im Theater eine Bestätigung oder Bekämpfung ihrer jeweiligen Anschauungen im Gleichnis der Dichtung erwarteten (Lublinski 1974, S. 187). Das, was uns bei der Auseinandersetzung mit der Systemtheorie unter dem Begriff der ‚Erwartungserwartung' wiederbegegnen wird, baut sich im Feld der Literatur um 1900 demnach schon auf und wird, wenngleich eher skizzenhaft, auch als solches bereits in den literatursoziologischen Schriften erfasst (siehe Abschn. 7.4).

Mit der literarischen Moderne kommt in dieser Hinsicht noch eine gewichtige wechselseitige Erwartung hinzu, nämlich die des Bruchs mit den Konventionen der bürgerlichen Literatur und Kultur. Vom Naturalismus wurde dieser Bruch vollzogen und thematisiert – eine Diskursivierung spezifisch moderner literarischer Praxis, die fortan Schule machen und sich spätestens mit den Avantgarden in einem für Kunst und Literatur geradezu riskanten Maße steigern wird. Im Rahmen einer Darstellung der Entdeckung des Gesellschaftlichen in der Literatur ist hinsichtlich der Rezeption beziehungsweise des Verhältnisses von Literatur und Publikum entscheidend, dass man inmitten der literarischen Moderne den Bruch zwischen Literatur und bürgerlicher Gesellschaft als solchen wahrnahm und als konstitutiven Bestandteil der Moderne begriff, ja als Hypothek auf die Zukunft akzeptierte. Der Bruch selbst erscheint in den frühen Schriften der Literatursoziologie als unwiderrufbar. Kein Weg führt hinter ihn zurück, weil, so wurde in der *Bilanz der Moderne* angesichts der neuromantischen Anlehnungsversuche an die Religion nüchtern registriert, längst alle Lebensgebiete selbstständig geworden seien (Lublinski 1974, S. 316). Die vom Symbolismus in Theorie und Praxis zelebrierte Ehrfurcht vor der Kunst und Literatur bezeugt aus heutiger literatursoziologischer Perspektive dann auch weniger den Versuch von Anleihen bei der Religion, als vielmehr die von der Produktion eines spezifischen Glaubens an den Wert der Literatur begleitete Entstehung eines autonomen gesellschaftlichen Teilbereichs Literatur – eine Autonomisierung, ohne die es auch die Literatursoziologie als reflexiv begleitende Perspektive eben dieses Prozesses nicht geben könnte (siehe Kap. 7).

2.5 Illustration: Die literarische Gesellschaft im Gesellschaftsroman

Will man sich ein Bild davon machen, welcher Grad literarischer Selbstreflexivität im Wilhelminischen Deutschland um 1900 aufseiten der Produzenten bereits herrschte, so empfiehlt sich das, wonach die Literatursoziologie zur gleichen Zeit noch verzweifelt Ausschau hielt: Die Rede ist vom Gesellschaftsroman, allerdings weniger in Form eines umfassenden gesellschaftlichen Narrativs als vielmehr in der einer kritisch-literarischen Selbstbespiegelung. Um eine solche handelt es sich bei dem Roman *Im Schlaraffenland* von Heinrich Mann. Mann stellt die Figur des jungen, voller Hoffnung auf Erfolg aus der Provinz angereisten Andreas Zumsee ins Zentrum seines *Romans unter feinen Leuten,* die unverkennbar in der literarischen Gesellschaft zur Zeit der Berliner Moderne zu verorten sind. In ihr lässt der Autor seinen Protagonisten zunächst konfus von einer einflussreichen Adresse und einem berühmten Café zum nächsten irren und für den Leser die literarische Landschaft in der Metropole der Jahrhundertwende nachzeichnen. Mit den Wegen und Gedanken des literarisch ambitionierten Romanhelden entsteht das Bild eines polaren, von bürgerlichem Establishment einerseits und exklusiver Nische andererseits abgesteckten Feldes, denn zweierlei wird dem jungen Mann im Schlaraffenland bald klar: Der gesuchte Weg zum Erfolg führt entweder über das Theater beziehungsweise die großen Bühnen oder über einen gewissen Kreis, der zwar klein ist, in dem aber nichtsdestoweniger Ruhm winkt. Der sich auftuende Gegensatz zwischen Kasse beziehungsweise materiellem Erfolg und Schule beziehungsweise symbolischem Erfolg befremdet den jungen Mann zunächst, zumal er gern beides machen möchte. Auch geben die literarischen Bewegungen um ihn herum keine klare Linie vor, da manche Literaten in den Hinterhöfen der Proletarierviertel wirken, während es andere in die ferne Waldeinsamkeit zieht. Mit anderen Worten: Was Mann dem Leser bietet, ist eine überaus differenzierte literarische Landschaft, in der sich die Akteure, wollen sie mitwirken, positionieren müssen. Andreas tut dies auch, indem er sich zunächst einmal dafür entscheidet, sich fortan allein der literarischen Arbeit zu widmen. Geld, so legt Mann ihm in den Mund, sei dabei schon im Namen der gemeinsamen Ehre ohne Gewicht, schließlich spielen Zahlen eine untergeordnete Rolle in der Welt des Gedankens.

Dem Leser wird schnell klar, dass sich Andreas gegen die auf Kasse setzende Position des bürgerlichen Establishments und für die Position der reinen Kunst entschieden hat. Mit ihr wird er Teil jenes ästhetischen Aristokratismus, wie er uns oben in den frühen literatursoziologischen Schriften begegnet ist. Bei Mann nimmt er die Form einer dekadenten Haltung an, die beinahe gänzlich ohne literarische Produktion auskommt. Unter den feinen literarischen Leuten kann sich Andreas zum Dichter erklären, ohne ein Stück Papier oder einen Bleistift zu bemühen. „Aber so ist der intellektuelle Mensch; jede Tat kostet ihn namenlose Mühe" (Mann 1990, S. 297). Mann, so wird deutlich, treibt die literarischen Umtriebe seiner Zeit satirisch auf die Spitze und lässt Andreas am Ende nur noch eins schreiben: ein neues Namensschild mit der Aufschrift Andreas *zum* See, was, wenn noch nicht aristokratisch, so doch kaum mehr bürgerlich klinge.

Aus der Perspektive der Literatursoziologie und ihrer Entstehungsgeschichte hinzuzufügen bleibt, dass Heinrich Mann, vor seiner Abrechnung selbst ein Akteur der Berliner Moderne, dies allerdings im deutlichen Unterschied zu dem Protagonisten seiner Gesellschaftssatire keineswegs ein unproduktiver, von den Kräften des literarischen Spannungsfeldes gelähmter Autor ist. Vielmehr hat Mann umgesetzt, was Pierre Bourdieu für Gustav Flaubert festhielt, dass dieser nämlich den befreienden und schöpferischen Bruch des Schaffenden symbolisiert habe, indem er in Gestalt seiner Hauptfigur die Ohnmacht und Impotenz eines durch die Kräfte des Feldes manipulierten Wesens in Szene setzte (Bourdieu 1999, S. 174). Wie Flauberts *L'éducation sentimental* vermittelt der „Roman unter feinen Leuten" nicht nur ein unterhaltsames Bild von dem Funktionieren des literarischen Feldes, sondern legt zudem beredtes Zeugnis davon ab, in welchem Maße die Struktur und die Logik des literarischen Produktionsbereichs einschließlich seiner Kanonisierungsmechanismen von den Autoren selbst wahrgenommen und in ihrem Funktionieren verstanden wurden. Literaten, Literaturkritiker und Literaturhistoriker wussten, wollten sie an der Entwicklung teilhaben, um die Notwendigkeit, die eigene Gesellschaft im Auge zu behalten, und aus eben dieser gezielten, um ein Verständnis des Funktionierens der Literatur bemühten Beobachtung heraus entstand der literatursoziologische Blick.

Literatur

Baasner, Rainer und Maria Zens. 2001. *Methoden und Modelle der Literaturwissenschaft. Eine Einführung*. Berlin: Schmidt.
Bourdieu, Pierre. 1999. *Die Regeln der Kunst. Genese und Struktur des literarischen Feldes*. Frankfurt a. M.: Suhrkamp.
Fohrmann, Jürgen. 1991. Deutsche Literaturgeschichte und historische Projekte in der ersten Hälfte des 19. Jahrhunderts. In: *Wissenschaft und Nation*. Hg. von Jürgen Fohrmann u. Wilhelm Vosskamp. München: Fink.

Lepenies, Wolf. 1988. *Die drei Kulturen. Soziologie zwischen Literatur und Wissenschaft.* München: Hanser.
Lublinski, Samuel. 1900. *Litteratur und Gesellschaft im 19. Jahrhundert*, Bd. 2. Berlin: Siegfried Cronbach.
Lublinski, Samuel. 1974. *Die Bilanz der Moderne.* Tübingen: Niemeyer (Erstveröffentlichung 1904).
Magerski, Christine. 2004. *Die Konstituierung des literarischen Feldes in Deutschland nach 1871. Berliner Moderne, Literaturkritik und die Anfänge der Literatursoziologie.* Berlin: De Gruyter.
Mann, Heinrich 1990. *Im Schlaraffenland. Ein Roman unter feinen Leuten.* Berlin: Aufbau (Erstveröffentlichung 1900).
Osterkamp, Ernst. 1993. Friedrich Gundolf zwischen Kunst und Wissenschaft. Zur Problematik eines Germanisten aus dem George-Kreis, In *Literaturwissenschaft und Geistesgeschichte 1910 bis 1925*, Hrsg. Christoph König und Eberhard Lämmert. Frankfurt a. M.: Fischer.
Scharfschwerdt, Jürgen 1977. *Grundprobleme der Literatursoziologie. Ein wissenschaftsgeschichtlicher Überblick.* Mainz: W. Kohlhammer.
Sill, Oliver. 2001. *Literatur in der funktional differenzierten Gesellschaft.* Wiesbaden: Springer VS.
Vosskamp, Wilhelm. 1993. Literatursoziologie: Eine Alternative zur Geistesgeschichte? "Sozialliterarische Methoden" in den ersten Jahrzehnten des 20. Jahrhunderts. In *Literaturwissenschaft und Geistesgeschichte 1910 bis 1925*, Hrsg. von Christoph König und Eberhard Lämmert, 291–306. Frankfurt a. M.: Fischer.
Wunberg, Gotthart 1974. Samuel Lublinskis literatursoziologischer Ansatz. In *Naturalismus. Bürgerliche Dichtung und soziales Engagement*, Hrsg. Helmut Scheuer, 206–234. Mainz: Kohlhammer.

Konkretisierung von Problemstellungen I: Ungeklärte Korrelationen

3

Ging es im vorhergehenden Kapitel um die Entdeckung des Gesellschaftlichen in der Literatur, so interessiert uns nun, was man aus dieser Entdeckung machte. Wie erklärte man sich den Zusammenhang zwischen Literatur und Gesellschaft und wie versuchte man, ihn systematisch zu erfassen und darzustellen? Und was bewirkte das literatursoziologische Wissen im Bereich der Literatur selbst? Es geht nun also um die einleitend zitierte Frage des kleinen Tigers nach Erhalt des ersten Briefes: „Wo wie was für wen und von wem?". Nicht jeder schreibt für jeden, vielmehr haben wir es bei der Produktion und Rezeption von Texten mit wechselseitigen Erwartungen und Vorstellungen zu tun, die auch das Was (Inhalte) und Wie (Formen) der Literatur berühren. Wie man hinter dieses komplexe Korrespondenzverhältnis zu kommen versuchte und es zur Problemstellung des Funktionierens von Literatur insgesamt abstrahierte, wird im ersten Schritt des vorliegenden Kapitels aufgezeigt. Der zweite Schritt verfolgt das Bemühen um ein diesbezüglich konkretes Wissen, wie es vornehmlich die empirische, sich jeder Wertung enthaltende Literatursoziologie auszeichnet, während der dritte, gleichsam kontrastiv, jene Wege der literatursoziologischen Erkenntnis verfolgt, die sich mit dem Problem der Wertung und den Prozessen der Kanonisierung beschäftigen. Zusammengeführt und illustriert wird die zunehmende Erhellung des Wechselspiels von Literatur und Gesellschaft abschließend am Bestseller-Phänomen, mit Siegfried Kracauer verstanden als „Zeichen eines geglückten soziologischen Experiments" (Kracauer 1990, S. 336).

3.1 Nicht jeder schreibt und liest alles: Soziale Differenzierung und literarische Distinktion

Der Raum der Literatur ist gespalten. Allein Attribute wie anspruchsvolle, gute oder eben schlechte, anspruchslose Literatur sowie Sammelbegriffe wie Hoch- und Unterhaltungs- oder auch Trivialliteratur zeigen an, dass Literatur von normativen Unterscheidungen geprägt und klassifiziert wird. Wollte man nach den Bedingungen der Möglichkeit dieser Spaltung suchen, so müsste man zurückgehen zur Entstehung der bürgerlichen Literaturgesellschaft im 18. Jahrhundert; eine Zeit, in der sich eine regelrechte Lese- und Literaturrevolution in Form einer „Emanzipation aus dem religiösen Erbauungsschrifttum in Richtung auf ein neues Bedürfnis nach schöngeister Literatur" ereignete (Scharfschwerdt 1977, S. 27 f.), wobei es zur Überzeugung der Aufklärer, zum Beispiel der Freimaurerischen Gesellschaften gehörte, dass ein jeder als vernunftbegabtes Wesen Zugang zur Welt der Bildung, des Wissens und der Literatur haben sollte. Getragen wurde die schöngeistige Literatur von der Aufklärung und dem Protestantismus. Beide beflügelten die erste Literaturrevolution und mit ihr das kontinuierliche Anwachsen eines zunächst schmalen, bürgerlich-gelehrten Publikums. Erst dieses Publikum ermöglichte eine Literatur, welche, bevorzugt in Form des Romans, gleichzeitig erbaut, belehrt und unterhält. Als erste massenhaft produzierte Unterhaltungsliteratur setzte sich diese gezielt von der religiösen Kultur der kleinbürgerlichen und bäuerlichen Bevölkerung ab und provozierte im Gegenzug eine neuerliche, insbesondere von der Hochliteratur der Klassik vollzogene und von Klagen über den schlechten literarischen Durchschnittsgeschmack begleitete Abgrenzung nach oben. Die Spaltung in Hoch- und Unterhaltungsliteratur hängt demnach eng mit der sozialen Differenzierung zusammen.

Die Frage ist, ob und wie sich dieses Zusammenwirken sozialer und literarischer Entwicklungen methodologisch erfassen und zu Gesetzmäßigkeiten verdichten lässt. Hier sind wir erneut auf die Anfänge der Kultursoziologie um 1900 verwiesen und müssen etwas weiter ausholen. Der Begriff der sozialen Differenzierung geht auf Georg Simmel zurück, der ihn 1890 inmitten der rasant wachsenden Großstadt Berlin prägte. Die dortige „Parteibildung auf politischem wie künstlerischem, auf religiösem wie auf wirtschaftlichem Gebiet" beobachtend, wandte sich Simmel der Erforschung dessen zu, was sich bei aller Verschiedenheit dennoch bei all diesen Erscheinungen gemeinsam findet: Die Form, welche bewirkt, dass alle jene in besonderen Wissenschaften behandelten Inhalte „eben ‚gesellschaftliche'" sind (Simmel 1992, S. 311 f.). Die Form der Parteibildung wird als Ausdruck oder Kristallisation anhaltender Praxis verstanden, das heißt als Ergebnis eines Prozesses der Objektivierung, in dessen Verlauf zwei Tendenzen zusammenwirken, die gemeinhin getrennt betrachtet werden: das menschliche Bedürfnis nach Nachahmung einerseits und das nach Unterscheidung andererseits. Beide – Imitation und Distinktion – aber gehen laut Simmel Hand in Hand, wie am Phänomen der Mode veranschaulicht wird:

> Sie genügt einerseits dem Bedürfnis nach sozialer Anlehnung, insofern sie Nachahmung ist; sie führt den Einzelnen auf der Bahn, die alle gehen; andererseits aber befriedigt sie auch das Unterschiedsbedürfnis, die Tendenz auf Differenzierung, Abwechslung, Sichabheben, und zwar sowohl durch den Wechsel ihrer Inhalte, der der Mode von heute ein individuelles Gepräge gegenüber der von gestern und morgen gibt, wie durch den Umstand, daß Moden immer Klassenmoden sind, daß die Moden der höheren Schicht sich von denen der tieferen unterscheiden und in dem Augenblick verlassen werden, in denen diese letzteren sie sich aneignen.

Aus soziologischer Perspektive ist die Mode demnach ein Produkt klassenmäßiger Scheidung, wobei Simmel aufgrund der Dynamik der von ihm beobachteten modernen bürgerlichen Gesellschaft hinsichtlich der sozialen Formen zumeist nicht von Klassen, sondern eher von Schichten oder Kreisen spricht.

Entscheidend ist, dass die um 1900 einsetzende kultursoziologische Beschäftigung mit dem Phänomen der Mode als Antwort auf die Frage gelten kann, wie man die Korrelation von Spaltungsprozessen im Sozialen und im Ästhetischen begrifflich zu fassen und als Problemstellung zu konkretisieren versuchte. Gesellschaftliche und ästhetische Formen (einschließlich ihrer Beurteilungen) sind demnach in einer fortwährenden Umbildung begriffen, wobei die neuesten Tendenzen zunächst nur von den oberen Schichten getragen werden, welche sich dadurch von den unteren distinguieren und gleichzeitig die Verbundenheit der Angehörigen ihrer Schicht untereinander (eben in Distinktion beziehungsweise Abgrenzung von Tieferstehenden) markieren. Beginnen die unteren Schichten, sich die Formen der oberen anzuzeigen, wenden sich letztere von diesen ab und wiederum neuen, die Möglichkeit der Distinktion erlaubenden Formen zu. Denken wir hier an die aufgrund der Nachfrage von oben und unten nicht enden könnende Kette von limitierten Editionen im Bereich der Sportschuhe, so wird die anhaltende Reichweite der von Simmel beobachteten Logik der Mode ersichtlich.

Gleiches nun gilt für die im vorangestellten Kapitel näher ausgeführten Parteibildungen auf literarischem Gebiet. Die Zeiten, in denen ein Klassiker wie Friedrich Schiller in Weimar von einem Theater der Zukunft als einem „gemeinschaftlichen Kanal" träumen konnte, der alle Klassen und Stände verbindet, schienen 100 Jahre später im sozial- und kulturbewegten Berlin endgültig vorbei. Und doch ist schon Schillers gesamtgesellschaftliche Vision einschließlich ihres ästhetischen Erziehungsprogramms ein deutliches Zeichen dafür, dass die Entstehung der bürgerlichen Literaturgesellschaft bereits zu Zeiten der Klassik nicht mehr zu übersehen war, andernfalls hätte es eine solche Vision gar nicht gegeben und der sozial-ästhetischen Erziehung nicht bedurft. Für eine solche Lesart spricht auch, dass der eigentliche Klassiker Goethe auf eine dreiteilige Schichtungsstruktur hinwies, in der die Oberen noch der französischen Literatur folgen, während die Unteren nur die alten Kirchlieder kennen und der Mittelstand eine mittelmäßige Kultur pflege. Letzteren wollte Goethe bekanntlich selbst mittels einer neuen, eben bürgerlich-klassischen Literatur erhöhen, und dies, denken wir hier an die *Leiden des jungen Werthers,* mit einem in der Tat beachtlichen und überaus breiten Erfolg.

Dabei aber zeigt gerade die Rezeptionsgeschichte der Klassik auch, dass es sich bei dem Zusammenspiel von sozialer und literarischer Differenzierung nicht nur um ein komplexes, an literatursoziologische Fragen der Autonomie, der Wertung, der Kanonisierung sowie des Geschmacks angrenzendes Phänomen handelt, sondern auch um einen zunehmend reflektierten und in seiner Logik von den Literaten strategisch genutzten Sachverhalt. Die Literatur konnte und kann auf Differenz setzen oder gar mit ihr spielen. So steht das Wissen um die Logik der Differenz selbst noch hinter einem Spiel, wie es der Literaturwissenschaftler und Erfolgsautor Umberto Eco zu spielen versteht, wenn er mit seinem Roman *Der Name der Rose* den Massenmarkt der Unterhaltungsliteratur ebenso erfolgreich bedient wie die Vorstellungen jener die hohe Literatur pflegenden Bildungselite, zu der der Autor selbst gehört (siehe Kap. 6).

Die Geschichte der Literatursoziologie fängt diese Komplexitäts- und Reflexionssteigerung ein, wenn sie im Zuge der mit den 1960er Jahren einsetzenden Trivialliteraturforschung von einem Zwei- zu einem Dreischichtenmodell übergeht, in dem die strikte Trennung zwischen Hoch- und Unterhaltungskultur relativiert und auf die zahlreicher werdenden Übergänge zwischen beiden Segmenten verwiesen wird. Namentlich der Literatursoziologe Leo Löwenthal hat in diesem Zusammenhang darauf insistiert, dass die Kritiker der Unterhaltungs- und Massenkultur, nachgerade jene aus dem Umkreis der Frankfurter Schule, die literarischen Realitäten nicht nur der Gegenwart, sondern auch der Vergangenheit verkennen und daher innerhalb der Literatursoziologie an die Stelle der Kulturkritik eine exakte empirische Forschung treten müsse. Als empirische Literatursoziologie, so werden wir nun sehen, hat dieser Strang literatursoziologischer Forschung maßgeblich zum Verständnis des Wechselverhältnisses von Literatur und Gesellschaft beigetragen.

3.2 Woher wissen wir das? Empirische Literatursoziologie

Empirische Literatursoziologie sieht ihre Funktion innerhalb der Literaturwissenschaft seit den 1960er Jahren explizit in der Beobachtung von sozialen Tatsachen, das heißt von Interaktionen und Interdependenzen der an Literatur beteiligten Personen. Erhoben werden die Tatsachen mithilfe von quantitativen Methoden, die nicht innerhalb der Literaturwissenschaft entwickelt wurden, sondern in den Sozialwissenschaften. Die Betonung liegt hier auf quantitativ, denn es ist eine wertneutrale Perspektive, die die empirische Literatursoziologie für sich reklamiert. Zu den quantitativen Methoden zählt insbesondere die Erhebung von Daten mittels Befragungen beziehungsweise Umfragen. Die erhobenen Daten werden dann wiederum statistisch ausgewertet und zu einem Gesamtbild verdichtet. In den Bereich der empirischen Literatursoziologie fallen dementsprechend auch Untersuchungen zum Literaturbetrieb, zum Buchmarkt sowie zur Buchkultur, wobei sich letztere zumeist ganz auf eine Analyse des Buches als Material, Produkt und Ware konzentrieren. Die Auftraggeber literatursoziologischer Analysen sind zumeist Akteure aus dem Literaturbetrieb selbst, also Verlage oder der Buchhandel.

Das muss aber nicht der Fall sein, denn gerade heute reicht das Interesse insbesondere am Leseverhalten der Menschen nicht nur in den Bereich der Bildung und der Bildungspolitik hinein, sondern auch in die Lebenswelt der Menschen. Nehmen wir den Fragebogen vom bildungsserver.berlin-brandenburg. Mit ihm, so wirbt die Seite, könne man sich seine Lesebiografie und sein Leseverhalten bewusst machen. Gefragt wird: Was lesen Sie zurzeit in Ihrer Freizeit? Welche Schullektüren haben Ihnen als Schüler(in) gut gefallen? Welche Textarten bevorzugen Sie? Wie sollte im Unterricht Literatur vermittelt werden? In welchen Situationen lesen Sie? Was hat Sie als Schüler(in) beim Lesen einer Lektüre im Unterricht gestört? Haben Sie einen Lieblingsleseplatz? Was gefällt Ihnen am Lesen? Haben Ihnen Ihre Eltern vorgelesen? Was hält Sie vom Lesen ab? Glauben Sie, dass Kinder vom Leseverhalten Ihrer Eltern beeinflusst werden?

Der Literatursoziologe könnte beim Blick auf den Bildungsserver innehalten und fragen: Was sagen uns solche Fragebogen selbst über das gegenwärtige Verhältnis von Literatur und Gesellschaft? Zunächst einmal, dass man vonseiten der Bildungspolitik heute davon ausgeht, dass Menschen ein Interesse daran haben, sich ihre Lesebiografie und ihr Leseverhalten bewusst machen zu können. Das Bedürfnis nach einer geradezu systematischen Reflexion des Was, Wie und Wo der Lektüre wird demnach sogar aufseiten des Lesers vermutet, was wiederum bedeuten würde, dass wir es in der Gegenwart mit einer enormen Ausweitung des empirischen Interesses an Literatur einschließlich einer Demokratisierung der Methoden zur Erfassung des Umgangs mit dem Buch zu tun haben.

Schaut die Literatursoziologin an dieser Stelle kurz auf die Wissenschaftsgeschichte, so wird eine Tendenz kenntlich, die wir als spezifisch moderne Selbstreflexion der an Literatur beteiligten Personen bezeichnen können. Nicht zufällig finden sich die ersten empirischen Untersuchungen des Buchmarktes am Beginn des 20. Jahrhunderts. Im Jahr 1912 legte Rudolf Jentzsch eine ebenso umfassende wie wegweisende Untersuchung zum deutsch-lateinischen Buchmarkt im 18. Jahrhundert vor, in der er die oben angesprochene Entstehung der bürgerlichen Literaturgesellschaft durch die Beobachtung einer massiven Zunahme und Verbreitung von Schriften aus dem Bereich der Schönen Künste und Wissenschaften empirisch nachwies. Nur ein Jahr darauf erschien Levin L. Schückings für die Literatursoziologie geradezu bahnbrechender Aufsatz „Literaturgeschichte und Geschmacksgeschichte. Ein Versuch zu einer neuen Problemstellung", auf den im 6. Kapitel ausführlich einzugehen ist. Die eigentliche Stunde der empirischen Literatursoziologie aber schlug in den 1960er und 1970er Jahren, das heißt in einer Zeit, die heute wesentlich als eine der Demokratisierung und des gesellschaftlichen Aufbruchs gilt. Getragen wurden diese Tendenzen von zwei Impulsen, die auch die Geistes- und Sozialwissenschaften erfassten und sich für die Entwicklung der Literatursoziologie als äußerst produktiv erwiesen: Kritik und Selbstaufklärung.

Für den kritischen Impuls der 1960er Jahre innerhalb der Geistes- und Sozialwissenschaften steht heute vor allem die Kritische Theorie der Frankfurter Schule; eine institutionalisierte Denkrichtung, die im Zuge der Protestbewegung massiv an Verbreitung gewann. Gleichzeitig und dagegen entwickelte sich eine empirische Literatursoziologie, die zwar an Vorläufer anknüpfte, ihr eigentliches Profil aber durch die Abgrenzung von eben jener kritisch-wertenden Literatur- und Kunstsoziologie gewann, wie sie namentlich von Theodor W. Adorno mit der Auffassung von Kunst als der „gesellschaftliche(n) Antithesis der Gesellschaft" (Adorno 1970, S. 19) vertreten wurde (siehe Kap. 8). So wendete sich Alphons Silbermann, einer der führenden Vertreter der kunstinteressierten Richtung innerhalb der empirischen Soziologie der Kölner Schule, scharf gegen eine soziologische Literaturästhetik, in der er eine Literaturphilosophie und -kritik sah, welche Soziologie zwar im Namen führe, jedoch keine soziologisch gewonnenen Informationen über die Gesellschaft verarbeite. Aussagen über das Kunstwerk selbst sowie über seine Struktur können laut Silbermann grundsätzlich nicht Gegenstand der empirischen Betrachtung sein. Insistiert wird auf einem soziologisch-empirischen Verfahren, mithilfe dessen das gesellschaftliche Handeln der an einem literarischen Werk konkret beteiligten Personen – Autor, Verleger, Kritiker und Publikum – zu erfassen ist.

3.2 Woher wissen wir das? Empirische Literatursoziologie

Gleichwohl aber geht auch Silbermann von einem Begriff aus, dessen Herkunft eher im Bereich der Literaturphilosophie als in dem der empirischen Soziologie zu verorten ist: dem Begriff „Kunsterlebnis". Verstanden wird darunter aber nicht eine Wirkung zwischen Kunstwerk und Betrachter/Leser, sondern eine soziale Interaktion in dem Sinne, dass jedes Kunstwerk insofern um einer Aktion willen entsteht, als es darauf zielt, im Rezipienten Emotionen zu wecken, die denen des Produzenten vergleichbar sind. Gegenstand der empirischen Literatur- und Kunstsoziologie sind demnach nicht die Kunstwerke selbst, sondern die „Kulturwirkekreise" (Silbermann 1986, S. 170). Im Zentrum steht hier der Begriff der Wirkung, wobei Silbermann von „Wirkezusammenhängen", „Wirkemitteln", „Wirkestärken", „Wirkearten" und „Wirkerichtungen der diversen Kunstformen" spricht (S. 170). Die Konzentration auf den Begriff der Wirkung erinnert unweigerlich an die literatursoziologischen Schriften des frühen Georg Lukács. Anders aber als dessen formale, in Teilen von Walter Benjamin, Theodor W. Adorno und Lucien Goldmann weitergeführte Literatursoziologie, lehnt die Soziologie der Kulturwirkekreise jede Vermengung von Ästhetischem und Sozialem ab.

Weder der Inhalt noch die Form oder das Wie und Was künstlerischer Materialien sind Gegenstand der empirisch-positivistischen Analyse, sondern allein das Kunsterlebnis, verstanden als jener bedeutsame Augenblick, in dem sich das Werk als „ein wesentliches Medium der *sozialen Spontaneität*" (S. 170) erfassen lässt. Die Ausweitung der empirischen Literatursoziologie in Richtung Kommunikationswissenschaft deutet sich hier bereits an, und tatsächlich hat Silbermann seine Überlegungen in der Mitte der 1970er Jahre zu der Schrift *Von den Wirkungen der Literatur als Massenkommunikationsmittel* erweitert. Die übergreifende Frage dieses Ansatzes lautet, wie Literatur als Kommunikation funktioniert, und zwar nicht nur als Kommunikation zwischen Autor und Leser, sondern auch zwischen Autor, Verleger und Kritiker.

Wo aber, so werden literaturinteressierte Studierende jetzt fragen, bleibt der Text? Wie lässt sich mithilfe quantitativer Methoden der literarische Wert von Texten erfassen? Die Antwort lautet: Gar nicht, und dies ist auch so gewollt. Betonte bereits Simmel, dass es nicht um das Werten, sondern um das Verstehen gehe, so beruft sich Silbermann auf das von Durkheim unterstrichene Prinzip der Werturteilsfreiheit und erhebt es zur Grundlage der empirischen Literatursoziologie, wenn er ausdrücklich unterstreicht, dass sich der empirische Ansatz von der Formulierung literarischer Normen fernhalte. In dieser Selbstbeschränkung sollten Studierende keine Schwäche, sondern vielmehr die Stärke der empirischen Position innerhalb der Literatursoziologie sehen: Sie will nicht alles leisten und zielt nicht auf das Ganze der Literatur. In diesem Sinne spricht Silbermann auch davon, dass der empirische Ansatz weder Literaturpsychologie, Literaturgeschichte noch Literaturtheorie ersetzen wolle (Silbermann 1981, S. 35); ein wichtiger Zusatz und vielleicht eine Ermunterung für all jene, die Literatur und Empirie zu schätzen wissen und sich fragen, wie beide „unter einen Hut" zu bringen sind, wenn man die Erhebung verlässlicher Daten nicht allein den landeseigenen Bildungsservern überlassen will. Helfen können dabei auch die Schriften von Hans Norbert Fügen, der gleichfalls ganz auf „die Interaktion der an der Literatur beteiligten Personen" (Fügen 1971, S. 14) fokussiert und jede literatursoziologische Beschäftigung mit dem literarischen Werk als ästhetischem Gegenstand konsequent ablehnt.

Wem das zu weit vom Text und damit auch von den traditionell der Literaturwissenschaft zugeschriebenen Fragen wegführt, der kann – noch immer innerhalb der empirischen Literatursoziologie – mit Leo Löwenthal eine andere Richtung einschlagen. Als Vertreter der Frankfurter Schule arbeitete Löwenthal gewissermaßen literaturnäher, wenngleich auch er sein Interesse im Laufe eines langen und überaus produktiven Arbeitslebens zunehmend auf die Frage der Stellung des Buchs in der Massenkultur richtete. Ebenso wie Silbermann arbeitete daher auch Löwenthal an einer Methode zur Vermittlung zwischen hoher Kunst und Massenkultur und forderte, nachdem er bereits in den 1930er Jahren an die gesellschaftsbezogene Literaturbetrachtung von Franz Mehring erinnert hatte, in den 1940er Jahren, dass die Literatursoziologie „die Literatur in das funktionale Ordnungssystem innerhalb der Gesellschaft und hier wieder innerhalb der verschiedenen Schichtungen dieser Gesellschaft einzuordnen" habe (Löwenthal 1980, S. 245). Einen zentralen Stellenwert müsse dabei die Verankerung in den sich wandelnden historischen Kontexten einnehmen. Gegen den Geniekult und die immanente Literaturbetrachtung gerichtet, wird eine Kombination aus Psychoanalyse und Marxismus favorisiert, um die Geschichte der Dichtung als „soziales Phänomen" zu erfassen. Gerade die Entwicklung der narrativen Literatur lasse sich nicht von der Geschichte der bürgerlichen Gesellschaft trennen (siehe auch Kap. 8).

Um insbesondere das Erzählen als soziales Phänomen zu begreifen, erarbeitete Löwenthal, anders als Silbermann, einen sozialpsychologischen Ansatz, der es ermöglicht, psychische, soziale und kulturelle Kategorien so zu vermitteln, dass die literarischen Stoffe, ihre formale Verarbeitung und ihre Rezeption im Rahmen des jeweiligen soziohistorischen Kontextes dargestellt werden. Zeitschriftenaufsätze wie der im Jahr 1948 veröffentlichte über *Aufgaben der Literatursoziologie* machen deutlich, wie sehr es Löwenthal dabei um den Aufbau beziehungsweise die Fundierung der Literatursoziologie als neuer Disziplin ging. Ihre Dringlichkeit ergab sich, und diese Position wiederum teilen Löwenthal und Silbermann, aus einer Massenkultur, deren Funktionieren man während des Exils selbst erfahren hatte. Produzenten als auch Konsumenten, so könnte man die Beobachtung zusammenfassen, gehorchen Marktprozessen, weshalb die Analyse von Formproblemen hinter die Untersuchung der gesellschaftlichen Determinanten des Erfolgs sowie die Funktionsanalyse des Inhalts zurückzutreten habe. Insbesondere auf das Leseverhalten des Publikums richtet sich dabei Löwenthals Interesse; ein Interesse, das, so konnte oben anhand des Brandenburger Bildungsservers illustriert werden, an Aktualität gewinnt. Wollte man Löwenthal folgen, so hätte die Literatursoziologie heute diese Studien zum Leseverhalten des Publikums mit Studien zur Rolle des Schriftstellers zu flankieren, um zu überprüfen, ob die These zutrifft, dass sich in der Massenkultur beide zentralen Instanzen der Literatur – Produzenten und Rezipienten – in einer wachsenden Ignoranz bezüglich der Formfrage treffen.

Wer diesen Weg der Literatursoziologie einschlägt, das heißt sich der Wertung ganz enthalten und sich allein auf die Frage des Funktionierens von Literatur als Interaktion zwischen Produzent, Buch und Rezipient konzentrieren möchte, sollte vor dem Beginn der eigenen Studien neben den Schriften der genannten Vertreter der empirischen Literatursoziologie dringend auch Robert Escarpit konsultieren. Escarpit geht auf dem Weg der Empirie noch einen Schritt weiter und berührt ein Problem, in dem sich Literatur- und Wissenssoziologie begegnen. Dazu wird das empirische Verfahren nicht nur auf Massen- und/oder Trivialliteratur angewandt, sondern auch auf die hohe beziehungsweise anspruchsvolle Literatur. Als literarisches Buch grenzt Escarpit diese Literatur von Besitz- oder Gebrauchsbüchern ab, was aber keineswegs bedeutet, dass sich für das literarische Buch nicht auch eine soziale Dimension aufzeigen ließe. Vielmehr gilt es auch hier, das „Gesamt von Wechselbeziehungen" oder auch den „interaktionellen Kreislauf" zu erfassen, in dem sich die dreifache Abhängigkeit der Literatur – von Autor/Individuum, Buch/abstrakten Formen und Leser/Publikum mit sozialer Gruppenstruktur – zu erkennen gibt. Die Hauptaufgabenbereiche der Literatursoziologie erstrecken sich laut Escarpit demnach auf alle Formen der Literatur und heißen: Produktion (der Schriftsteller in der Zeit und in der Gesellschaft), Verbreitung (Veröffentlichungsprozess und Umkreise der Verbreitung geteilt in Bildungsmilieu und volkstümliches Milieu) und Konsumption (Werk und Publikum sowie Lektüre). Literatur, so die positivistische Grundannahme, macht einen Teil der erkennbaren Realität aus und kann von daher ebenso wie jede andere Erscheinung der realen Welt wahrgenommen, erklärt und verstanden werden kann (Escarpit 1961, S. 12).

Lässt man sich auf diese Annahme ein, so öffnet sich ein ganzer Katalog konkreter Fragen, einschließlich der nach der Finanzierung beziehungsweise der sozialen Absicherung des Schriftstellers oder der nach der Rolle der Technik (etwa am Beispiel der Entwicklung der Schnellpresse). Unter dem breiten Schirm des mit dem Titel *Das Buch und der Leser* bezeichneten Generalthemas wird nicht nur eine radikale Abkehr von der Werkimmanenz vollzogen, sondern die Literatursoziologie auch als Türöffner für die Buchmarktforschung etabliert.[1] Mit der Einbindung des literarischen Buchs nimmt Escarpit dabei auch jene Tendenz vorweg, die uns, explizit verstanden als eine um den Ausgleich der Gewichtung zwischen Textdeutung einerseits und konkreten Daten zur Produktion, Distribution und Rezeption andererseits bemühte, bei Bourdieu und seiner Analyse des literarischen Feldes wiederbegegnen wird (siehe Kap. 7). Ihre Relevanz bezieht diese Richtung aus der Konsequenz, mit der hier versucht wird, den Kreis nicht innerhalb des Textes, sondern im interaktionellen Kreislauf aller *am Text als Literatur* Beteiligten zu ziehen.

Das immer wieder auch kritisch gegen die Literaturwissenschaft gewendete Bemühen um ein Gleichgewicht zwischen Textdeutung und Empirie wird verständlich, wenn wir uns den Befund der empirischen Richtung kurz genauer ansehen: Bei den Untersuchungen zum literarischen Buch stieß Escarpit auf eine Gruppe von Kulturträgern oder auch ein literarisches Milieu, dem häufig nicht nur die Autoren, ihre Verleger und ihre Leser entstammen, sondern auch die Literaturwissenschaftler. Kritisch betrachtet, spielt sich das literarische Geschehen des literarischen Buches demnach im geschlossenen Kreis einer Gruppe ab, die auf allen Ebenen zum Tragen kommt, und zwar bis hinein in die Universitäten. Zwischen dieser Gruppe und ihrer Umwelt gibt es keine Verbindung, worin Escarpit noch (1961) die „ganze Tragödie der gebildeten Literatur angesichts der Realität des Lebens des Volkes" (S. 105) sieht, wie sie sich daran zeige, dass Schriftsteller und Publikum durch einen gemeinsamen Kultur-, Anschauungs- und Sprachkreis verbunden sind, ja jeder Schriftsteller „ein Gefangener der Ideologie, der Weltanschauung seines Publikumsmilieus" (S. 107) sei.

Ob und inwiefern dieser Befund heute noch zutrifft, wäre selbst wiederum empirisch zu prüfen – eine spannende Aufgabe angesichts des immer wieder attestierten Verschwimmens der Grenzen zwischen Hoch- und Massenkultur, wie es seit den 1960er Jahren beobachtet und unter dem Begriff der Postmoderne gefasst wird. Denken wir noch einmal an Titel wie Umberto Ecos *Der Name der Rose* oder auch

---

[1]Die Übersetzung des Titels ins Deutsche erfolgte auf Anregung von Silbermann. Als *Das Buch und der Leser. Entwurf einer Literatursoziologie* erschien die deutsche erweiterte Fassung 1961 als zweiter Band in der Reihe *Kunst und Kommunikation. Schriften zur Kunstsoziolgie und Massenkommunikation*. Herausgegeben von Dr. Alphons Silbermann F.I.A.L. Sydney-Köln.

an Patrick Süskinds *Das Parfüm*, so hätten wir den interessanten Fall zweier Bestseller-Autoren, von denen der eine aus der Literaturwissenschaft und der andere aus der TV-Serien-Produktion kommt. Was beide teilen, ist der in den 1990er Jahren verzeichnete Massenerfolg mit historischen Kriminalromanen (und ihren Verfilmungen). Was aber wäre die Ideologie beziehungsweise Weltanschauung des Publikumsmilieus, dessen Gefangene auch die genannten Autoren sind? Und sind sie überhaupt Gefangene oder nicht vielmehr hochgradig aufgeklärte Akteure innerhalb eines sich zunehmend kommerzialisierenden Literatur- und Medienbetriebs, dessen Funktionieren die Akteure durchschauen und an dem sie eben deshalb überaus erfolgreich mitzuwirken vermögen? Die Reihe der Fragen ließe sich fortsetzen. Zu ihrer Beantwortung aber bedarf es der empirisch-positivistischen Literatursoziologie. Wer heute die Gruppe der Kulturträger intensiver unter die Lupe nehmen und prüfen will, wie das Gesamt von Wechselbeziehungen als interaktioneller Kreislauf der Literatur diesseits und jenseits der Differenz von Hoch- und Unterhaltungsliteratur funktioniert, ist notwendig (zurück) auf die empirische Literatursoziologie verwiesen.

3.3 Was soll man lesen? Wertung, Kanonisierung, Funktionszuschreibung

Die oben vorgestellte empirische Literatursoziologie müsste sich nicht ausdrücklich um Werturteilsfreiheit bemühen, wenn die Wertung nicht ein integraler Bestandteil auch der Wissenschaft wäre. Jede Lektüreliste literaturwissenschaftlicher Lehrveranstaltungen legt Zeugnis ab von einem vorangegangenen Textauswahlverfahren, dessen Auswahlkriterien nicht immer thematisiert werden. Dabei dominieren innerhalb der wissenschaftlichen Beschäftigung mit Literatur bis heute kanonisierte Texte. Unter Kanon verstehen wir mit Rainer Rosenberg die „Zusammenstellung als exemplarisch ausgezeichneter und daher für besonders erinnerungswürdig gehaltener Texte; ein auf einem bestimmten Gebiet als verbindlich geltendes Textcorpus" (Rosenberg 2000, S. 224). Wer aber stellt den Kanon zusammen? Welche Instanzen entscheiden darüber, welche Texte exemplarisch und daher erinnerungswürdig sind und nach welchen Kriterien wird selektiert und mithin gewertet? Oder, noch einmal anders gefragt, welche Normen liegen der Kanonbildung zugrunde und inwiefern sind diese an die Funktionszuschreibung der Literatur in der Gesellschaft gebunden?

Die Fragen der Wertung, Kanonisierung und Funktionszuschreibung von Literatur kreisen um das Problem des Werturteils in der Gesellschaft; ein tief greifendes Problem, das insbesondere von der Kultursoziologie reflektiert wird. Zu seinem

Verständnis empfiehlt es sich daher, sich zunächst eine soziologische Begriffsdefinition genauer anzusehen. Ausgewählt wurde die Definition von Helmut Schoeck aus dem Jahr 1969 und damit aus einer Zeit, in der die Gesellschaft und ihre Kultur gerade dabei waren, ihre Werte neu zu bestimmen. Unter Werturteil nun versteht Schoeck allgemein „eine (sozialwissenschaftliche) Aussage, bei der man die Variablen im Erkenntnisobjekt nicht oder nicht allein auf den wahrscheinlichsten Ursachenzusammenhang zurückführt, sondern an einem Sollzustand mißt, den man aufgrund irgendwelcher Werte (sittlicher, religiöser, politischer usw. Art) voraussetzt" (Schoeck 1971, S. 362). Damit verschiebt sich das Problem des Werturteils hin zum Begriff der Werte, den Schoeck wie folgt definiert: „Werte sind für den Soziologen der Mehrheit der Mitglieder einer Gruppe gemeinsame, meist in Begriffe gefaßte Lebensinhalte, die bewahrt, gepflegt oder erstrebt werden und auf diese Weise als Leitbilder, u. U. als feste Normen unser Handeln bestimmen, in der Motivstruktur unseres Verhaltens maßgeblich sind" (Schoeck 1971, S. 362). Dabei wisse der Soziologe, dass die Werte der einen Gruppe die Unwerte einer anderen sein können (kultureller Relativismus) und dass es innerhalb einer Gesellschaft und ihrer Kultur zumeist soziale Teilgebiete mit für sie eigentümlichen Subkulturen und somit partielle Wertesysteme gebe. Der Einzelne übernehme zwar während der Sozialisation die wichtigsten Werte seiner Gruppe, doch könne die Vermittlung solcher Werte lückenhaft sein, woraus sich abweichendes Verhalten teilweise erklären lasse.

In Anlehnung an diese soziologischen Begriffsklärungen könnten wir sagen, dass das Werturteil eine (literaturwissenschaftliche) Aussage ist, bei der man die Variablen in der Literatur an einem Sollzustand misst, den man aufgrund literarischer Werte voraussetzt. Werte wären für den Literaturwissenschaftler dann jene meist in Begriffe gefassten literarischen Inhalte (Themen, Motive, Gattungen, Titel, Autoren usw.), die der Mehrheit der Produzenten und Rezipienten gemeinsam sind, bewahrt, gepflegt oder erstrebt werden und auf diese Weise als Normen das literarische Handeln bestimmen und in der Motivstruktur literarischen Verhaltens maßgeblich sind. Dabei weiß der Literaturwissenschaftler, dass die Werte der einen Produzenten- und/oder Rezipientengruppe die Unwerte einer anderen sein können (literarischer Relativismus) und dass es innerhalb der Literatur eigentümliche Subliteraturen und somit partielle literarische Wertesysteme gibt (bspw. Ästhetizismus oder auch Realismus). Sowohl der Autor als auch der Verleger, Lektor, Buchhändler, Kritiker und Leser (einschließlich der Studierenden sowie der Literaturwissenschaftler) übernehmen während der Sozialisation die wichtigsten literarischen Werte, doch gibt es in der Gruppe literarischer Akteure abweichendes Verhalten, andernfalls gäbe es weder die Literaturgeschichte noch das Problem des Wandels (siehe Kap. 4). Erst aus der Vielzahl von Texten und der Pluralität von Literatur – gespeichert (und digitalisiert)

3.3 Was soll man lesen? Wertung, Kanonisierung, Funktionszuschreibung

im endlos anwachsenden Archiv der Nationalbibliotheken – ergibt sich überhaupt die Frage des Werturteils beziehungsweise der Kanonisierung.

Die literatursoziologische Auseinandersetzung mit der Frage des Werturteils intensivierte sich nicht zufällig während der Protestphase der 1960er Jahre, während der ein geradezu massenhaftes Abweichen der studentisch-intellektuellen Trägerschaft der Literatur zu beobachten ist. Der kulturelle und literarische Relativismus war nicht mehr zu übersehen und führte in Soziologie und Literaturwissenschaft zu einer intensiven Beschäftigung mit Fragen der Wertung. Nachgerade in der Literaturwissenschaft provozierte der antiautoritäre Impuls auch die Frage, wer überhaupt die Regeln der literarischen Sozialisation und Bildung bestimme. Auch aus den literarischen Werten wurden axiologische Werte, das heißt Werte, von denen man weiß, dass sie immer von spezifischen Interessen abhängen und folglich nur für bestimmte Gruppen und dies auch nur für bestimmte Zeiten verbindlich sind. Versteht man unter dem Begriff ‚axiologischer Wert' den „Maßstab, der ein Objekt oder ein Merkmal eines Objekts als ‚wertvoll' erscheinen läßt, es als Wert erkennbar macht" (von Heydebrand und Winko 1996, S. 40), so wird deutlich, dass der axiologische Wert seine soziale und historische Relativität im Begriff mitführt (siehe auch Abschn. 5.3).

Warum aber, so mögen sich die Studierenden fragen, überhaupt an Wertung festhalten, wenn der Wertrelativismus offenkundig derart weit ins allgemeine Bewusstsein gerückt ist? Warum nicht das postmoderne Motto des ‚anything goes' akzeptieren und den Wertbegriff samt Werturteilsproblem ganz in die Begriffs- und Wissenschaftsgeschichte verabschieden? Die Antwort hat eine pragmatische und eine normative Komponente: Zum einen erzwingt allein die schiere Fülle der Möglichkeiten und mithin die Quantität von Literatur eine Auswahl, und dies gilt für den Autor, der sich am Laptop für Form und Inhalt seines Textes entscheiden muss ebenso wie für den Verlagslektor, der anwachsende Mengen von Manuskripten begutachtet, wie auch für die nachfolgenden (orientierungsgebenden) Kritiker sowie (orientierungssuchenden) Käufer und Leser. Immer muss eine Entscheidung gefällt werden, hinter der (implizit oder explizit) eine wertende Sichtung steht. Weil dem aber so ist, gab und gibt es eine normative Seite im Umgang mit Literatur. Es geht nicht alles. Vielmehr weiß der Literatursoziologe, und muss dieses Wissen immer wieder aufs Neue am jeweils aktuellen Stand der Literatur erproben, dass das Bedürfnis nach literarischer Wertung notwendig zu Beurteilungen führt, welche wiederum selbst noch in ihrer Subjektivität allein schon insofern sozial sind, als sie in der Kette literarischer Kommunikation stehen. Zudem erweist sich gerade die subjektive Entscheidung bei näherer literatursoziologischer Betrachtung nicht selten als eine des Geschmacks und damit als eine Selektion, die zwar ohne Anspruch auf Allgemeingültigkeit auskommt, darum aber umso mehr als Mittel der sozialen Distinktion funktioniert (siehe Kap. 6).

Entscheidend ist dabei, dass jedes literarische Werturteil sowie jeder Prozess der Kanonisierung einen Sollzustand und folglich eine normative Ordnung voraussetzt, welche unmittelbar an die Funktionszuschreibung der Literatur innerhalb der Gesellschaft gebunden ist. Das mag am Beginn des 21. Jahrhunderts verwundern. Zwar greift die Funktionsbestimmung bei der referenziellen Literatur, das heißt bei nicht-poetischen Texten (Nachrichten müssen glaubwürdig und informativ, Gebrauchsanweisungen verständlich und eindeutig sein), doch scheint diese bei selbstreferenziellen, auf die Autonomie der Literatur gründenden Texten zu versagen. Von daher ließe sich fragen, ob es heute (noch) einen Sollzustand der Literatur gibt. Soll Literatur heute erbaulich, lehrreich, spannend, irritierend oder alles zusammen sein und wonach richtet sich überhaupt die jeweilige Betrachtungsweise von Literatur? Denken wir hier an publikumsstarke, innerhalb der Literaturkritik jedoch polarisierende Texte wie etwa Bernhard Schlinks *Der Vorleser* oder Ferdinand von Schirachs Theaterstück *Terror*, so wird ersichtlich, dass die jeweilige Wertung nicht vornehmlich von den objektiven Eigenschaften des Textes abhängt. Genau diese mehrdeutigen und strittigen Konstellationen (Stichwort: Literaturstreit und -debatten) aber sind für den Literatursoziologen besonders aufschlussreich, interessiert ihn doch allein, wer wann und wo welche Texte wie bewertet (hat). Dabei verfährt er deskriptiv. Indem er die empirisch zu erhebenden Daten auswertet (Welcher Kritiker hat welchen Text wie und in welcher Weise bewertet und in welchem Medium wurde diese Wertung mit welcher Auflagen-, Hörer- oder Zuschauerstärke an welche Rezipientengruppe(n) weitergegeben?), verdichtet der Literatursoziologe sein Wissen zu einem komplexen Bild von Literatur diesseits und jenseits von Normativität; ein Bild, mit dem der Relativität des Werturteils ebenso Rechnung getragen wird wie seiner gesellschaftlichen Notwendigkeit.

3.4 Wertung als Urphänomen und gesellschaftliche Leistung

Schaut man nach dem Gesagten auf den Kanon und die ihm jeweils zugrunde liegenden Werturteile, so erscheinen sie als Ausdruck eines unablässigen Ringens um eine normative, die gesellschaftliche und kulturelle Ebene verbindende Ordnung. Dies gilt auch für die seit den 1960er Jahren verstärkt zu beobachtenden Dekanonisierungsversuche, nur dass es sich bei diesem Ringen um eine andere Ordnung handelt. Grundsätzlich gilt: Nur innerhalb einer um normative Ordnung bemühten, sich des axiologischen Charakters ihrer Werte bewussten Gesellschaft gibt es überhaupt Definitionskämpfe, einschließlich der Auseinandersetzungen um gute beziehungsweise wertvolle Literatur. Die Argumentation für oder gegen eine

3.4 Wertung als Urphänomen und gesellschaftliche Leistung

bestimmte Definition ist (implizit oder explizit) an eine Funktionszuschreibung der Kunst und Literatur in der Gesellschaft gekoppelt – gleich ob über die Momente der Erbauung, Belehrung, Aufklärung, Gesellschaftskritik oder Unterhaltung. Selbst die Literatur des l'art pour l'art als dezidiert autonome, sich jedweder Funktionszuschreibung durch Instanzen außerhalb ihres eigenen symbolischen Raums verweigernde Literatur ist, betrachtet man sie aus dieser Perspektive, ‚nur' eine Position in einem Feld beziehungsweise einem System der Literatur, das innerhalb der modernen, funktional differenzierten Gesellschaft neben anderen steht und sich als solches in die normative Ordnung eben jener Gesellschaft einfügt.

Von daher sind Kanon, Wertung und Funktionszuschreibung für den Literatursoziologen keineswegs allein ‚Fallen', in welche zu tappen der um Objektivität bemühte Wissenschaftler um jeden Preis vermeiden muss. Vielmehr wurde und wird auch hier der Akt der Wert- und Funktionszuschreibung als eine gesellschaftliche Leistung gewertet. Die Unterscheidung von wertvoller und wertloser Literatur wird verstanden als Zeichen einer „Kultur im starken Sinne", das heißt als ein Indiz auf jene ausgeprägten Prozesse der Valorisierung, wie sie für die Spätmoderne grundlegend sind (Reckwitz 2012, S. 284). Mit diesem Brückenschlag zur gegenwärtigen Kultursoziologie aber schließen wir gleichzeitig an eine Position an, welche sich bereits in den Anfängen der Literatursoziologie findet und von der wir denken, dass sie dem literatursoziologisch Interessierten bis heute ein Verständnis der soziokulturellen Reichweite des Werturteilsproblems zu eröffnen vermag. Nachgerade in der Wertung nämlich sah die frühe Kultur- und Literatursoziologie das Produkt eines kollektiven Unternehmens, an dem auch die Wissenschaften selbst teilhaben.

Schauen wir genauer hin: Lukács beschrieb bereits um 1900 die Wertung in Anlehnung an Simmel als „Urphänomen", dessen Notwendigkeit und Unvermeidbarkeit nicht nur in den Kreis literarischer Erscheinungen hineinwirkt, sondern auch der wissenschaftlichen Beschäftigung mit ihm zugrunde liegt:

> In der Literatur kann man nämlich die Wahrnehmung, Kenntnisnahme und Tatsachenfeststellung nie von der Wertung trennen. […] Nur durch die ästhetische Wertung kann jede Erscheinung zum Gegenstand der Kunstwissenschaft werden und nur so wird sie für die Wissenschaft eine Erscheinung, Beleg, Tatsache, ein Element (Lukács 1973, S. 25).

Auch findet sich die Frage nach den Beurteilungsmaßstäben hier bereits klar formuliert. Lukács attestierte „die offensichtliche Wandelbarkeit des Urteils"; eine Wandelbarkeit, welche den Literatursoziologen geradezu zwangsläufig dazu veranlasst, sich um das Steigen und Fallen des Wertes einzelner Gattungen und Titel zu kümmern. Bei dieser Aufgabe müssen empirische Literatursoziologie und die Soziologie literarischer Wertung zusammenwirken, denn gerade die von den empirisch-positivistischen Ansätzen Fügens und Silbermanns ausgeblendeten Fragen literarischer Wertung (Vosskamp 1978, S. 3) werden durch den Wandel beziehungsweise durch die wechselhaften Konjunkturverläufe zu einem ergiebigen Stoff der Empirie.

Lukács führte in diesem Zusammenhang den Begriff des Veraltens ein und erklärte das Veralten von Texten, also den Befund, dass diese aktuell nicht mehr zur Wirkung zu gelangen vermögen und damit abgewertet werden, zu einer der interessantesten Erscheinungen der Literaturgeschichte. Ganz wie Bourdieu weit nach ihm, sah auch Lukács im Prozess des Alterns nicht etwa ein quasi-natürliches Abgleiten in die Vergangenheit, sondern vielmehr einen Herrschaftskampf, dessen Spuren jene im avantgardistischen Bewusstsein vollzogenen Brüche sind, welche wiederum die (post)moderne Pluralität hervorbringen. An diesem Punkt treten „Trends" (Lukács 1973, S. 42) an die Stelle des Stils (siehe Kasten 3.1), welche von der gezielten Suche der Literaten nach Alternativen beziehungsweise neuen Möglichkeiten motiviert sind. Auch die Literatur, so könnte man sagen, unterliegt seit der Moderne dem eingangs des Kapitels näher ausgeführten Phänomen der Mode, von dem behauptet wurde, dass es einerseits dem Bedürfnis nach sozialer Anlehnung genügt und zur Vereinheitlichung führt (Nachahmung und Imitation: alle lesen *Harry Potter*) und andererseits das Unterschiedsbedürfnis, die Tendenz auf Differenzierung, Abwechslung, Sichabheben und Distinktion bedient (Wer liest Reinhard Jirgl?), und dies sowohl durch den Wechsel des Erscheinungsbildes (Inhalte und Formen) wie auch durch die Tatsache, dass Moden immer die Moden bestimmter Einkommens- und Bildungsschichten sind.

Dabei mag, denken wir an sogenannte Kultbücher wie den *Steppenwolf* von Hermann Hesse, die Generation als temporale Differenz mindestens ebenso wichtig sein wie die Klasse oder Schicht als soziale. Dies gilt auch, wenn etwa Hellmuth Karasek den Erzählband *Sommerhaus später* von Judith Hermann als „Sound einer neuen Generation" feiert. Vor den Augen der Literatursoziologin rollt sich bei derartigen Wertungen eine Reihe von Fragen auf, angefangen bei den Formaten des Zusammenwirkens von Literatur, Literaturkritik und Marketing über die Homologie zwischen der Sozialstruktur (hier der sogenannten „Generation Berlin") und der Erzählstruktur ihres literarischen Sounds bis hin zu der Frage einer möglichen Kanonisierung (oder auch eines möglichen Alterns) eben dieses konkreten Werkes. Wichtig ist dabei, dass hinter der Frage, wer denn heute (jenseits der kanonisierten Pflichtlektüre) überhaupt noch Hesse liest und womöglich in hundert Jahren Judith Hermann lesen wird, das Wissen steht,

3.4 Wertung als Urphänomen und gesellschaftliche Leistung

dass insbesondere jene Titel, welche die Lebenswelt, die Erwartungen und den Geschmack einer bestimmten zeitgenössischen Gruppe adressieren, bestimmte Konjunkturverläufe haben, weil auch die Titel mit dem Altern oder Verschwinden ihrer Lesergruppe altern oder an Wert verlieren können.

Schwieriger verhält es sich mit der Frage, ob und inwieweit literarische Rezeption heute noch als Möglichkeit sozialer Distinktion funktioniert. Die Leserschaft von *Harry Potter* dürfte ebenso wie die von Michel Houellebecqs *Unterwerfung* recht unterschiedliche Einkommens- und Bildungsschichten durchziehen, was nebenbei auch die literatursoziologisch überaus relevante Frage aufwirft, inwiefern sich heute Literatur und Kunst nicht mehr vorrangig durch die Form, sondern vielmehr durch Inhalte definieren und im globalen Feld kultureller Produktion (erfolgreich) positionieren (Stichweh 2014). Gleichwohl aber sollte die Literatursoziologie gerade angesichts jüngster Diagnosen der Sozialtheorie und deren Verweis auf „den *Anfang* einer neuen Klassengesellschaft" (Reckwitz 2012, S. 276) auch weiterhin sensibel sein für die Schere des Sozial- und Bildungsprestiges, die im Raum der Literatur kaum untersucht wird. Sicher ist, dass nur ein sehr geringer Teil der gegenwärtig populären Erinnerungsliteratur, zu denken ist hier an Titel wie W.G. Sebalds *Austerlitz* oder auch Julia Francks *Die Mitternachtsfrau*, in den Kanon der Pflichtlektüren eingehen kann. Eine Selektion muss erfolgen, doch ist keineswegs ausgemacht, nach welchen Kriterien, sodass dem momentanen Erfolg der Titel beides folgen kann: ein schnelles Vergessen (aufseiten der Leser wie auch der Literaturgeschichtsschreiber) wie auch ein dauerhafter Erfolg durch Kanonisierung.

Texte, die (wie Sebalds) kenntnisreich an bereits kanonisierte Formen und Thematiken innerhalb der Literatur- und Kulturgeschichtsschreibung anknüpfen, könnten bessere Aussichten haben, doch obliegt die Prüfung einer kommenden Literatursoziologie. Kanonisierung, dies sei noch einmal betont, ist nur über den langen Weg durch die Institutionen möglich, und das bedeutet im Fall der Literatur wiederum: durch die Bildungsinstanzen Schule, Gymnasium und Universität. Sie sind der legitimierte Träger der nachhaltig wirkenden Unterscheidungsmacht; eine Wechselwirkung zwischen Literatur- und Bildungssystem, wie sie mit Beginn der literarischen Moderne nicht nur von der Literatursoziologie, sondern auch von der Literaturkritik und der Literatur selbst erkannt wurde. „Schule machen" lautete nicht zufällig das Motto des Dichterkreises um Stefan George; ein elitärer Kreis, in dem man ganz auf eine kleine, eng gebundene Produzenten- und Leserschaft setzte und mit ihr langsam aber bestimmt von den *Blättern für die Kunst* zu den *Werken der Wissenschaft aus dem Kreise der Blätter für die* Kunst fort schritt. Seit der Moderne, so schrieb Lukács angesichts dieser Tendenzen, verläuft die literarische Entwicklung nicht mehr naiv, sondern trägt den „Stempel des Bewußten" (Lukàcs 1910, 33).

Dies gilt auch für die Frage der Wertung und hier wiederum insbesondere für den Prozess der Kanonisierung. Der Kanon als Fundus überzeitlicher Texte von universellem Interesse wird als ein historisch-ahistorisches Objekt erkannt, das heißt als eine Objektivation im Sinne der Kultursoziologie, an der über einen langen Zeitraum eine Vielzahl von Menschen mitwirkt(e). Und wie bei jeder Objektivation so verblasst auch hinter der Wirkung des Kanons die Erinnerung an die lang anhaltende kollektive Leistung und lässt die Historizität des Kanons vergessen.

Um aber gerade den Kanon als Form der Vergesellschaftung und folglich als Produkt kontinuierlicher gesellschaftlicher Arbeit kenntlich zu machen, empfiehlt es sich, neben dem Kanon und seiner Pluralisierung (man spricht heute von Kanons) die seit den 1960er Jahren anschwellenden Kanondebatten schärfer ins Auge zu fassen, bezeugen sie doch in eindringlicher Form einerseits das Bedürfnis nach Orientierung und mithin nach Etablierung allgemein verbindlicher Normen und andererseits das Bedürfnis nach Abweichung und Öffnung. Denn auch wenn der Kanon – der Duden bietet als Synonyme auch Devise, Faustregel, Grundsatz, Leitfaden, Maßstab, Motto, Norm, Prinzip, Regel, Richtlinie, Statut und Vorschrift – heute womöglich seinem Begriff kaum noch gerecht zu werden vermag, so sollte sich der Literatursoziologe zwischen dem „Glatteis einer totalen Wertrelativität" (Dörner und Vogt 1994, S. 187) und forcierten Kanonisierungsversuchen (Bloom 1994; Schwanitz 1990) nicht positionieren. Stattdessen sollte er diese divergierenden Tendenzen innerhalb der Literatur und ihrer Wissenschaft gleichzeitig in den Blick nehmen und jede Wertung als einen Akt der Wertzuschreibung kenntlich machen, der nach so unterschiedlichen Maßstäben wie gute Lesbarkeit (Trivialitätsverdacht) und Unbestimmtheit des Inhalts (Indiz auf versteckte Tiefe und mithin auf ‚hohe' Literatur) erfolgen kann. Dabei sollte der Literatursoziologe aufmerksam die Wege verfolgen, auf denen Franz Kafka in den Kanon der Weltliteratur (und von dort auf die T-Shirts breiter Trägerschichten) gelangte, und zu ermitteln versuchen, was einer E. Marlitt trotz oder wegen massenhaftem Erfolg zu Lebzeiten den nachträglichen Aufstieg in die Sammlung vermeintlich zeitloser Texte versagte. Phänomene wie Bestseller und Longseller müssen noch weitaus stärker untersucht werden, damit wir verstehen, welche Selektionsprozesse die Literatur auf welchen Werturteilsinstanzen durchlaufen hat, bis sie sich uns als möglicher Gegenstand anbietet.

Dabei sollte gerade letzteres, also unsere eigene Mitarbeit an Kanonisierungs- und Dekanonisierungsprozessen nicht übersehen werden. Zu Recht verweisen Dörner und Vogt auf eine „Parallelisierung" von ‚guten' und ‚schlechten' literarischen Texten und ‚guten' und ‚schlechten' literaturwissenschaftlichen Methoden (Dörner und Vogt 1994, S. 191). Um diesen wichtigen Punkt noch einmal anders zu formulieren: Wenn die Literatursoziologie, deren Methoden nicht selten zu den

3.4 Wertung als Urphänomen und gesellschaftliche Leistung

‚schlechten' gezählt werden, dieser Homologie von Gegenstand und Methode entkommen will, so muss sie die Parallelisierung beziehungsweise die Homologien von Literatur und Literaturwissenschaft selbst thematisieren und die Herrschaftskämpfe auch und gerade im Raum der Wissenschaft mitreflektieren. Dem „dichotomisch konstruierenden Blick" (Dörner und Vogt 1994, S. 192) muss eine Beobachtung 3. Ordnung folgen, damit wir lernen, die Wertung in ihrer Paradoxie zu begreifen, das heißt als ein genuin gesellschaftliches Phänomen, dessen Ausdruck eine symbolische Ordnung beziehungsweise eine symbolische Hierarchie ist, welche wiederum ebenso unvermeidlich wie (historisch und sozial) relativ ist. Aus der Beobachtung 3. Ordnung betrachtet, erscheint selbst der Prozess der Dekanonisierung als eine Wertzuschreibung – allerdings zugunsten von Pluralität und Gleichrangigkeit. Von daher wären die literarischen Texte, der Kanon der Weltliteratur, die Lektürelisten des literarischen Seminars einschließlich ihrer methodologischen Vorgaben, aber auch die Namensliste der Nobelpreisträger für Literatur sowie die Bestsellerlisten der auflagenstarken Wochenzeitschriften von der Literatursoziologie nicht (noch einmal) zu bewerten, sondern einer (form)genealogischen Kritik im Sinne Adornos zu unterziehen: „Lesen des Seienden als Text seines Werdens" (Adorno 1970, S. 62). Kurz: Die Kohärenz des Bestehenden kann nur unter Nachweis seiner Genealogie als kontingent kenntlich gemacht werden.

Das Wissen um die Relativität jedweden Werturteils aber schmälert nicht notwendig dessen Wirkungsmacht (Schulte-Sasse 1976). Die Entscheidungsträger (und ihre Umwelt) wissen, dass die Entscheidung anders ausfallen könnte. Gerade darum aber führt der Zwang zur Begründung zu einem Reflexionszuwachs und mithin zu einer wachsenden Erkenntnis über das Zustandekommen, die Regeln und die Aushandelbarkeit unserer kulturellen Ordnung. Dass die jeweilige Auswahl nicht willkürlich ist, dass beispielsweise ein intimer Kenner der Literaturgeschichte wie Harald Bloom kategorisch ablehnt, einen Autor wie Stephen King in ‚seinen' Kanon zu erheben, muss die Literatursoziologie nicht kommentieren, sondern in akribischer Arbeit in der ihr eigenen Logik aufzeigen, wohl wissend, dass es ohne Abweichung keinen Kanon gäbe – und umgekehrt. Dabei sollte nie vergessen werden, dass das Wechselspiel von Imitation (Epigonentum) und Abweichung (Avantgarden) überhaupt erst die Aufmerksamkeit des soziologischen Blicks auf die Literatur gelenkt hat. Der pluralistische Grundcharakter der modernen Gesellschaft und ihrer Kultur führt zur Emergenz des literarischen Werturteilsproblems und wird zum Nährboden einer Literatursoziologie, wie sie sich in Zeiten einer normativ verbindlich festgeschriebenen Ordnung nicht hätte ausbilden können. Eingefangen sind diese Zeiten einer normativen Kulturkritik höherer Ordnung im Begriff des Stils.

Kasten. 3.1. Stil
Stil wurde von der frühen Literatursoziologie definiert als die an die Spitze der Gattungshierarchie gelangende Form oder auch als die sich durchsetzende wirkende Form. Dabei umfasst der Stilbegriff zwei Kategorien: Der Stil ist eine soziologische Kategorie, weil er von Zuständen und Wechselwirkungen unter den Menschen ausgeht, von Verhältnissen, die unter gewissen Umständen zu gewissen Zeiten innerhalb einer bestimmten Gesellschaft zustande gekommen sind. Der Stil ist aber zugleich auch eine ästhetische Kategorie, weil er eine Wertkategorie ist, für die es keine Rolle spielt, wie lang die Zeit und wie groß der Raum ist, in denen sie gilt (Lukács 1973, S. 34). Vor Augen hatte der hier paraphrasierte junge Lukács das Konzept der Soziologie als einer Wissenschaft von den Formen der Vergesellschaftung, wie es Simmel in der *Philosophie des Geldes* entworfen hatte. Im letzten Kapitel dieser Philosophie wird der Stilbegriff aus seiner Anwendung im Rahmen der Ästhetik herausgehoben und für eine umfassende „Lebensstilanalyse" (Simmel 1900, S. 559–601) der Moderne fruchtbar gemacht. Dieser Stilbegriff wurde von Lukács auf die Literatur übertragen, indem er den Stil als „eine auf adäquate Weise wirkende Form" definiert. Stilvolle Werke wären demnach literarische Texte, in denen es dem Autor gelingt, seiner spezifischen Zeit *ihren* literarischen Ausdruck zu verleihen.

Aber ist das heute noch möglich, trägt ein solcher Stilbegriff noch und ließen sich heute stilvolle Werke nennen? Wäre beispielsweise Robert Menasses Bestseller *Die Hauptstadt,* von der Kritik als weltweit erster EU-Roman ebenso gefeiert wie zerrissen, eine auf adäquate Weise wirkende Form? Die Literaturwissenschaft wird sich bezüglich der Wertung mehr Zeit nehmen als die Kritik. Die Literatursoziologie aber könnte, wollte sie sich mit Gegenwartsliteratur beschäftigen und auf den Stilbegriff einlassen, sofort zu untersuchen beginnen, wer hier eigentlich was und wie geschrieben, verlegt, vermarktet, bewertet und somit im vielstimmigen Feld der Literatur dazu beigetragen hat, dass (erneut) ein Zeit- oder gar Epochenroman an die Spitze der Gattungshierarchie gelangt und sich als durchsetzende wirkende Form auszeichnet. Dabei wäre auch zu bedenken, dass in eben der Epoche, in der ein EU-Roman den Deutschen Buchpreis erhält, der Literaturnobelpreis einem Liedermacher wie Bob Dylan verliehen wird. Die Frage, welche Literatur unserer spezifischen Zeit ihren Ausdruck verleiht, impliziert dann auch eine Fülle von Anschlussfragen bezüglich des zeitlichen, räumlichen, politischen, sozialen und kulturellen Rahmens, innerhalb dessen die Bewertungsmaßstäbe zu bestimmen wären.

Diese Komplexität aber führt zurück zu der Frage nach den Bedingungen der Möglichkeit des Stils, an dem bereits die frühe Kultur- und Literatursoziologie arbeitete. Ihre anhaltende Relevanz wird deutlich, wenn wir mit Simmel und Lukács den Stilbegriff aus seiner Anwendung im Rahmen der Ästhetik herausheben und für eine umfassende, transdisziplinäre Lebensstilanalyse der Spätmoderne heranziehen. Die Literatursoziologie befände sich dabei – wie schon um 1900 – in guter Gesellschaft, erlebt gegenwärtig doch nicht nur der Stilbegriff innerhalb der Kultursoziologie seine Renaissance (Reckwitz 2012), sondern knüpft auch die Kulturphilosophie mit dem Formbegriff und der Insistenz auf (undogmatische) Unterscheidungen an Konzepte und Denkfiguren der Moderne an (Menke 2018). Die Verbindung zwischen den kulturwissenschaftlichen Diskursen der Moderne und der Spätmoderne läuft über das oben zitierte Diktum des frühen Lukács, dass die Entwicklung nicht mehr naiv verläuft, sondern den „Stempel des Bewußten" (Lukács 1973, S. 33) trägt. Erst dieser Stempel ermöglicht jene „kritische Lektüre der Wirklichkeit als Darstellung", mit der eine Praxis der Literatur (das Lesen) verallgemeinert und auf die kulturalisierte Wirklichkeit (als Text) übertragen wird:

> Die kritische Lektüre der Wirklichkeit als Darstellung öffnet das Feld für Untersuchungen, die auf die Frage nach der Entstehung ihrer gegenwärtig dominanten Form antworten. Wo, wann und wie kam es zur Entstehung dieser Form? Durch welchen Geburtsakt wurde diese Form herbeigeführt? (Menke 2018, S. 152).

An diese Lesart der Gegenwartsgesellschaft und ihrer Kultur könnte die Literatursoziologie mit einem genealogischen Formbegriff anknüpfen und die Reflexion noch um einen Grad steigern, indem sie die Gesellschaft (verstanden als Gesamttext) mit konkreten literarischen Texten abgleicht und die Kommunikationssituation rekonstruiert, in der sich bis heute „Gattungsbildungs-Prozesse im Sinne möglicher Reduktionen, Kristallisationen und allmählicher Verfestigungen und Stabilisierungen von Gattungsnormen und -mustern" (Vosskamp 1978, S. 20) vollziehen. Ob der EU-Roman als Form an die Spitze der Gattungshierarchie gelangt und als sich durchsetzende Form stilbildend zu wirken vermag oder es beim momenthaften Erfolg als Bestseller bleibt, wäre eine ebenso offene wie literatursoziologisch intrinsische Frage.

3.5 Illustration: Bestsellerlisten

Während der Kanon eine Wertung der Literatur von oben (top-down) darstellt, sind die Bestsellerlisten das Ergebnis einer Wertung von unten (bottom-up). Letztere bedarf keiner Begründung; die Zahlen sprechen gewissermaßen für sich.

Und doch wissen wir seit dem ersten deutschen Bestseller (Thomas Manns *Die Buddenbrooks*), dass Kanonisierung und Bestselling durchaus Berührungspunkte aufweisen. Masse und Klasse müssen sich nicht ausschließen. Auch basieren beide Wirkprozesse auf Anschlusskommunikation und führen innerhalb ihrer jeweiligen Wirkkreise zu literarischer Sozialisierung und Homogenisierung. Betrachtet man sie unter dem Aspekt der Wertung, so sind Kanon und Bestseller-Liste zwei Seiten einer Medaille, weshalb auf beide zutrifft, was Siegfried Kracauer von der Bestsellerproduktion sagte: Sie sind das „Zeichen eines geglückten soziologischen Experiments" (Kracauer 1990, S. 336).

Als „Bestseller-Phänomen" steht dieses Experiment heute im Zentrum eines sehr reizvollen interdisziplinären Forschungsfeldes (Haug 2012). Beschäftigt hat es aufmerksame Beobachter schon wenige Jahre nach der Erfindung der Bestsellerliste. In diesem Zusammenhang ist daran zu erinnern, dass erst seit Mitte des 19. Jahrhunderts (dank Schnellpressen und dem Fortsetzungsroman in Zeitungen) überhaupt enorme Auflagensteigerungen sowie genaue Angaben über Auflagen und verkaufte Exemplare möglich waren. Dabei stand die Erforschung des Phänomens von Beginn an einerseits (und vor allem in Deutschland) in der Kritik, andererseits wurde es aber auch in seinem Potenzial (als aufschlussreiches kulturhistorisches Material) erkannt. Seit den 1970er Jahren wurde auf den Unterschied zwischen Bestsellern und Trivialliteratur aufmerksam gemacht und gezeigt, dass Kriterien des Erfolgs von der Frage nach dem ästhetischen Wert zu trennen sind (Faulstich 1983). Als eigener Bereich etabliert hat sich die Bestseller-Forschung, indem sie sich von der allgemeinen Literaturwissenschaft absetzte, doch gibt es bis heute keine Theorie der Bestseller. Wo man sich gegenwärtig um eine solche bemüht, erfolgt dies in auffälliger Bezugnahme zu der Theorie des literarischen Feldes (Kaufmann 2012).

Trotz einer gewissen Forschungstradition ist daher noch heute vom „Mythos Bestseller" (Schmitz 2012) die Rede, wobei auch in Deutschland ein Paradigmenwechsel in der Wahrnehmung des Phänomens weg vom ‚Verkaufsschlager ohne Qualität' zu verzeichnen ist. Verbunden damit ist ein Bedeutungs- und Funktionswandel der Bestsellerlisten selbst. Ihre objektive Funktion wird heute sowohl in der Marktinformation, dem Kundenservice, dem Ausdruck des Zeitgeistes als auch in der Geschmacksbildung gesehen. Man geht davon aus, dass Bestsellerlisten einen sich selbst verstärkenden Effekt erzeugen, der mehr bewirkt als Literaturkritik: Erfolg selbst ist erfolgreich. So verstanden, haben wir es mit einem sich selbst bestätigenden und verstärkenden System von Kapitaleinsätzen, Rabatten, forcierten Verkäufen und Werbung zu tun, weshalb man innerhalb der Bestellerforschung den Bestseller selbst heute sogar als Einführung einer neuen Währung in die Literatur betrachtet. Die Erzeugung von Aufmerksamkeit und

3.5 Illustration: Bestsellerlisten

Bedeutung funktioniert hier, vergleichbar der Boulevardisierung der Medien, als ökonomischer Faktor. Die Titel selbst, also auch Judith Hermanns *Sommerhaus später* oder Robert Menasses *Die Hauptstadt*, bleiben einerseits immer kürzer auf der Liste, was heißt, dass grundsätzlich auch immer mehr Titel die Möglichkeit haben, auf die Liste zu kommen. Andererseits aber belegen Titel wie Patrick Süskinds *Das Parfüm*, dass ein langanhaltender Platz auf den Bestsellerlisten schon ein gutes Stück der Wegstrecke in Richtung Kanonisierung sein kann. Vor voreiligen Zuschreibungen sei daher gewarnt.

Auch gilt der Bestseller als nicht kalkulierbar, wenngleich sich zweifelsfrei mit medialem Aufwand gewisse Verkaufserfolge erzielen lassen. Es fällt auf, dass Top- und Mega-Seller scheinbar nur im internationalen Medienverbund möglich sind, das heißt als Kette von Buch, E-Buch, Hörbuch, Comic, Verfilmung etc. Als Stichworte mögen hier das Konzept des „Co-Production Markets" und die „Adaptionsindustrie" stehen, bei denen, zumeist am Rand von Filmfestspielen, Akteure verschiedener Medien zusammenkommen und ein reger Handel mit Rechten floriert. Dadurch wird die literarische Kultur tendenziell zunehmend in die Populärkultur integriert, insbesondere über Adaptionen und entsprechende Blockbuster (bspw. Bernhard Schlinks *Der Vorleser*). In diesem Zusammenhang hat Werner Faulstich (2010, S. 9–26) darauf hingewiesen, dass Bestsellerromane des gesamten 20. Jahrhunderts in der Regel formal und sprachlich geprägt sind durch eine mittlere Komplexität. Sie werden, wie Faulstich am Beispiel der Romane von Charlotte Link ausführt, von Werbung und Marketing begleitet, aber nicht gemacht und können als ein Indikator gesellschaftlicher Befindlichkeit gelten.

Zu den wichtigsten Erfolgsfaktoren aber zählt zweifelsfrei ein Medieninteresse, wie es sich durch brisante und aktuelle Thematik im Zusammenspiel mit dem passenden Erscheinungszeitpunkt wecken lässt. So hat Vanessa Werner in einer auch für die Literatursoziologie aufschlussreichen Studie unter dem Titel „Sarrazin – Physiognomie eines Bestsellers" zeigen können, welche Rolle die Person des Autors, aber auch Vorabdrucke, Rezensionen, allgemeine Debatten und Skandalisierung in diesem Zusammenhang spielen (Werner 2012) – Faktoren, die im Kampf um Aufmerksamkeit im konkurrenzgeladenen Feld der Literatur ebenfalls zum Tragen kommen. Daneben hat die Bestsellerforschung, gewissermaßen das Konzept des Paratextes in den Bereich der Buchmarktforschung verlängernd, auf wichtige Fragen wie die der Titel-, Cover- und Preisgestaltung aufmerksam gemacht und gezeigt, wie Autoren über den Eintrag in die Listen zu Marken mit Eigenwert werden. Eng verknüpft ist damit auch das Thema der Literaturpreise und der „Kulturförderung als Event", wie sich am Beispiel der Kopplung von Literaturpreisen und Bestsellereffekten seit der Jahrtausendwende nachweisen lässt (Mayer in Haug 2012).

Doch bleibt die Bestsellerforschung nicht bei der Beobachtung von Bewertungs-, Vermarktungs- und Verkaufsstrategien stehen, sondern wendet sich, etwa mit dem Thriller als einem der gegenwärtig erfolgreichsten Genres auch der Frage nach dem Warum zu. So wird das Wechselspiel von Spannung und Entspannung aus vergnügungstheoretischer Sicht analysiert (Moser in Haug 2012) und auch hier ein Weg aufgezeigt, wie sich literatursoziologische Forschung an großformatige Entwürfe der Gesellschaftstheorie anschließen lässt. Zu denken wäre in diesem Zusammenhang nicht nur an Gerhard Schulzes *Erlebnisgesellschaft*, sondern auch an die *Risikogesellschaft* von Ulrich Beck, *Die Gesellschaft der Angst* von Heinz Bude oder *Die Gesellschaft der Singularitäten* vom buchpreisgekrönten Kultursoziologen Andreas Reckwitz. In diesem Sinne müsste im Raum der Texte – gleich ob fiktional, faktional oder wissenschaftlich – nach Korrespondenzen und Synergieeffekten gesucht werden, schließlich haben wir es, allein die Reihe der Gesellschaftskonzepte jüngeren Datums macht dies deutlich, auch im Raum der Produktion, Distribution und Rezeption von wissenschaftlichen Texten mit Phänomenen wie dem Bestseller und der Serialität zu tun.

Um zu sehen, wie sich empirische Literatursoziologie, Werturteilsfrage und Buchmarktforschung konstruktiv verbinden lassen, empfiehlt sich die Studie *Das Bestseller-Phänomen* (2012) des Soziologen Marc Keuschnigg. Die Studie attestiert den Kulturmärkten extreme Erfolgsungleichheiten: Eine hohe Zahl von Misserfolgen steht hier einigen wenigen extrem erfolgreichen Bestsellern gegenüber. Keuschnigg führt dies auf Konformität unter Käufern zurück und argumentiert unter Berufung auf empirische Daten, dass zunächst zwischen zwei Mechanismen unterschieden werden müsse: Adler- und Rosenmechanismus. Der Rosen-Mechanismus greift bei einem vollständig informierten Akteur, der das beste Produkt kauft, während der Adler-Mechanismus bei einer grundlegenden Entscheidungsunsicherheit in einem eher intransparenten Markt greift. Die Unsicherheitsreduktion erfolgt hier entweder durch soziales Lernen, das heißt durch Identifikation mit beziehungsweise Abgrenzung von bestimmten Gruppen (Konformität mit anderen Lesern als Unsicherheitsreduktion und Konsumkoordination) oder durch die Ausrichtung des Konsums an eigenen, vorangegangenen Konsumhandlungen (Erfahrungslernen, Gewohnheitsnutzen).

Zu den Kulturmärkten werden dabei alle Superstarmärkte wie Musik-, Film-, Sport- oder Kunstmärkte gezählt, wobei die Literatur keine besondere Gewichtung erfährt. Nichtsdestoweniger aber scheinen uns die Ausführungen von Keuschnigg auch und gerade mit Sicht auf die Literatur nützlich. Die eigentliche Frage nämlich, die Keuschnigg umtreibt, ist die, ob auch Angebote mit mangelnder

3.5 Illustration: Bestsellerlisten

Qualität von kumulativen Popularitätsvorteilen profitieren und Bestseller werden können. Die Antwort lautet: Ja, denn Kulturmärkte sind soziale Märkte, in denen eine für qualitätsoptimierendes Konsumverhalten hinreichende Markttransparenz nur im eingeschränkten Segment etablierter Akteure vorliegt. Im Teilmarkt für sogenannte ‚Newcomer' dominieren dagegen qualitätsunabhängige Konformitätsprozesse, sodass aufgrund unvollständiger Information in wenig transparenten (Erfahrungsgüter-)Märkten „explizit auch schlechte Bestseller entstehen" können (S. 388). Als Wirtschaftssoziologe interessiert sich Keuschnigg für individuelle Handlungen und die soziale Interaktion zwischen Systemmitgliedern in einem Umfeld unvollständiger Information (Umfeld geringer Markttransparenz). Er folgt dem Paradigma des methodologischen Individualismus und versteht die Entstehung von Bestsellern (beziehungsweise den Auftritt extremer Nachfragekonzentration) als Folge individueller Handlungen und ihrer Interaktion innerhalb eines Sozialsystems.

Die Literatursoziologie könnte diese Untersuchungen weiterführen und die Erforschung der Kulturmärkte um den literarischen Markt bereichern und vertiefen. Zu vermuten ist, dass auch hier extreme Marktergebnisse mit vielen Misserfolgen und einigen Bestsellern auf Konformität unter Käufern als Konsequenz von Informationsasymmetrien beruhen und von daher die Bestsellerlisten zu jenen sozialen Zusatzinformationen gehören, die der Konsument für seine Entscheidung braucht. Um Gewissheit zu erlangen, könnte die Literatursoziologie dem methodologischen Paradigma des Individualismus folgen und individuelle Handlungen sowie soziale Interaktionen zwischen den Akteuren im Literatursystem (verstanden als Umfeld unvollständiger Information und geringer Markttransparenz) genauer untersuchen. Dabei wären die Prämissen selbst immer wieder zu überprüfen, zeigt doch schon ein kurzer Blick auf die Internetseiten führender Verlage der Unterhaltungsliteratur, dass die Informationen heute nicht mehr ganz so unvollständig sind und die Markttransparenz (bspw. für medienerfahrene Akteure wie Patrick Süskind) immer weiter zunimmt. In jedem Fall aber bekommt es eine Literatursoziologie, die sich auf Bestsellerforschung einlässt, mit einem ebenso geglückten wie reizvollen soziologischen Experiment im Sinne Kracauers zu tun. Bestsellerlisten haben nicht nur beträchtliche Geltungs- und Funktionsgewinne sowie erhebliche ökonomische und psychologische Wirkungen, sondern bündeln als Forschungsgegenstand auch zentrale Problemstellungen einer Literatur- und Kultursoziologie, die sich seit ihren Anfängen um das Verstehen und Erklären von Phänomenen wie der Mode, dem Altern kultureller Güter und dem damit korrelierenden Akt der Wert- und Funktionszuschreibung bemüht.

Literatur

Adorno, Theodor W. 1970. *Ästhetische Theorie. Gesammelte Schriften*, Bd. 7. Frankfurt a. M.: Suhrkamp.
Bloom, Harald. 1994. *The Western Canon. The Book and School of the Ages*. Boston: Houghton Mifflin Harcourt.
Dörner, Andreas, und Ludgera Vogt. 1994. *Literatursoziologie. Literatur, Gesellschaft, Politische Kultur*. Opladen: Westdeutscher Verlag.
Escarpit, Robert. 1961. *Das Buch und der Leser. Entwurf einer Literatursoziologie*. Köln: Westdeutscher Verlag.
Faulstich, Werner. 1983. *Bestandsaufnahme Bestseller-Forschung. Ansätze – Methoden – Erträge*. Wiesbaden: Harrasowitz.
Faulstich, Werner. 2010. Was macht ein Buch zum Bestseller? Zum Geheimnis des Erfolgs von Charlotte Link. In *Bestseller. Das Beispiel Charlotte Link*, Bd. 46, Hrsg. Olaf Kutzmutz, 9–26. Wolfenbüttel: Wolfenbütteler Akademie-Texte.
Fügen, Hans Norbert. 1971. *Wege der Literatursoziologie*. Neuwied: Luchterhand.
Haug, Christine. 2012. *Bestseller und Bestseller-Forschung (Kodex 2)*. Wiesbaden: Harrasowitz.
Kaufmann, Vincent. 2012. Beitrag zu einer unmöglichen Theorie des Bestsellers. In *Bestseller und Bestsellerforschung*. Hrsg. Christine Haug und Vincent Kaufmann, 23–37. Wiesbaden: Harrassowitz.
Keuschnigg, Marc. 2012. *Das Bestseller-Phänomen. Die Entstehung von Nachfragekonzentration im Buchmarkt*. Wiesbaden: Springer VS.
Kracauer, Siegfried. 1990. (Erstveröffentlichung 1931). Über Erfolgsbücher und ihr Publikum. In *Siegfried Kracauer Schriften. Aufsätze 1927–1931*. Hrsg. Inka Mülder-Bach, 334–342, Frankfurt a. M.: Suhrkamp.
Löwenthal, Leo. 1980. *Literatur und Massenkultur*. Frankfurt a. M.: Suhrkamp.
Lukács, Georg (1910/1973): Zur Theorie der Literaturgeschichte (1910 unter dem Titel „Zur Methodologie der Literaturgeschichte" in der Übersetzung von Denes Zalan, Erlangen erschienen. Erstdruck in 'Alexander-emlekkönyv', Budapest 1910, S. 399–421). Wieder abgedruckt in: Text und Kritik. Zeitschrift für Literatur. Hg. von Heinz Ludwig Arnold. H 39/40, Oktober 1973, S. 24–51.
Menke, Christoph. 2018. Die Kritik des Rechts und das Recht der Kritik. *Deutsche Zeitschrift für Philosophie* 66 (2): 143–161.
Reckwitz, Andreas. 2012. *Die Erfindung der Kreativität. Zum Prozess gesellschaftlicher Ästhetisierung*. Frankfurt a. M.: Suhrkamp.
Rosenberg, Rainer. 2000. Kanon. In *Reallexikon der deutschen Literaturwissenschaft*, Bd. II: H – O, Hrsg. Harald Fricke, 224–227. Berlin: Walter de Gruyter.
Scharfschwerdt, Jürgen. 1977. *Grundprobleme der Literatursoziologie. Ein wissenschaftsgeschichtlicher Überblick*. Stuttgart: Kohlhammer.
Schmitz, Rainer. 2012. Mythos Bestseller. Das Geschäft mit dem Erfolg. In *Bestseller und Bestsellerforschung*. Hrsg. Christine Haug und Vincent Kaufmann, 1–22. Wiesbaden: Harrassowitz.
Schoeck, Helmut. 1971. *Kleines soziologisches Wörterbuch*. Freiburg: Herder.
Schulte-Sasse, Jochen. 1976. *Literarische Wertung*. Stuttgart: Metzler.

Schwanitz, Dietrich. 1990. *Systemtheorie und Literatur. Ein neues Paradigma.* Opladen: Westdeutscher Verlag.
Silbermann, Alphons. 1986. *Empirische Kunstsoziologie.* Stuttgart: Teubner.
Silbermann, Alphons. 1981. *Einführung in die Literatursoziologie.* München: Oldenbourg.
Simmel, Georg. 1900. *Philosophie des Geldes.* Frankfurt a. M.: Suhrkamp (Erstveröffentlichung 1989).
Simmel, Georg. 1992. *Aufsätze und Abhandlungen 1894–1900.* Gesammelte Schriften, Bd. 5. Frankfurt a. M.: Suhrkamp.
Stichweh, Rudolf. 2014. ‚Zeitgenössische Kunst' – Eine Fallstudie zur Globalisierung. *Merkur* 785 (10): 909–915.
von Heydebrand, Renate, und Simone Winko. 1996. *Einführung in die Wertung von Literatur. Systematik – Geschichte – Legitimation.* Paderborn: Schöningh.
Vosskamp, Wilhelm. 1978. Methoden und Probleme der Romansoziologie. Über Möglichkeiten einer Romansoziologie als Gattungssoziologie. In *Internationales Archiv für Sozialgeschichte der deutschen Literatur*, Bd. 3, Hrsg. von Georg Jäger, Dieter Langewiesche und Alberto Martino, 1–37. Berlin: de Gruyter.
Werner, Vanessa. 2012. Sarrazin – Physiognomie eines Bestsellers. In *Bestseller und Bestsellerforschung.* Hrsg. Christine Haug und Vincent Kaufmann, 159–174. Wiesbaden: Harrassowitz.

Konkretisierung von Problemstellungen II: Das Problem des Wandels

4

Literatursoziologisches Denken kommt nicht nur nicht ohne ein geschichtliches Bewusstsein von sich selbst und ihren Gegenständen aus (siehe Kap. 2) – sie richtet ihr Augenmerk auch auf geschichtliche Veränderungen im Relationsgefüge von Literatur und Gesellschaft, um sie zu erklären und zu interpretieren. Wandlungsprozesse vollziehen sich in verschiedenen Geschwindigkeiten und auf verschiedenen Ebenen der Geschichte, und sie lassen sich auch im Blick auf die Literatur differenzieren: von allgemeineren Spielarten geschichtlichen Wandels bis zu jenen Wandlungen, die sich im Gebiet der Literatur selbst abspielen. Wie literarische Werke als Quelle zur Erkenntnis sozialen Wandels herangezogen werden können, ist Gegenstand des ersten Abschnitts dieses Kapitels. Danach setzen wir Literatur mit außerliterarischen Wandlungsprozessen in Beziehung und präzisieren dies in zweifacher Hinsicht: in der Kontextualisierung literarischen Wandels mit 1. sozialen Prozessen, die in das Gebiet des Sozio-ökonomischen reichen und 2. mit zivilisationsgeschichtlichen beziehungsweise psychohistorischen Prozessen, die auf das Gebiet von Macht und Herrschaft verweisen. Wir problematisieren dann das Verhältnis von Struktur und Kultur einer Gesellschaft im Rahmen von Wandlungsprozessen, um abschließend anhand von Literarisierungen der Liebe soziale und literarische Wandlungen beispielhaft zu skizzieren.

4.1 Rhythmen und Zeitschichten von Wandel

Ein kurzer Blick in ein Synonymlexikon zeigt, dass für das Wort „Wandel" eine ganze Reihe ähnlicher Bezeichnungen zur Verfügung stehen: Wechsel, Veränderung, Wende, Umgestaltung, Abweichung, Fortschritt, Entwicklung, Bewegung oder Unbeständigkeit. Ein Soziologe wird dabei vor allem an geschichtliche Zeitfolgen denken, in deren Verlauf sich Gesellschaften verändern, und dabei die Vorstellung eines Zeitpfeiles haben. So sehr Wandel ein Phänomen in der Zeit ist, so unterschiedlich sind zugleich die Zeitlichkeiten von Wandel, seine Geschwindigkeiten. Der französische Historiker Fernand Braudel hat in seiner groß angelegten Geschichtsdarstellung über *Das Mittelmeer und die mediterrane Welt in der Epoche Philipps II.* Geschichte nicht als etwas verstanden, das *einer* Zeitlichkeit folgt, sondern unterschiedlichen Rhythmen und zeitlichen Stufen. Es handelt sich darum, „die Geschichte in mehrere Etagen zu zerlegen" (Braudel 1994, I, S. 21). Auf einer ersten Etage findet sich „eine gleichsam unbewegte Geschichte (…), die des Menschen in seinen Beziehungen zum umgebenden Milieu; eine träge dahinfließende Geschichte, die nur langsame Wandlungen kennt, in der die Dinge beharrlich wiederkehren und die Kreisläufe immer neu beginnen". Es ist eine Geschichte der langen Dauer, „fast außer der Zeit liegende, dem Unbelebten benachbarte Geschichte". (S. 20) „Longue durée" bezeichnet keinen statischen Zustand, an dem sich nichts ändern würde, sondern geregelte Lebensprozesse, die von den Beziehungen der Menschen zu ihrer natürlichen Umwelt geprägt sind. Wenn etwa Weiden abgegrast sind, müssen andere Weideplätze gesucht werden, man muss wissen, wie lange es dauert, bis das Gras nachwächst, wo die guten Plätze sind, wie die Wasserverhältnisse und Wege beschaffen sind. Die Etage der longue durée bildet den Raum, in dem sich Lebens- und Arbeitsformen von Menschen in den ihnen eigenen Rhythmen entfalten. „Nicht die geographischen Räume, sondern die Menschen machen die Geschichte; die Menschen als Gebieter oder Erfinder dieser Räume" (Braudel 1994, I, S. 322). Hier spielen sich die langsamen Wandlungen ab. Wenn Braudel von geographischen Räumen spricht, liegt darin eine ausgeprägte Nähe zum ökologischen Denken (I, S. 385 ff.).

Auf einer zweiten Etage findet sich eine „Geschichte langsamer Rhythmen", eine *„soziale* Geschichte, die der Gruppen und Gruppierungen", zu der „die Ökonomien, die Staaten, die Gesellschaften und die Zivilisationen" gehören. Die dritte schließlich umfasst das, was wir unter der „traditionellen Geschichte" verstehen: die „Ereignisgeschichte", bestimmt von der Dynamik „kurzer, rascher und nervöser Schwankungen", wie sie in den Aktionsräumen von Politik und Kriegen zu finden sind (Braudel 1994, I, S. 20). In der „Zeit der Geschichte" gibt es verschiedene Zeiten, die sich in der Geschwindigkeit des Wandels voneinander unterscheiden. Das heißt nicht, dass sich eine Gesellschaft als Ganzes schneller verändern würde als eine andere – also zum Beispiel ein höheres Modernisierungstempo im Vergleich zu einer anderen aufweisen würde; vielmehr gibt es in allen Gesellschaften eine Koexistenz unterschiedlicher Zeitrhythmen, die sich wie Schichten übereinander lagern, von der langen Dauer geografischer oder klimatischer Milieus über den langsamen Wandel auf der Ebene der Strukturgeschichte sozialer Gruppierungen und kollektiver Schicksale, die Konjunkturgeschichte mit ihrer etwas schnelleren Gangart bis hin zum Tempo der Ereignisse.

4.1 Rhythmen und Zeitschichten von Wandel

Beziehungen zwischen diesen einzelnen Etagen von Zeitschichten sind nicht zwingend, sodass sie einer Gleichzeitigkeit des Wandels auf allen Ebenen gehorchen würden, aber sie sind möglich. Ein nach Wahlen vollzogener Wechsel von Regierung und Opposition geht nicht einher mit einer grundlegenden Strukturveränderung in der sozialen Schichtung; es kann ereignishafte Umbrüche wie 9/11 bei ebenfalls gleichbleibender Struktur der Gesellschaft geben. Aber eine eher ereignishafte Erfindung wie die des Webstuhls oder neuer Informationstechnologien kann einen langsamen, aber dauerhaften strukturellen Umbruch provozieren; die unbewegliche Geschichte des Milieus, in dem Menschen leben, kann ihre träge und lange Dauer verlieren, weil sie von Veränderungen auf der Ebene gesellschaftlicher Strukturen tangiert wird, wie anlässlich der Diskussionen um den Klimawandel zu sehen ist. Unter dem Gesichtspunkt einer traditionellen Geschichtsschreibung stehen die ereignishaften Umbrüche im Zentrum, die Ausnahmefälle oder die beeindruckenden „Schlagzeilen". Fragt man hingegen nach den Eigentümlichkeiten von Wandel und seinen zeitlichen Differenziertheiten, dann geraten auch jene Rhythmen und Schichten von Veränderungen und ihre Tempi in den Blick, die ebenso zum Leben in Gesellschaft hinzugehören. Für die Soziologie wiederum ist vornehmlich die Etage der Struktur im Sinne der sozialen Geschichte von Kollektiven von Interesse – eine Perspektive, der wir weiter unten nachgehen werden.

Mit Braudels Etagenkonzept lassen sich speziell für den Literatursoziologen jedoch vorschnelle Begrenzungen seines Fragehorizontes vermeiden, denn zu den Besonderheiten seines Gegenstandes gehört, dass Literatur auf alle drei Zeitformen zwischen Dauer und Wandel referiert. Wir möchten diese jeweils dreifache Referenz in drei Hinsichten skizzieren: die erste ist im weitesten Sinne thematisch orientiert; die zweite betrifft die Koexistenz literarischer Traditionsstränge; die dritte eine Poetik von Verhältnissen zur Zeit.

Unter einem thematischen Aspekt findet sich eine Literatur, die auf die Etage einer longue durée verweist, insbesondere in der Naturlyrik, sei es bei Barthold Hinrich Brockes mit seinem physikotheologischen Gedichtzyklus *Irdisches Vergnügen in Gott bestehend aus der Natur und Sitten-Lehre hergenommenen Gedichten* des 18. Jahrhunderts, über die Schäfer- und Hirtengedichte der Idylle bis hin zu den farb- und bildmächtigen Gedichten Georg Trakls über Schönheit und Verfall von Natur oder eine „Vorstadt im Föhn" – ein großes Gebiet literarischer Werke, in deren Zentrum die Beziehungen von Menschen auf und zu ihrer je erfahrenen und bearbeiteten natürlichen Umwelt stehen. Zur zweiten Etage des Wandels, der der sozialen Geschichte und der Strukturveränderungen, die kollektive Schicksale figurieren, gehören zum Beispiel die Themen von Klassenantagonismen oder die Arbeiterliteratur, aber auch der Wandel von Familie und

Vorstellungen von Liebe, vom höfischen Minnesang über das Elend des Bürgertums im „Bürgerlichen Trauerspiel" bis hin zur Literatur der Emanzipation mit den dazugehörenden verschiedenen Erziehungskonzepten. Auf der dritten Etage finden wir eine Literatur, die auf das Ereignis bezogen ist – so etwa Schillers *Don Karlos* auf den Freiheitskampf der Niederländer oder *Wallenstein* auf den Dreißigjährigen Krieg. Hierher gehören auch jene literarischen Aktualitäten einer jeweiligen Gegenwart, in denen es zum Beispiel um die Finanzkrise, die Facetten des Terrorismus oder um die neuesten gentechnologischen Erfindungen geht. Wie zu jeder Gesellschaft die Gleichzeitigkeit verschiedener Rhythmen des Wandels gehört, so auch die Spielarten von Literatur, die mit ihnen kommunizieren.

Eine zweite Schichtung von Geschichte liegt in der Gleichzeitigkeit von Traditionssträngen in der Literatur einer bestimmten Gegenwart. So finden sich neben Goethes Drama *Götz von Berlichingen*, das shakespearisierend von Rittern handelt, während es sie längst schon nicht mehr gibt, und sich dabei einer ebenso unkonventionellen wie Nachahmer auf den Plan rufenden neuen Form bedient, Dramen klassizistischen Stils, die von den Zeitgenossen nicht minder geschätzt wurden. Neben den am Film orientierten, Kohärenzen auflösenden Erzählweisen im Stil des Nouveau Roman gibt es weiterhin den Familien- oder Bildungsroman, es gibt die neuen Märchen der Fantasy-Literatur ebenso wie die lange Tradition realistischen Erzählens. Diese Gleichzeitigkeiten lassen sich nicht kurzerhand in das Schema einer Dichotomie von hoher und Trivialliteratur eintragen, sondern gehören zu den Wandlungsprozessen des literarischen Systems selbst. Auch für das einzelne Werk gilt, dass es „die Tradition in gewissen Bereichen fort(führt), in anderen erneuert beziehungsweise verändert es sie" (Zeller 1991, S. 90). Das Spannungsverhältnis zwischen überlieferten literarischen Normen und Normbrüchen ist eingelagert und bezogen auf gleichzeitig gültige Traditionsstränge und ihre regulierenden, aber zugleich Veränderungen erlaubende Möglichkeiten (s. Abschn. 5.2). Eine unilineare Geschichte literarischer Evolution als Folge von Innovationshöhepunkten würde solche Vielschichtigkeit verfehlen. In ihren Überlegungen zu „Gesetzmäßigkeiten literarischen Wandels" rät R. Zeller denn auch zum „Verzicht auf eine einheitliche Periodisierung" (Zeller 1991, S. 93), damit das unverkürzte Spektrum dessen, was an Literatur zu einer Zeit vorliegt, in den Blick geraten kann. Literarischer Wandel kann und sollte deshalb auch nur im Rahmen eines literarischen Traditionsgefüges verstanden werden, in dem etwas Neues von Altem erst unterscheidbar wird. Originalität ist hier nur ein vorübergehendes Phänomen, sodass zum Beispiel die traditionsbrechenden Lautgedichte des Dadaismus längst zum Traditionsbestand der Literatur gehören und eine Evolution des lyrischen Ausdrucks begründet haben – was freilich nicht bedeutet, dass damit die Möglichkeiten avantgardistischer Traditionsbrüche ein- für allemal beendet wären.

4.1 Rhythmen und Zeitschichten von Wandel

Zu dem, was in einer jeweiligen Gegenwart an verschiedenartiger Literatur koexistiert, gehört nicht allein das, was produziert, sondern auch das, was rezipiert wird. Gelesen werden nicht nur die jeweils neuesten literarischen Werke. Ein Teil des Rezeptionshaushaltes gehört ebenso den literarischen Werken der Vergangenheit – auch dies gehört zur Schichtung der Geschichte. Hier kommt für uns Karl Marx ins Spiel. In der Einleitung zu den *Grundrissen der Kritik der politischen Ökonomie* geht es zunächst um Beziehungen zwischen literarischer Produktion und außerliterarischen Gegebenheiten in Gestalt materieller gesellschaftlicher Produktionsverhältnisse. Dass das, was die Leute denken, etwas mit den materiellen Bedingungen ihres Lebens zu tun hat, gilt auch für Dichter und Schriftsteller, sodass das „Verhältnis des ganzen Bereichs der Kunst zur allgemeinen Entwicklung der Gesellschaft" einen grundsätzlichen Charakter hat (Marx 1953, S. 30). Zwar ist hier „der Begriff des Fortschritts nicht in der gewöhnlichen Abstraktion zu fassen", die beiden Seiten des Beziehungspoles von Literatur und Gesellschaft schreiten nicht im Gleichschritt voran, weil zwischen der Entwicklung der materiellen Produktion und der künstlerischen ein „unegale(s) Verhältnis" besteht und zum Beispiel „bestimmte Blütezeiten derselben (d. i. der Kunst) keineswegs im Verhältnis zur allgemeinen Entwicklung der Gesellschaft" stehen. (S. 29 f.) Dies ändert aber nichts daran, dass sich im Prinzip die künstlerischen und literarischen Manifestationen aus der Verfasstheit gesellschaftlicher Verhältnisse erklären lassen. Marx fragt rhetorisch: „Ist die Anschauung der Natur und der gesellschaftlichen Verhältnisse, die der griechischen Phantasie und daher der griechischen (Mythologie) zugrunde liegt, möglich mit selfactors und Eisenbahnen und Lokomotiven und elektrischen Telegraphen?" Sobald die Naturkräfte durch den Stand neuer technischer Entwicklung beherrschbar geworden sind, können wir auf die griechische Mythologie und ihre Literatur, die die Naturkräfte nur „in der Einbildung und durch die Einbildung" gestaltet und beherrscht, verzichten (S. 30).

Dann folgt die Überlegung von Marx, die uns hier interessiert und um derentwillen wir die vorangegangene Argumentation knapp skizziert haben. Marx schreibt weiter: „Aber die Schwierigkeit liegt nicht darin zu verstehn, daß griechische Kunst und Epos an gewisse gesellschaftliche Entwicklungsformen geknüpft sind. Die Schwierigkeit ist, daß sie uns noch Kunstgenuß gewähren und in gewisser Beziehung als Norm und unerreichbare Muster gelten." Marx erklärt sich dies damit, daß in diesem Kunstgenuß die Freude an der „Kindernatur" der voraufgegangenen Entwicklungsstufe ihren Ausdruck findet, die „Kindheit der Menschheit" auch später wiederkehrt und ihren Reiz ausübt, wohl wissend, „daß die unreifen gesellschaftlichen Bedingungen, unter denen sie (die griechische Kunst) entstand und allein entstehn konnte, nie wiederkehren können" (S. 31).

Wir können Marx' Verwunderung umformulieren: die Gegenwärtigkeit von Literatur vergangener Zeiten (auch Klassiker genannt, siehe Kap. 3) verweist darauf, daß die kulturellen Manifestationen, die zum Literatursystem einer Gegenwart gehören, nicht identisch mit der strukturellen Verfaßtheit einer Gesellschaft sind. Kultur und Struktur unterscheiden sich hier voneinander, und aus den alten Werken spricht eine Stimme von etwas, das zur gegenwärtigen Struktur der Gesellschaft und einer Literatur, die zu ihr im homologen Verhältnis steht, nicht passt, aber zu den Etagen ihrer Geschichte gehört, und die in diesem Fall die Kopräsenz einer longue durée in Gestalt literarischer Werke aus älterer Zeit betrifft.

Schließlich sind die Beziehungen zu verschiedenen Zeitschichten, wie sie sich in der Literatur finden, auch für die Poetik zu erläutern. Während die Poetik geläufigen Vorstellungen zufolge mit den drei Gattungen Lyrik, Epik und Dramatik befasst ist, geht es hier um die substantivierten Adjektive des Lyrischen, des Epischen und des Dramatischen als spezifische Modi von Erfahrungs- und Redeweisen, die dann auch in der Literatur zu finden sind. In seiner Abhandlung über *Grundbegriffe der Poetik* bemerkt der Literaturwissenschaftler Emil Staiger, die Bedeutung von lyrisch „kann ich vor einer Landschaft erfahren haben, was episch ist, etwa vor einem Flüchtlingsstrom; den Sinn von ‚dramatisch' prägt mir vielleicht ein Wortwechsel ein" (Staiger 1968, S. 9). Auch wenn eine gewisse Vorsicht geboten sein mag, die Kategorien eines Historikers wie Braudel mit denen eines Literaturwissenschaftlers zu überblenden, ist die Affinität zwischen beiden bemerkenswert. Das Lyrische wird verknüpft mit dem, was bei Braudel das Milieu ist (Milieu, dies sollte deutlich geworden sein, bezeichnet hier die natürliche und bearbeitete Umwelt des Menschen und hat nichts mit dem soziologischen Milieubegriff zu tun, wie Taine ihn verstanden hatte); das Epische mit den Rhythmen sozialer Geschichte; das Dramatische mit einem momentanen Ereignis. Unter dem Aspekt einer Poetik gehört zum Lyrischen die „Zuständlichkeit" als eine „Seinsart von Mensch und Natur" (S. 62), ein mit einer Landschaft verbundenes Gefühl, eine Situierung im „Strom des Daseins" (S. 57), zu dem die Schwankungen ebenso gehören wie die Wiederholungen, die nicht zuletzt im Rhythmus lyrischen Sprechens mit der Wiederholung gleicher Zeiteinheiten im Vers ihren Ausdruck finden (S. 27). „Lyrische Dichtung ist ungeschichtlich (…) Das Epos dagegen hat in der Geschichte seinen genau bestimmten Ort" (S. 131). Im Gebiet des Epischen ist die Welt ein Gegenüber, dessen bewegtes Geschehen genau betrachtet wird (S. 59); im Nacheinander der Zeit wird die „Fülle des Lebens" dargestellt (S. 205). Das Dramatische hingegen ist von dem Impuls getragen, „große Entscheidungen darzutun" (S. 107), es folgt dem Prinzip der Spannung, der Ereignishaftigkeit und einer zur Situation gesteigerten Geschichtlichkeit anstelle der epischen Breite.

4.1 Rhythmen und Zeitschichten von Wandel

Man mag Poetik für etwas der Literatursoziologie ausgesprochen Fernliegendes halten. Tatsächlich aber klärt sie uns auf über eine geschichtete Geschichtlichkeit, die sich in der Literatur findet, doch zugleich auf etwas bezieht, das nicht nur zur Literatur gehört. Staiger verknüpft die Dreiheit des Lyrischen, Epischen und Dramatischen mit der dreidimensionalen Zeit oder, mit Martin Heidegger gesagt, drei „Extasen" der Zeit (S. 223). Damit ist ein Zeitbewusstsein gemeint, das um ein besonderes Quale der Zeit im Hinblick auf ihre verschiedenen Geschwindigkeiten im Braudelschen Sinne weiß und das die Verhältnisse, die ein Subjekt gegenüber der Welt einnimmt, figuriert. Das lyrische Gleiten des Subjekts im Milieu des momentanen Erlebens und der Versenkung im wiederholenden Erinnern (wie zum Beispiel in einem Gedicht über den Herbst) ist etwas ganz anderes als eine epische Haltung der Welt gegenüber (wie zum Beispiel in Thomas Manns Roman *Buddenbrooks*), und von beiden unterscheidet sich noch einmal das Dramatische des Ereignisses und der Tat (wie zum Beispiel in Schillers *Die Räuber*). Lyrisch, episch und dramatisch sind drei Möglichkeiten eines Zeitbewusstseins, die „durch ihr Verhältnis zur Zeit abgestuft" sind (Staiger 1968, S. 174), freilich im einzelnen Werk Mischungsverhältnisse eingehen können. Die Literatursoziologin kann dann danach fragen, welche Schichten von Zeit und Wandel in einem einzelnen Werk im Vordergrund stehen oder ob es in der Literatur einer Zeit bestimmte Bevorzugungen einzelner Zeitschichten gibt, in denen sich die Selbstwahrnehmung einer Gegenwart ausspricht.

Fächert man das Problem des Wandels erst einmal auf diese Weisen auf, wird deutlich, dass es sich hier um Veränderungen in verschiedenen Schichten oder Etagen mit jeweils unterschiedlichen Rhythmen und Geschwindigkeiten handelt, angesiedelt auf der Ebene der tatsächlichen Geschichte. Was für die Literatursoziologin hier zählt ist, dass Literatur an der Gleichzeitigkeit dieser Zeitschichten teilhat und auf sie referiert. Die unterschiedlichen Tempi historischen Wandels werden in der Literatur verarbeitete Erfahrung. Dies ist zu finden in den thematischen Referenzen auf die Lebensbedingungen eines natürlichen Milieus, über die Referenzen auf eine soziale Geschichte von Kollektiven bis hin zur Literarisierung ereignishafter Momente – Schichten des Wandels, die insbesondere mit dem Etagenmodell von Braudel kommunizieren. Hierher gehört ebenso die geschichtete Geschichtlichkeit in Gestalt koexistierender Traditionsstränge, sei es in den literarischen Produktionen zwischen Konvention und Innovation oder in der Rezeption jener Werke, die eigentlich aus der konkreten Verfasstheit einer Gesellschaft herausfallen, weil sie zu ihrer Struktur nicht mehr „passen". Schließlich belehrt uns die Poetik darüber, dass eine solche geschichtete Geschichtlichkeit zum Spektrum literarischer Aussageweisen gehört.

Nun steht Literatur nicht nur in Beziehungen zu den verschiedenen Schichten von Wandel und Verhältnissen zu Zeit und Geschichte, sondern unterliegt selbst bekanntlich Veränderungsprozessen, die sich literaturintern differenzieren lassen. Jede Literaturgeschichte legt davon Zeugnis ab. Literatur ist hier ein historisch imprägniertes Gebiet für sich, bei dem es für den Literatursoziologen darauf ankommt, dieses Gebiet mit den ihm inhärenten Phänomenen des Wandels soziologisch zu erklären, das heißt über eine nur literaturgeschichtliche Chronologie hinauszugelangen. Die tragende theoretische Voraussetzung ist es hier, Literatur als Institution autonom gewordener künstlerischer Praktiken zu verstehen, also Wandlungsprozessen nicht in Relation zu außerliterarischen Phänomenen nachzugehen, sondern sich ganz im Raum der Literatur zu bewegen.

Den Autonomisierungsprozess der Literatur ernst nehmend, hat Bourdieu eine Theorie des literarischen Feldes entwickelt, die das Handeln der Akteure als Teil eines dynamischen, in sich relativ geschlossenen Bereichs mit seinen Konfigurationen von objektiven Relationen zwischen möglichen Positionen, die eingenommen werden können, versteht. Das literarische Feld ist geprägt von einer Geschichte interner Dynamiken, die sich in Kräfteverhältnissen und Machtbeziehungen zwischen dominierenden und alternativen Positionen, zwischen Orthodoxie und Häresie, Automatisierung und Entautomatisierung der literarischen Produktionsweisen abspielen (siehe Abschn. 7.4.). Eine interne Analyse als Interpretation der Werke selbst ebenso wie eine externe des Verhältnisses zwischen sozialer Welt und kulturellen Werken zurückweisend, wird der historische Wandel von Literatur (als Feld) soziologisch erklärbar als konfliktuöses Geschehen in einer Zone des Kampfes und der Konkurrenz um Positionen und Anerkennung.

> Jeder Autor nimmt eine Position in einem Raum ein, das heißt in einem Kraftfeld, das auch ein Feld von Kämpfen um den Erhalt oder die Veränderung dieses Kraftfelds ist, und insofern existiert und bestreitet er seine Existenz nur unter den strukturierten Zwängen des Felds; zugleich aber vertritt er den feinen Unterschied, der seine Position begründet, (…) indem er eine der aktuell oder virtuell möglichen ästhetischen Positionen im Feld des Möglichen bezieht (Bourdieu 2011, S. 459 f.).

In *Die Regeln der Kunst* hat Bourdieu, so der Untertitel, die „Genese und Struktur des literarischen Feldes" in seiner Synchronizität und Historizität rekonstruiert. Hierzu gehören auch der Wandel und die Differenzierung literarischer Gattungen, also der elementaren Formensprache der Literatur. Bourdieus Perspektive unterscheidet sich von anderen Poetiken, die den Spezifika literarischer Gattungen und ihres Wandels nachgehen oder die formgebundenen literarischen Redeweisen wie etwa Emil Staiger an unterschiedliche Verhältnisse zur Welt und zur Zeit binden,

4.1 Rhythmen und Zeitschichten von Wandel 61

darin, dass er den Schwerpunkt auf die Dynamiken der Anerkennung und Hierarchien des jeweiligen Prestiges von Dichtung, Theater und Roman legt. Die Soziologie literarischen Gattungswandels fasst einen Raum ins Auge, „in dem neben der Hierarchie, die dem kommerziellen Gewinn entspricht (Theater, Roman, Dichtung), eine Hierarchie des Prestiges existiert". Das eine Differenzierungsprinzip betrifft die Gattungen als „ökonomische Unternehmungen" (Preis des Produkts beziehungsweise des symbolischen Konsumaktes, Anzahl und Qualität der Konsumenten, Dauer der Produktion und Schnelligkeit des Gewinnanfalls), das andere Prinzip differenziert hinsichtlich des „genuin symbolischen Kredits, den sie innehaben und verleihen und der umgekehrt zum ökonomischen Profit variiert" (Bourdieu 1999, S. 189 f.). Der Raum dieser Differenzierungen, Konkurrenzen, Positionen und Positionierungen bildet die Matrix und ist der Katalysator für die Emergenz literarischen Gattungswandels, bei dem alles darauf ankommt zu wissen, wogegen geschrieben wird. „Zum Beispiel definiert sich der freie Vers gegen den Alexandriner und alles, was er ästhetisch, aber auch sozial und sogar politisch impliziert" (Bourdieu 1999, S. 328). Was für die Soziologie, so Bourdieu in einem Interview, generell gilt, nämlich ein „Kampfsport" zu sein, gilt auch für die Literatur und ihre Soziologie, wenn Prozesse des Wandels im literarischen Feld erklärt werden sollen (Bourdieu 2009). All die Formen und deren Veränderungen, in denen Literatur spricht, werden „ins Kräftefeld widerstreitender Positionen hineingezogen; sie sind einerseits der Einsatz für die Teilnahme an den Kämpfen im Feld, andererseits aber deren Ergebnis" (Magerski 2004, S. 34). Das Feld selbst, in dem die eine Position (zeitweise) den Sieg davonträgt, die andere nicht, ist Geschichte.

Diese – mit Bourdieu gesagt – feldinterne Historizität literarischer Produktionsweisen lässt sich über ihre an Marktmechanismen erinnernden Konkurrenzlogiken hinaus mit Georg Lukács in einer weiteren Hinsicht verstehen. Für Lukács erweist sich der Wandel im Gebiet der Literatur daran, dass die gattungsmäßig verfassten Darstellungsweisen der Literatur formgewordener Ausdruck von „Weltanschauungen" sind. Es geht dabei nicht um eine konkrete Weltanschauung mit bestimmten inhaltlichen Positionen, nicht um ihr „Wie" oder „Was", sondern um das „Dass" ihres Ausdrucks. In seiner *Entwicklungsgeschichte des modernen Dramas* von 1911 schreibt Lukács: „bestimmte Weltanschauungen bringen bestimmte Formen mit, ermöglichen sie, schließen andere genauso von vornherein aus." Die Form, zum Beispiel die des Dramas oder der Tragödie, „ist seelische Realität" (Lukács 1981, S. 12), weil sich in der Form eine Weise ausspricht, die Welt anzuschauen. Legt man etwa die *Orestie* des Aischylos, Lessings *Emilia Galotti*, Hauptmanns *Die Weber* und Rainald Goetz' *Krieg* nebeneinander, gewinnt man vergleichsweise spontan einen Eindruck von den formgewordenen Unterschieden von Weltanschauungen,

Epochenstimmungen und Welterlebnissen; es sind die Werke selbst, die von diesen Veränderungen Zeugnis ablegen. Alle Gattungen und Formen literarischer Mitteilungen haben ihren historischen Index, und Lukács fragt: „welche Epochenstimmungen erfordern die dramatische Form als ihre wirklich adäquate, prägnante und starke Ausdrucksform?" und weiter, ob „die Elemente des dramatischen Stils im modernen Leben vorhanden sind" (Lukács 1981, S. 43, 53). Für seine Gegenwart am Anfang des 20. Jahrhunderts hat Lukács diagnostiziert, dass der dramatische Ausdruck und insbesondere die Tragödie zunehmend erschwert sei, wie denn auch George Steiner später vom *Tod der Tragödie* gesprochen hat, weil in den Zeitungen längst Schockierenderes und Hoffnungsloseres zu lesen sei als es jemals auf die Bühne gebracht werden könne (Steiner 1981, S. 96 f.). Man mag diese Diagnose teilen oder nicht – wichtiger ist etwas anderes. Mit Lukács lässt sich der geschichtliche Wandel im Gebiet der Literatur selbst im Wandel der poetischen Ausdrucksweisen mit ihrer Bindung an Welt verarbeitende und deutende Leistungen der Formen und Gattungen verorten – eine Philosophisierung literarischen Wandels unter soziologischen Prämissen. Wie Lukács ist auch Bourdieu vornehmlich konzentriert auf Wandlungsprozesse im Gebiet der Literatur selbst, wobei Bourdieu vornehmlich dessen Bindung an und Konstitution durch Machtverhältnisse und Positionskämpfe stark macht – eine Soziologisierung literarischen Wandels unter den Prämissen einer Dephilosophisierung der Literatur. Wie beide, Lukács und Bourdieu, wiederum fruchtbar gemacht werden können, um Konstitutions- und Wandlungsprozesse im literarischen Feld zu untersuchen, hat Christine Magerski (2004) am Beispiel der deutschen Literatur nach 1871 eindrücklich gezeigt. Mit Bourdieu vom „sozialen Raum des Feldes" und mit Lukács vom ästhetischen Moment der Form ausgehend, treffen sich beide, bei allen Unterschieden, nicht zuletzt in der Frage danach, wie sich im Prozess literarischen Wandels „die Produktion und Reproduktion eines kollektiven Glaubens an den Wert der Literatur entfaltet" und „was mit einmal zur kollektiven Anerkennung gelangten Formen wie der des Dramas geschieht, wenn sie aufgrund der ‚allgemeinen Differenzierung' inadäquat werden und an Wirkungskraft verlieren" (Magerski 2004, S. 5).

4.2 Literatur als Erkenntnisquelle sozialen Wandels

Zu den Schulerinnerungen eines jeden dürften literarische Lektüren gehören, die dem Leser fremd erschienen oder der Leserin eine unvertraute Welt erschlossen, sei es, weil deren Sprache und ihr Stil ungeläufig waren oder von recht andersartigen Gegebenheiten und Verhaltensweisen die Rede war. Im historischen Abstand und in solchen Fremdheitsbegegnungen kommt uns zu Bewusstsein,

4.2 Literatur als Erkenntnisquelle sozialen Wandels

dass Literatur von vergangenen Wirklichkeiten spricht und uns damit auf sozialen Wandel aufmerksam macht. Eben dies lässt sich literatursoziologisch produktiv wenden. Wir können „Literatur als Illustration, als Quelle und als Analyse" verwenden, um etwas über die Welt und ihre Veränderungen zu erkennen und in diesem Sinne „Literatur als Soziologie" verstehen (Kuzmics und Mozetič 2003, S. 6). Kuzmics und Mozetič haben in ihrem Buch eine solche „soziologische Lesart von Literatur" in einer Reihe exemplarischer Analysen konkretisiert, u. a. an Heinrich Manns *Der Untertan* oder Robert Musils *Der Mann ohne Eigenschaften*. Hier stehen einzelne Werke im Zentrum des Interesses, weil sie uns darüber Auskunft geben, „welche Figurationen für eine Gesellschaft typisch sind und wie sich diese im Zeitlauf wandeln" (S. 293). Hier geht es weniger darum, die Literatur mit außerliterarischen Prozessen sozio-ökonomischer oder -kultureller Provenienz zu relationieren – literatursoziologische Zugangsweisen, die im Folgenden noch darzustellen sind.

Fragt man nach dem Wissen von Gesellschaft, wie es in literarischen Werken zu finden ist, liegt es nahe, einen Typus von Literatur zu bevorzugen, den Kuzmics und Mozetič als realistisch bezeichnen, weil diese besonders wirklichkeitsgesättigt und welthaltig ist, und hier ist insbesondere der Roman ob der ihm eigenen Breite des Erzählens ein geeigneter Kandidat. Realistische Literatur kommt dem Literatursoziologen hier eher entgegen als zum Beispiel eine Literatur des avantgardistischen Normbruchs oder der hochartifizierten Redeweisen (s. Kap. 5). Der Wandel von zum Beispiel *Ökonomien der Armut* (Brüns 2008) lässt sich an stärker realistisch geprägter Literatur besser eruieren, so sehr auch die Veränderungen der Formen des Erzählens zu Buche schlagen. So hoch oder niedrig der realistische Pegel literarischer Darstellungsweisen auch sein mag, kein Literatursoziologe wird sie kurzerhand als Darstellung von Wirklichkeit nehmen, sondern als Verarbeitungsweisen gesellschaftlicher Wirklichkeit im Gebiet der Fiktion. Effi Briest ist keine wirkliche Person und der Mann ohne Eigenschaften namens Ulrich nicht unser Nachbar. Aber: „offensichtlich gibt es im fiktionalen Text sehr viel Realität, die nicht nur eine solche identifizierbarer sozialer Wirklichkeit sein muß, sondern ebenso eine solche der Gefühle und Empfindungen sein kann." In der Fiktion selbst liegt eine „bestimmte Form der Weltzuwendung", denn die „in den Text übernommenen Elemente seiner Umwelt sind in sich nicht fiktiv, nur die Selektion ist ein Akt des Fingierens" (Iser 1993, S. 19, 25). Die Literatursoziologin ist in einer dem Historiker ähnlichen Situation: sie hat Quellen – literarische Werke – vorliegen, auf die der quellenkritische Blick mit dem Wissen um die Selektionskraft der Fiktion fällt. Sie liest die „Form der Weltzuwendung" als Verarbeitung von Welterfahrung.

Wie aus Literatur über gesellschaftliche Wirklichkeit überhaupt etwas in Erfahrung gebracht werden kann, so auch über deren Veränderungen im Sinne eines Wandels, der die soziale Geschichte der Gruppen oder Kollektive im Sinne Braudels betrifft, denn es ist diese Etage der Geschichte, die hier besonders interessiert. Freilich schreibt Literatur nicht „Geschichte", sondern gibt uns „Geschichten", in denen solche kollektiven Schicksale personalisiert dargestellt werden, ohne dass sie dadurch nichts anderes wären als das bloße Unikat des Lebens und Erlebens eines ganz und gar einzelnen Menschen. Als Leser bemerken wir, dass Literatur sich verändert, aber auch die literarischen Werke selbst machen Wandlungsprozesse zu ihrem Thema.

Kasten 4.1
Ein solcher Wandlungsprozess ist der Übergang von der feudalen zur frühmodernen Gesellschaft, dargestellt im ersten großen Roman der europäischen Moderne, und zu seinem Helden hat der Verfasser einen gemacht, der von den Veränderungen um ihn herum nichts gemerkt hat: *Don Quijote*. Don Quijote ist ein Leser von Ritterromanen, der diese Bücher zum Vorbild nimmt, um als fahrender Ritter sein Leben in der Welt an ihnen zu orientieren und die Welt wie ein Ritter zu erfahren. Aber der fahrende Ritter irrt, was er als Riesen bekämpfen will, sind bloße Windmühlen, und seine Weltdeutungen zerschellen an einer neuen Wirklichkeit, auf die ihn sein „Knappe", besser: Knecht Sancho Pansa zwar immer wieder aufmerksam zu machen sucht, aber nichtsdestotrotz seinem Herrn treulich folgt und sich von dessen Fantasieproduktionen auch immer wieder faszinieren lässt. Während die mittelalterliche *ordo*, das heißt ihre Sozialstruktur zerbricht, sich die Lebensformen ändern und die überkommenen kulturellen Selbstverständlichkeiten und Werte infrage gestellt werden, insistiert Don Quijote umso mehr auf ihnen, um sich schließlich in seiner Welt der ritterlichen Fiktionen selbst und damit zugleich sein Verhältnis zur Welt der Wirklichkeit zu verlieren. Im zweiten Band des *Don Quijote* begegnet Don Quijote dann auch Lesern, denen der erste Band bekannt ist, sodass sich diese (fiktiven) Leser mit dieser Figur, die etwas sein will, was es nicht mehr gibt, und die dem sozialen Wandel zum Opfer gefallen ist, auseinandersetzen müssen. Die Wahrnehmung sozialen Wandels ist auch heute schwierig; manchmal kann Literatur nachhelfen. Cervantes' Roman lässt alte Vorstellungswelten und neue Wirklichkeiten miteinander kollidieren. Während auf der einen Seite gesellschaftliche Veränderungen gar nicht zur Kenntnis

4.2 Literatur als Erkenntnisquelle sozialen Wandels

> genommen werden, schlagen sie auf der anderen umso mehr zu Buche und gewinnen ihre Wirksamkeit. Don Quijote und Sancho Pansa holen sich eine Menge blauer Flecken bei ihren Kontakten mit der veränderten Wirklichkeit.
>
> In diesem Roman verschränken sich verschiedene Wandlungsphänomene, mit denen es Literatursoziologie zu tun hat. Das sind zum einen die sozio-ökonomischen Dimensionen, verbunden mit Umbrüchen in den sozialen Strukturen gesellschaftlicher Gruppen und Schichten. *Don Quijote* verweist aber zudem darauf, dass die mentalen und psychischen Verfasstheiten von Menschen, die Weisen, wie sie denken und fühlen, auch eine eigene Geschichte haben – und beide, sozio-ökonomische bzw. strukturelle Verfasstheiten einer Gesellschaft auf der einen Seite müssen nicht unbedingt zu den psychischen Verfasstheiten, den Idealen, Selbstverständnissen oder Emotionen von Menschen auf der anderen Seite in einem Passungsverhältnis stehen. Es dürften gerade solche Friktionen sein, die uns über die Erfahrung von Wandlungsdynamiken besonders Auskunft geben können. Und schließlich liegt in diesem Roman das Phänomen verkapselt, dass Literatur selbst sich verändert, indem sie gegen überkommene literarische Traditionen anschreibt und neue Positionen im Gebiet der Gestaltung fiktiver Welten bezieht – man könnte auch sagen: es gehört zum Wandlungsphänomen in der Literatur, dass sie qua Fiktion an der Formierung der Einbildungskraft arbeitet und sich mit solchen Formierungen auseinandersetzt.

Zieht man literarische Werke für die Erkenntnis von Wirklichkeit und sozialem Wandel zurate, dann lässt man die Dichotomie von Fiktion und Wirklichkeit zunächst ein Stück weit beiseite. Aber man ist genau dann auf sie wieder verwiesen, wenn es darum geht, die Weisen des „Fingierens" zu berücksichtigen, also darum, die Selektionen von Wirklichkeitselementen im Rahmen der Fiktion auf die Wahrnehmungen von Wandel aufseiten der literarischen Protagonisten rückzubeziehen. Den „soziologischen Möglichkeitsraum für Literatur" sehen Kuzmics und Mozetič nicht zuletzt auch darin begründet, dass der Literatur „immer ein Selektionsmuster zugrunde(liegt), das für Fokussierung und die Herstellung einer Einheit durch Partialisierung sorgt"; so kann ein literarisches Werk „informationsreicher sein als eine wissenschaftliche Darstellung (…) Informationsreicher muß allerdings nicht bedeuten, daß alle Informationen verläßlich sind – hier bedarf es daher zusätzlicher Überprüfungen und Plausibilisierungen" (Kuzmics und Mozetič 2003, S. 119 f.). Literarische Werke erhöhen gleichsam das an sozialem Wandel interessierte Aufmerksamkeitspotenzial des Soziologen: „Wenn die Soziologie eine erhöhte Sensibilität für Entwicklungen und Veränderungen, für neue Bewußtseinsformen und Problematiken für dringend nötig hält, sollte sie das Potential der Literatur nicht gering schätzen." (S. 121) Dieses Interesse ist auf die Frage gerichtet, was wir aus den literarischen Werken selbst über gesellschaftlichen Wandel erkennen und lernen können. Im Folgenden verschiebt sich unsere Perspektive, wenn es darum geht, welche Zusammenhänge es zwischen dem Wandel von Literatur und gesellschaftlichen Wandlungsprozessen gibt.

4.3 Ebenen und Modelle des Wandels I: Sozioökonomische Prozesse

Es ist die zweite, mittlere Etage der Geschichte im Sinne Braudels, auf der Prozesse des Wandels in der Literatursoziologie vornehmlich behandelt werden. Hier geht es um jene Geschichte langsamer Rhythmen, in denen sich die Struktur sozialer Gruppierungen und kollektiver Schicksale verändert und ihre Effekte auf die gesellschaftliche Stellung und Gestalt von Literatur zeitigt. Die Frage nach dem Verhältnis von gesellschaftlichem und literarischem Wandel lässt sich auf dieser mittleren Ebene noch einmal aufspalten in eine sozialgeschichtliche und in eine psychohistorische Perspektive im Prozess der Zivilisation; die erste interessiert in diesem, die zweite im folgenden Abschnitt. In beiden Fällen kann man natürlich darüber streiten, ob die Relationen zwischen gesellschaftlichem und literarischem Wandel eher kausal, also im Sinne eines mehr oder minder wesenhaften Ursache-Wirkungszusammenhanges zu verstehen sind; oder eher funktional im Sinne einer Damit-Relation, wonach eine Sache eine gewisse Leistung für eine andere erbringt. Man könnte sogar Kausalität und Funktionalität zusammenziehen und sagen, dass der Grund für einen Sachverhalt darin liegt, dass er eine Funktion für einen anderen hat – woraus sogleich ersichtlich wird, dass die kausale und die funktionale Erklärungsweise schwer auseinanderzuhalten sind (siehe Eibl 1991). Prinzipialistische Entscheidungen hinsichtlich der Kausalitäts-Funktionalitäts-Alternative dürften eher erkenntnishinderlich sein, weil die Verflechtungen zwischen gesellschaftlichem und literarischem Strukturwandel kaum nur monokausal oder nur monofunktional zu verstehen sind.

Während Literaturgeschichten die historischen Veränderungen *grosso modo* im Gebiet der Literatur selbst – zum Beispiel in der Abfolge verschiedener Stilrichtungen – aufsuchen, zielt die Literatursoziologie darauf, geistige Tatsachen, zu denen auch Literatur gehört, im Kontext der Geschichte sozio-ökonomischer

4.3 Ebenen und Modelle des Wandels I: Sozio-ökonomische Prozesse

Strukturen zu erklären, also die Historisierung von Kulturprodukten als Sozialgeschichte zu betreiben. Um es mit den Worten des Wissenssoziologen Karl Mannheim zu sagen: statt geistige Gebilde qua „Innenbetrachtung" in ihrem Sinn zu erfassen, geht es darum, „einen geistigen Gehalt von einem außerhalb der immanenten Sinnsphäre gesetzten Sein aus (zu) interpretieren" (Mannheim 1964, S. 404). Den Literatursoziologen interessiert hier: Wie sind die gesellschaftlichen Strukturen beschaffen, unter deren Bedingungen Literatur produziert wird? Wie steht es um die Stellung des Autors? Was ist sein Publikum? Welche Rolle spielen Geselligkeit und Öffentlichkeit? Welche Bedeutung hat die Gliederung der Gesellschaft in Klassen oder Schichten für die Literatur? In welchen territorialen Bezügen ist Literatur situiert? Gesellschaftlicher Wandel ist eine Angelegenheit von beachtlicher empirischer Fülle. Wir möchten im folgenden einige Aspekte skizzieren.

In der ständisch gegliederten Gesellschaft des Mittelalters, die neben dem Klerus die scharfe Grenze zwischen Grundherren und Bauern kennt, wird Walter von der Vogelweide zum Dichter-Sänger an ritterlichen Adelshöfen. Er ist einer – wenn vielleicht heute der bekannteste – von vielen, mit denen eine neue Literatur, der Minnesang, entsteht. Sie ist verbunden mit gesellschaftlichen Strukturveränderungen im Prozess der Adelsbildung. Der hohe Adel der Fürsten, Barone, Grafen und großen Grundbesitzer war zur Sicherung seiner Herrschaft und für seine Kriege und Fehden auf Ministeriale und Kriegsleute angewiesen, und diese Krieger und Vasallen mussten für ihre Dienste belohnt werden, um ihre Gefolgschaft zu sichern. Angesichts einer wenig ausgeprägten Geldwirtschaft war dies der Boden, auf dem man nicht nur wirtschaften, sondern mit dem man auch „bezahlen" konnte: die Lehnsgüter. Mit der Erblichkeit der Lehnsgüter entsteht aus dem Berufsstand von Kriegern und Ministerialen der Geburtsstand der Ritter als neuer Adel. Auch wenn es sich dabei um einen Adel zweiten Ranges handelt, so bedeutet dies doch, dass die Schranken des Adelsstandes geöffnet werden, sich die adlige Lebensführung ausweitet und insbesondere der neue Adel des Rittertums bestrebt ist, sein Standesbewusstsein und Standesideal auszubilden. Hier entsteht eine gesellschaftliche Kunst in Gestalt höfischer Feste, eine höfisch organisierte Kultur als Ausdruck geistiger Gemeinschaft und Lebensführung, deren Rituale zur Selbstkonsolidierung des Ritterstandes beitragen (Hauser 1973, S. 201–242). Damit erhalten auch die Dichter Zugang zum Hof, man könnte auch von einem Aufstieg durch Dichtung sprechen, wie im Fall nicht nur Walters von der Vogelweide, der schließlich auch ein Lehen erhält. Es gibt nicht mehr nur die dichtenden Kleriker, sondern eine Laiendichtung, die am Prestige des Ritters teilhat.

Bemerkenswert an dieser neuen Literatur ist der Konventionalismus ihrer rhetorischen Formen, der den Eindruck erwecken könnte, als stammten all die Lieder des Minnesangs von nur *einem* Dichter. Zu ihrem Muster gehört der Kult der Liebe als Quelle alles Guten, die hingebungsvolle Verehrung der geliebten, zumeist mit dem Lehnherren verheirateten Frau, deren Unerreichbarkeit und spröde Zurückweisung des Liebeswerbens nichts an der unstillbaren Liebessehnsucht ändert – eine Liebe ohne Erfüllung, die zum Wahnsinn treiben kann, aber immer wieder um die Geneigtheit der geliebten Herrin bettelt und ihr die Treue schwört. So befremdlich diese masochistische Liebestreue heute auch sein mag – ihre sozialstrukturelle Unterfütterung liegt darin, dass das politische Vasallitätsverhältnis des Herrendienstes auf den Liebesdienst gegenüber der Frau übertragen wird. Der Minnesang bekundet die Gefolgschaft, die einem Höherstehenden (der Frau) gegenüber geleistet wird, um seinerseits daran zu erinnern, dass diese Höherstehende ihrem Gefolge (dem Liebenden) gegenüber verantwortlich ist. Die Sänger dieser neuen Literatur haben die tragende Gesellschaftsstruktur ihres Zeitalters in die Ausdrucksformen spezifisch höfischer Geselligkeit verwandelt und darin ihren eigenen Platz gefunden.

Mit der allmählichen Entstehung des Bürgertums ändern sich die sozialen Voraussetzungen für Dichter und Publikum. Etwa seit der Mitte des 18. Jahrhunderts wächst die Zahl der Leser, zu denen nun nicht mehr nur die Gelehrten oder diejenigen gehören, die von jeder Arbeit freigestellt leben können, sondern eben jene Leser, die ihre Lektüren als einen Bildungsprozess verstehen. Wie die literatursoziologische Erforschung der Lesergeschichte gezeigt hat, gehört zu diesem Wandel die Entstehung einer „mit keinem sozialen Stand bestimmt identifizierbare(n) Schicht der neuen Leser" (Engelsing 1974, S. 186). Beispielhaft für diese vom Bürgertum ausgehende, aber über jede Standesbindung hinausstrebende, aufs Allgemeine gerichtete Literatur steht der Name Friedrich Gottlieb Klopstocks, dessen Dichtung die Leser nicht als Standespersonen ansprach, keine schulischen Anforderungen wie die lateinischen oder französischen Dichtungen stellte, sondern von jedem mit Verstand gelesen werden konnte. Klopstock, dessen Popularität für erste Fangemeinden sorgte, steht für einen literarischen Wandel, mit dem jener „individuelle Leser" (Engelsing 1974, S. 192) entsteht, der mit der Privatheit seiner Lektüren und Bildungsprozesse die Vorstellung von einer sozialen Gleichheit jenseits bestimmter Schichten, Stände oder Gruppen verbinden konnte. Hier kann Lebensgeschichte zu Lesergeschichte werden – eine Verknüpfung, die für eine literatursoziologische Wandlungsforschung ertragreich sein dürfte. Die weiterreichenden, politischen, staatsrechtlichen, sozial- und ideengeschichtlichen Aspekte, die zu diesem literarischen Wandel hinzugehören, hat Jürgen Habermas in *Strukturwandel der Öffentlichkeit* (1965) noch immer erhellend dargelegt (Zu Medien und Wandel s. Abschn. 9.4 und 9.5).

Wie die literarische Öffentlichkeit verändert sich auch die Rolle des Dichters. Nicht mehr eingebunden in die Trägerschaft der alten ständisch-höfischen Lebensformen, muss er sich mehr und mehr in jener literarischen Öffentlichkeit, und das heißt auch: auf dem Markt behaupten. Es ist eine bis heute literatursoziologisch relevante Frage, wann, welche und unter welchen Bedingungen Dichter und Schriftsteller überhaupt ihren Lebensunterhalt mit dem Verdienst aus ihren Werken bestreiten konnten und können – auf jeden Fall aber müssen sie für diese ihre Werke Leser und Käufer finden. Ob für Subskriptionen oder in Zeitschriften oder Verlagskatalogen für literarische Werke geworben wird – der Leser will wissen, mit welchem Autor er es zu tun hat. Hier entsteht die Vorstellung von der Individualität und Originalität des Schriftstellers und von einer Autorschaft, die honoriert zu werden beanspruchen kann, weil sie eben von diesem einzelnen Autor erbracht worden ist. Juristisch kodifiziert wird die neue Stellung des Dichters mit dem Begriff des geistigen Eigentums, im dichterischen Selbstverständnis gewendet in den Gedanken vom eigenen Schöpfertum bis hin zu jenem von einer besonderen Genialität. „Das Buch, vorher ein Element der Rede unbeschadet dessen, daß andere damit handelten, wird dabei eine, ja *die* persönlichkeitsgeladene Ware" (Bosse 1981, S. 124). Wie es um das Verhältnis zwischen Lesergeschichte und Autorkonzepten und -selbstverständnissen unter den Bedingungen einer heutigen, globalisierten Weltgesellschaft bestellt ist, gehört zu den dringenden Forschungsaufgaben einer Literatursoziologie des literarischen Wandels. Dabei dürfte es zu kurz gedacht sein, Wandlungsprozesse generell nach dem Konzept einer radikalen Überwindung älterer Strukturen zu profilieren, wie dies in manchen Sozialgeschichten der Literatur noch festzustellen ist. Mit den Übergängen von der mittelalterlich-feudalen zur bürgerlichen Gesellschaft sind ja keineswegs die älteren Sozialformen der Literatur kurzerhand alle verschwunden. So überleben zum Beispiel in den zahlreichen von Frauen im 19. Jahrhundert geführten Salons die Momente einer um sie zentrierten höfischen Geselligkeitskultur, verbunden mit der Pflege von Literatur und Intellektualität – was sich bis hin zu deren Literarisierung in einem Roman des 20. Jahrhunderts wie Musils *Der Mann ohne Eigenschaften* zeigt, wo sich im Salon der mit einem einflussreichen Herrn verheirateten Diotima die Dichter und Leser treffen.

4.4 Ebenen und Modelle des Wandels II: Zivilisationsprozeß und Psychohistorie

Neben den sozialen Prozessen, die sich auf der Ebene sozio-ökonomischen Strukturwandels abspielen, sind für die Literatursoziologie Wandlungsprozesse relevant, die auf der Ebene der Formierung der Subjekte, ihrer Verhaltensweisen, Selbstbezüge, Bewusstseinsformen, der Fremd- und Selbstkontrolle und ihres

Empfindens liegen. Die Literatursoziologin sucht auf dieser Ebene nicht in erster Linie nach allgemeinen gesellschaftlichen Strukturen, sondern begibt sich in jene Zonen, in denen es um gesellschaftlich vermittelte Modalitäten der Formierung des Verhaltens und der Gefühle geht. Literatur ist auch hier ein erkenntnisträchtiges Gebiet, weil sie Gesellschaftlichkeit nicht abstrakt abhandelt, sondern in personalisierte Erfahrungen übersetzt, indem sie sie an die Personnage ihrer Protagonisten bindet. Freilich begegnet dem Literatursoziologen hier nicht der Mensch schlechthin, sondern ein Wandlungssachverhalt: andere Zeiten, andere Menschen.

Eine in diesem Sinne sozialpsychologisch orientierte Perspektive auf die geschichtliche Verfasstheit von Identitäten und Selbsterlebnissen der Subjekte – auf ihre Psychohistorie – kann zunächst einmal modernisierungstheoretisch begriffen und begründet werden. Wie van der Loo und van Reijen (1997) gezeigt haben, fächert sich Modernisierung in vier Dimensionen auf: in die sozialstrukturelle der Differenzierung, in die sozial-kulturelle der Rationalisierung, in die sozial-technologische und technische der Domestizierung, und in die sozial-psychologische der Individualisierung. Soziale Wirklichkeit wird unter dem Aspekt der Struktur auf Fragen der Spezialisierung gegeneinander differenzierter Einheiten und auf Arbeitsteilung bezogen; unter dem Aspekt der Kultur auf das Ordnen und die Systematisierung von Wirklichkeit; unter dem der Natur auf die Beherrschung biologischer und natürlicher Prozesse, und unter dem der Individualisierung auf Veränderungen in der Persönlichkeit des Menschen (van der Loo, van Reijen 1997, S. 48 f.). Die Frage, die die Modernisierungssäule von Individualisierung betrifft, lautet: „Welches Maß und welche Form von Individualität passt zu welchem Maß und welcher Form von Kollektivität?" (S. 217) Die Sozialwissenschaften haben ein ausgeprägtes Interesse entwickelt, um die Verflechtungen gesellschaftlicher Prozesse mit den Formierungen der Subjekte aufzuspüren, angefangen mit Jean-Jacques Rousseau über Max Weber, Erich Fromm, David Riesmans Überlegungen zur *Einsamen Masse* bis hin zu Richard Sennetts Klagen über *Verfall und Ende des öffentlichen Lebens* u. a. m. Wir wollen diese Theoriestränge hier nicht weiter verfolgen, sondern interessieren uns für die Wandlungsprozesse, die sich in den Veränderungen von Subjektformierungen niederschlagen, und ziehen dafür die Arbeiten des Soziologen Norbert Elias heran.

Elias' zweibändiges Werk *Über den Prozeß der Zivilisation. Soziogenetische und psychogenetische Untersuchungen* ist 1939 erstmals erschienen, wurde lange Zeit kaum rezipiert, was sich allmählich änderte, als Ende der 1960er Jahre die Ausgabe von 1939 als Raubdruck erschien und der Suhrkamp-Verlag 1976 eine hochpreisige Ausgabe von 1969 als Taschenbuch zugänglich machte.

4.4 Ebenen und Modelle des Wandels II: Zivilisationsprozeß …

Für die wissenschaftsgeschichtliche Entfaltung auch des literatursoziologischen Fragehorizontes sind solche „Kleinigkeiten" nicht unwesentlich. Denn das für Literatursoziologen relevante Problem, wie sich denn Subjektivierungsweisen gesellschaftlich provoziert verändern, ist disziplingeschichtlich gesehen älteren Datums als jene Perspektive, die literarischen Wandel im Rahmen soziöokonomischer Prozesse als Phänomene der Gesellschaftsstruktur fokussiert. Wenn wir der zeitlichen Ordnung dieser Disziplingeschichte hier nicht folgen, dann deshalb, weil die sozialgeschichtlich profilierte Wandlungsforschung seit den 1950er Jahren vor allem mit den Arbeiten Arnold Hausers zunächst ihre Konjunktur gewann und Fragen der gesellschaftlich vermittelten psycho-historischen Prozesse erst später ins literatursoziologische Blickfeld traten.

Elias geht bei der Verknüpfung von sozio- und psychogenetischen Prozessen von der Beobachtung aus, „daß der Standard und die Muster der Affektkontrollen in Gesellschaften auf verschiedenen Stufen der Entwicklung und selbst in verschiedenen Schichten der gleichen Gesellschaft verschieden sein können" (Elias 1976, 1, S. VII). Im späten Mittelalter und der frühen Renaissance beginnt ein Prozess, in dem sich die Verhaltensweisen der Menschen und ihre Persönlichkeitsstrukturen nachhaltig verändern – ein Zivilisationsprozess, der von der Veränderung der Angriffslust im gewalttätigen Verhalten, über die Körperkontrolle, die Affektäußerungen, über Tischsitten (zum Beispiel den Gebrauch des Messers) bis hin zu den Schamschwellen, den Geschlechterbeziehungen, den Standards des Benehmens und den Modellierungen des Sprechens reicht. Ein gesellschaftlicher „Fremdzwang", der zum Beispiel den Gebrauch des Taschentuchs beim Schneuzen vorschreibt (1, S. 194 ff.), wird allmählich transformiert in die Fähigkeit zu individueller Selbstkontrolle, die zur „Verwandlung zwischenmenschlicher Fremdzwänge in einzelmenschliche Selbstzwänge führt" und dafür sorgt, „daß viele Affektimpulse weniger spontan auslebbar sind". (1, LXI) Durch „soziogenen Selbstzwang" (1, S. 280) in Folge des interdependenten Lebens von Menschen in sozialen „Figurationen" bildet sich allererst das heraus, was man die „Innerlichkeit" von Subjekten nennt – also die Vorstellung, dass da in einer „Innenwelt" etwas existiert, das in der Außenwelt nicht in Erscheinung tritt und abgekapselt ist. In der Soziologie wird dies mit der Polarität von Individuum und Gesellschaft bezeichnet. Folgen wir Elias, so hat diese Polarität zumindest in einer Hinsicht eine gewisse Absurdität an sich; denn die Struktur der Persönlichkeit, die mit der Verwandlung von Fremd- in Selbstzwang den Faktor Innerlichkeit gewinnt, ist immer schon der Effekt eines sozialen Interdependenzgeflechts, die Seele eine soziale Angelegenheit. Eben dies meint der Terminus „Psychohistorie".

Elias, der selbst Gedichte geschrieben hat, bezieht sich bei seinen Untersuchungen immer wieder auch auf literarische Werke. So ist zum Beispiel in einer

Fülle von Gedichten und Liedern der mittelalterlichen Literatur von Verhaltensweisen bei Tisch und geselligen Umgangsformen, verbunden mit entsprechenden Anweisungen zu lesen; mit Sophie de la Roches Roman *Das Fräulein von Sternheim,* dem weiblichen Pendant zum *Werther,* lassen sich das Seelenleben des „mittelständischen Menschen", das Seelenleben der „Empfindsamkeit" und ihre Verhaltenscodices analysieren. Literatur ist nicht allein eine Quelle für die Erforschung des Zivilisationsprozesses und der Psychohistorie von Individuen, sondern selbst an diesem Prozess beteiligt.

Der Wandel von Persönlichkeitsstrukturen steht nun notwendig im Zusammenhang mit einer anderen Wandlungsrichtung, die auf der Ebene von Machtbeziehungen liegt. Davon handelt der zweite Band über den Prozess der Zivilisation. So angenehm die Assoziationen, die das Wort Zivilisation hervorruft, sein mögen – am Grunde dieses Prozesses liegt das Problem von Gewalt, Macht und Befriedung. Es mag dieser bei Elias durchgehend zu beobachtenden Bedeutung von Gewalt und Macht geschuldet sein, dass die Auseinandersetzung mit seinen Arbeiten in einer Nachkriegssoziologie, die sich vornehmlich auf ihre positiven Dienstleistungen für die Stiftung gesellschaftlichen Zusammenhalts unter den Prämissen von Frieden und Demokratie verstand, erst so spät begann. Elias' historischer Einsatz zur Analyse der Verflechtung von Psycho- und Soziogenese liegt auch hier im späten Mittelalter und der frühen Renaissance. Hier geht es um Kriege und Gewalt. In einem langen Prozess kriegerischer Konkurrenz- und Ausscheidungskämpfe zwischen den kleinen Einheiten territorialer Feudalherren und ihrer Krieger kommt es allmählich zu räumlichen Monopolbildungen, in denen Macht und Gewalt konzentriert sind. Einige siegen, viele verlieren, sodass „als Folge davon nach und nach immer weniger über immer mehr Chancen verfügen, daß immer mehr aus dem Konkurrenzkampf ausscheiden müssen und in direkte oder indirekte Abhängigkeit von einer immer kleineren Anzahl geraten" (2, S. 144).

Je stärker sich Gewaltmonopole ausbilden und stabilisieren, umso mehr sind dem Krieger seine Raubzüge, Fehden und Überfälle versagt, er gerät in Abhängigkeit und verhöflicht sich im doppelten Sinne des Wortes: er ist an die Herrschaftsapparatur von Höfen gebunden und entwickelt jene Höflichkeit zivilisierten Verhaltens, wie sie im Minnesang vorgesungen wird. In seiner Abhängigkeit wird er sich dreimal überlegen, ob er seinen Triebimpulsen gegenüber seinem Herrn freien Lauf lässt oder, auf sich selbst zurückgeworfen, lieber anfängt, sein Innenleben zum Zwecke der Selbststeuerung auszubilden – so, wie es die Leute auch heute meistens tun. Im Kern handelt es sich hier um Staatsbildungsprozesse, deren soziogenetische Implikationen zur Veränderung der Affektmodellierung, des Triebhaushaltes und der sozialen Attitüden der Menschen beitragen (2, S. 146). Die Gewalttat wird im Gewaltmonopol des Staates „kaserniert" (2, S. 325),

4.4 Ebenen und Modelle des Wandels II: Zivilisationsprozeß ...

und der „Kontroll- und Überwachungsapparat in der Gesellschaft entspricht die Kontrollapparatur, die sich im Seelenhaushalt des Individuums herausbildet" (2, S. 328).

Zu den soziogenetischen Parallelen der Psychohistorie gehören neben der Ausbildung des Gewaltmonopols die Zunahme von Interdependenzgeflechten durch Funktions- und Arbeitsteilung und eine steigende Abhängigkeit voneinander. Die Handlungsketten werden länger und nötigen über den Augenblick hinaus zu Rück- und Voraussicht ebenso wie dazu, die Wirkungen von Handlungen zu reflektieren, und das heißt, die Affekte zu kontrollieren. Mit der Bändigung frei flottierender Gewalt durch ihre Monopolisierung wird „der Kriegsschauplatz (...) in gewissem Sinne nach innen verlegt" (2, S. 330). Man könnte diesen Prozess der Zivilisation auch als ein „Paradox der Modernisierung" bezeichnen, in dem zunehmende Individualisierung und abstrakte Abhängigkeit von und in Funktionszusammenhängen zwei Seiten derselben Medaille sind (van der Loo und van Reijen 1997, S. 41 f.). Auf diesem Kriegsschauplatz, in diesem Paradox haben sich die psychohistorischen Wandlungsprozesse vollzogen, die die Differenziertheit des Seelenhaushalts und die Modalitäten der Individualisierung hervorgebracht haben.

Diese psycho- und soziogenetischen Verflechtungen lassen sich im Blick auf den literarischen Wandel fruchtbar machen, wenn man „Literatur als einen Teil des Prozesses der Zivilisation (begreift) und Literatur und ihre Erkenntnis aus ihrer Integration in diesen Prozeß (versteht)" (Wild 1982, S. 69). Verwiesen auf und eingebunden in die „historische Gestalt der Lebenspraxis", ist Literatur „zugleich eine Form der Reflexion dieser Verhaltensweisen und Bewußtseinsformen" (S. 39 f.), die „als individuelle und als soziale zu begreifen" sind (S. 51). Wie Reiner Wild im Rückgriff auf Elias gezeigt hat, tut sich hier ein ganzes Spektrum von Fragestellungen auf. Zunächst haben literarische Werke einen gewissermaßen „dokumentarischen Charakter", indem sie Auskünfte geben über je historische Verhaltensweisen und Affektmodellierungen. In einer „didaktischen Funktion" führen sie Einübungen in zivilisatorische Standards des Verhaltens vor, von katechetischen Belehrungen, wie sie etwa dem Parzival des Wolfram von Eschenbach zuteilwerden, über die „Fürstenspiegel" zur Erziehung von Herrschern bis hin zu den individualisierenden Darstellungen von Verhaltensstandards oder -abweichungen im psychologisierenden, das Innenleben ausbreitenden Bildungsroman, den Dramen eines Ibsen oder den bei Beckett ins Absurde gesteigerten Selbstbezüglichkeiten. Unterscheiden lassen sich des Weiteren dominante, residuale und progredierende Standards der Verhaltensmodellierung in ihrer Relation zu den sozialen Sektoren und Schichten einer Gesellschaft, die mit Prozessen zu tun haben können, in denen Verhaltensstandards, die in Oberschichten ausgebildet wurden, sich allmählich gesellschaftlich verbreiten.

Hierher gehört schließlich auch das bemerkenswerte Phänomen der Literarisierung zivilisatorischer Normbrüche und Tabuüberschreitungen oder die Missachtung von Schamschwellen. Wie etwa eine eingehende Untersuchung des Themas Essen in Literatur und Bildender Kunst unserer Gegenwart gezeigt hat, wird das kurrente Interesse am Alimentären und die Kulinaristik des Genusses literarisch und ästhetisch konterkariert, indem alle schöne Zivilisiertheit von Verhalten und Affekten in den Darstellungen von Ekel und Obszönität über Bord geworfen wird (Skotak 2016). Möglicherweise sind die literarischen Normbrüche zivilisierten Verhaltens eine besondere, produktive Quelle zur Erkenntnis gesellschaftlicher Affekthaushalte, weil in den Gegenbewegungen von Tabuüberschreitungen die kurrente Normativität von Fremd- und Selbstzwängen aufscheint. Tatsächlich können wir ja nicht wissen, ob die Menschen sich wirklich so verhalten haben und so mit ihren Affekten umgegangen sind wie es in den Büchern steht, ob sie auch wirklich das Taschentuch beim Schneuzen benutzt haben oder sich in aller gegenseitigen Empfindsamkeit begegnet sind. Aus normbrüchigen Gegenbewegungen hingegen erfahren wir etwas über das Leiden an den befriedenden Verhaltensmodellierungen im Prozess der Zivilisation. Elias hat darauf hingewiesen, dass dem zivilisierten und selbstkontrollierten Menschen mit Buch, Literatur, Theater und, wie hinzuzufügen ist, mit dem Kino kulturelle Bereiche zur Verfügung stehen, in denen er zum Beobachter dessen werden kann, was ihm versagt ist, und dort einen Ort zum „Ausleben von Affekten" in der passiveren, „gesitteteren" Lust des Konsums findet (Elias 1, S. 280). Man lese *Feuchtgebiete* von Charlotte Roche (Urbani 2015, S. 139 ff.). Die Literatursoziologin könnte sich, Elias weiterdenkend, fragen, ob zu den psycho- und soziogenetischen Dimensionen des Zivilisationsprozesses auch ein literarischer Wandel gehört, der die Zivilisation im Gebiet der Fiktionen aushebelt, sodass zivilisatorische Kontrolle und sie unterlaufende kulturelle Manifestationen ein paradoxales Konglomerat bilden.

4.5 Literarischer und gesellschaftlicher Wandel zwischen Struktur und Kultur

Ob man den Schwerpunkt der Fragerichtung nun auf sozio-ökonomische Prozesse des Wandels oder auf zivilisationsgeschichtliche und psychohistorische legt – in beiden Fällen haben wir es mit der Relationierung von Literatur mit außerliterarischen gesellschaftlichen Sachverhalten zu tun. Die in der Literatursoziologie wie -wissenschaft immer wieder geführten Debatten um die Beziehungen zwischen beiden Wandlungsreihen beziehungsweise zwischen „Sozialsystem" und „Literatursystem", wahlweise auch schlicht „Symbolsystem" genannt, lassen sich

4.5 Literarischer und gesellschaftlicher Wandel zwischen Struktur und Kultur

auch als Variationen der von Marx als zwischen gesellschaftlicher Basis und ideologischem Überbau gefassten Beziehungen verstehen. Das Problem liegt immer wieder darin, wie diese beiden Wandlungsreihen als gegenseitiges Bedingungsverhältnis miteinander relationiert werden können, um Modelle oder Gesetzmäßigkeiten des Wandels dann auch „wandlungslogisch" methodisch fruchtbar zu machen (Ort 1991; Titzmann 1991; Danneberg und Vollhardt 1992; Huber und Lauer 2000; Schönert 2007). Während die Modellbildungen für Reihenrelationen zumeist eine theoretische Flughöhe erreichen, aus der die Empirizitäten von Wandlungsprozessen kaum noch zu erkennen sind, erweisen sich die zumeist in Sammelbänden vorliegenden Studien zu spezifischen historischen Wandlungsprozessen als aufschlussreich für die Kontextualisierung ästhetischer Artefakte mit den Spielarten ihrer sozialen Bedingungen und Implikationen. Offensichtlich kommt eine Literatursoziologie des Wandels nicht am Bezug auf Geschichte vorbei. Die Relationierung beider Wandlungsreihen unter den Prämissen einer funktionalen Differenzierung systemtheoretischer Provenienz (Schmidt 1989) trägt mit ihrer gesellschaftstheoretischen Begrifflichkeit dort, wo es sich um Gesellschaften handelt, die vornehmlich auch funktional differenziert sind, hingegen weniger für segmentäre oder stratifikatorische Gesellschaften. In seinem Beitrag „Das Versprechen der Sozialgeschichte (der Literatur)", zu lesen in dem auch ansonsten instruktiven Sammelband *Nach der Sozialgeschichte*, hat Jürgen Fohrmann darauf hingewiesen, dass die Relationierungen von literarischem und sozialem Wandel „gerade eines nicht sein konnten: Darbietungen *eines* Zusammenhanges" und dass die „Unmöglichkeit einer ‚Synthese'", die auf eine „Perspektivierung des heterogenen Datenmaterials durch die rhetorisch immer wieder beschworene Kraft *einer* geheimen Idee" gerichtet sei, anzuerkennen wäre (Fohrmann 2000, S. 110). So sehr literarische Wandlungsprozesse von einem sozialen *a priori* aus zu begreifen sind, so wenig lassen sich die einen Prozesse umstandslos auf den anderen abbilden.

An dieser Stelle ist an Ernst Bloch zu erinnern, der, aus der marxistischen Tradition kommend, das Marxsche Modell einer Parallelität von Basis und Überbau um das Konzept einer „Gleichzeitigkeit des Ungleichzeitigen" erweitert hat. Es gibt ein Nebeneinander unterschiedlicher Stufen gesellschaftlicher Veränderung, Kräfte zeitlich differenten Ursprungs, wobei es sich bei den älteren nicht um historische „Restposten" handelt, sondern auch um ein aktualisierbares Potenzial für Ermöglichungen, das in der Mehrschichtigkeit von sozialen und kulturellen Prozessen Gestalt annimmt. Bloch spricht von einem „dynamischen Multiversum", in dem es „einen währenden und oft verschlungenen Kontrapunkt der historischen Stimmen gibt" (Bloch 1977, S. 146). Blochs Überlegungen sind in vielerlei Hinsicht anschlussfähig geworden, wir finden sie beispielsweise in Reinhart Kosellecks Studie (2000) zur Semantik geschichtlicher Zeiten.

Von solchen Gleichzeitigkeiten beziehungsweise Ungleichzeitigkeiten ist eine Relationierung von sozialen und literarischen Prozessen zu unterscheiden, die ins Gebiet allgemeinerer kulturtheoretischer Fragen führt, aber literatursoziologisch wesentlich ist, weil Literatur als ein Moment von Kultur zu begreifen ist. Hier geht es darum, wie es sich mit der Stellung von sozialer Struktur und der Kultur einer Gesellschaft zueinander verhält, und zwar im Hinblick darauf, ob eine „Identität oder Differenz zwischen Kultur und Struktur" zu diagnostizieren ist (Albrecht 2015, S. 32). In der ständisch-höfischen Kultur findet eine ganz bestimmte soziale Schicht ihre Ausdrucksform, und diese Kultur hat keine Geltungsansprüche, die über diese Schicht hinausragen würden. Clemens Albrecht hat sie als „Repräsentativkultur", in der „Struktur und Kultur noch nicht auseinandergetreten" sind, bezeichnet; beide „bilden sozusagen in kongruenten Kreisen das soziale System vertikal und horizontal ab" (S. 30). Mit der bürgerlichen Gesellschaft hingegen bildet sich eine „repräsentative Kultur" aus, die nicht der Differenzierung qua sozialer Herkunft der Rezipienten aufruht (Bürger sind alle), sondern über ihre unmittelbare Trägerschicht hinausreicht, weil qua Aneignung ästhetischer Artefakte alle an Bildung und Kultur teilhaben können; dass dies insbesondere für die Frauen im Verbund mit der „Leserevolution" seit dem 18. Jahrhundert gilt, ist bekannt. Hier sind politisch alle gleich, die Differenzierung vollzieht sich über individuelle Bildungsarbeit. Im Unterschied zur „kongruenten Kultur" der ständischen Gesellschaft treten hier Kultur und Struktur auseinander. Die Verschränkungen von sozialem und literarischem Wandel betreffen auf geradezu elementare Weise das Verhältnis von Struktur und Kultur einer Gesellschaft. Für eine Literatursoziologie des Wandels dürften diese Fragen von beachtlichem gegenwartsdiagnostischem Interesse sein. Wenn heute die „Weltgesellschaft des 21. Jahrhunderts (…) von der prinzipiellen Gleichheit des Kulturellen ausgeht, die dann über soziale Zugehörigkeit segmentiert wird – Herkunft und Identität von Gruppen" (S. 23), dann dürfte man darin eine Wiederkehr der feudal-ständischen Homologie von Struktur und Kultur sehen. Heute finden, unter der Prämisse kultureller Gleichheit, die verschiedenen sozialen Gruppen in eben den Literaturen ihren öffentlichen und politisch differenten Ausdruck, in denen sie sich ihrer Identität vergewissern können (siehe auch Kap. 6).

4.6 Illustration: Historische Semantiken der Liebe

Wir unternehmen hier einen kleinen Streifzug durch die historische Semantik der Liebe im literarischen Wandel anhand von Gedichten. Niklas Luhmann hat in *Liebe als Passion* (1984) die verschiedenen „Codes", die die Kommunikation

4.6 Illustration: Historische Semantiken der Liebe

in Sachen Liebe regeln, als Notwendigkeiten beschrieben, diesem Sozialsystem Intimität eine gesellschaftlich funktionale Form zu geben; und selbst ein Systemtheoretiker greift hier auf die Literatur zurück. Im Zentrum steht für uns hier jedoch weniger die funktionale Ausdifferenzierung eines Kommunikationscodes für Liebe, wie er dann schließlich auch zu funktional differenzierten im Unterschied zu stratifikatorischen Gesellschaften „paßt", sondern die Skizze eines literarischen Diskurswandels, der die verschiedenen Problematisierungsweisen eines elementaren menschlichen Vermögens betrifft, in die auch soziale Strukturwandlungen und psychohistorische Dynamiken hineinspielen.

Aus dem mittelalterlichen Minnesang klingt uns ein fremd gewordenes Liebeskonzept entgegen. Heinrich von Morungen singt: „Hete ich tugende niht sô vil von ir vernomen/unde ir schône niht sô vil gesên,/wie wêre si mir danne alsô ze herzen komen?" (Lachmann et al. 1962, S. 161) Der Dichter weiß schon um die Gründe seiner Liebe, die in den Eigenschaften der Geliebten: Tugend und Schönheit liegen; sie sind bekannt, müssen weder ergründet noch auf die Probe gestellt werden. Die Liebe hat ihren festen Grund im Ideal, verkörpert im Objekt der Liebe, und dies ist „öffentlich" (eben keine „private" Idealisierung) insofern, als es in der Gemeinschaft höfischer Geselligkeit anerkannt und verankert ist (s. Abschn. 4.3). In dieser an das Ideal gebundenen Liebe ist kein Platz für Modelle, Liebe im Rahmen von Tauschprozessen zu denken. Wie Tauschbeziehungen in Liebe Eingang finden, hat Friedrich von Hagedorn in seinem Gedicht „Die Küsse" am Anfang des 18. Jahrhunderts im amüsant-ironischen Ton der Schäferdichtung vorgeführt (Killy 1962, S. 79). Hier werden Küsse und Schafe im Verhältnis eins zu dreißig hin- und hergetauscht, es gibt zwar ein Nullsummenspiel, aber am Ende „überläßt" der Schäfer den einen Kuss „umsonst" nicht der eigennützigen Elisse, sondern einer anderen. Am Anfang des 18. Jahrhunderts tangieren ökonomische Tauschbeziehungen auch Liebeskonzepte; der Anteil von Berechnung muss aus Liebe herausgerechnet werden.

Was soll man da machen? Wir folgen bei unserem Streifzug der verbreiteten Neigung, uns Rat beim Großmeister Goethe zu holen und zitieren die erste Strophe eines Gedichts aus dem Jahre 1776: „Warum gabst du uns die tiefen Blicke,/Unsre Zukunft ahndungsvoll zu schaun,/Unsrer Liebe, unserm Erdenglücke/Wähnend selig nimmer hinzutraun?/Warum gabst uns, Schicksal, die Gefühle,/Uns einander in das Herz zu sehn,/Um durch all' die seltenen Gewühle/Unser wahr Verhältnis auszuspähn?" (Goethe 1964, 1, S. 122) Schicksalhaft verschränkt sind in tiefen Blicken die gegenseitigen Erkundungen des Seelenlebens als mögliches, aber unsicheres Zukunftsprojekt, gebunden an einen Austausch, der nun auf die Ebene des Gefühls verlagert wird – und das heißt: ausgelagert aus der Welt der Interessen und der Kalküle, eine Art interesseloser Intimität, die ihre Begründung in sich selbst hat, aber von der Gefahr der Täuschung begleitet wird. Zugleich stellt der Rückzugsort der Liebe einen Übungsraum für Menschenkenntnis bereit, die umso nötiger ist, je mehr eine Gesellschaft aus den Schranken ständischer Ordnungen in bürgerliche Gleichheit entlassen wird und das Wissen um ein „wahr Verhältnis" braucht. Die Romantik macht denn auch die Liebe zum daseinserweiternden Weltverhältnis schlechthin, wenn Brentano dichtet: „Ich will kein Einzelner mehr sein,/Ich bin der Welt, die Welt ist mein.//Vergangen sei vergangen,/Und Zukunft ewig fern;/In Gegenwart gefangen/Verweilt die Liebe gern,//Und reicht nach allen Seiten/Die ew'gen Arme hin" (Brentano 1978, I, S. 47). Eine im „Medium" der Liebe gesteigerte Individualität verspricht Aussicht auf Dauer, was als Konzept der romantischen Liebe auch die bürgerliche Ehe affiziert und tragen soll. Hier können sich eine geradezu apersonale Weltbeziehung und eine personale Beziehungsliebe miteinander verbinden.

Zu diesen Liebesdichtungen kommen neue, andere hinzu. Es ist nicht nur die mit dem literarischen Realismus des 19. Jahrhunderts einhergehende Desillusionierung der Liebe, die hier eine Rolle spielt, sondern gewissermaßen der „Sieg" des romantischen Liebeskonzepts durch dessen Trivialisierung. 1930 dann schreibt Kurt Tucholsky sein Gedicht „Danach", wo es heißt: „Der olle Mann denkt so zurück:/wat hat er nu von seinen Jlück?/Die Ehe war zum jrößten Teile/vabrühte Milch un Langeweile./Und darum wird beim happy end/im Film jewöhnlich abjeblendt." (Tucholsky 1967, III, S. 402) Von der großen Liebe und den intensiven Gefühlen handelt nun das Kino, und in Absatzbewegungen von der „feindlichen Übernahme" der Liebe durch den Trivialfilm braucht der Schriftsteller neue Töne, weil der Ton falsch wird, wenn die Liebe mit großen Worten ausstaffiert wird. Beispielhaft dafür ist Erich Frieds Gedicht „Was es ist": „Es ist Unsinn/sagt die Vernunft/Es ist was es ist/sagt die Liebe//Es ist Unglück/sagt die Berechnung/Es ist nichts als Schmerz/sagt die Angst/Es ist aussichtslos/sagt die Einsicht/Es ist was es ist/sagt die Liebe" (Fried 2000, S. 115). Liebe ist hier außerhalb aller Orientierungen, die dem Verhalten ansonsten eine Richtung geben würden, wie Vernunft, Berechnung, Angst, Einsicht, des Weiteren auch noch Stolz, Vorsicht und Erfahrung, angesiedelt – ganz so, als stünde sie in ihrem Eigensinn jenseits aller gesellschaftlichen Regulative, um in der Tautologie ihrer selbst zu ruhen. Glücksversprechen, tiefe Blicke, Dehnung in die Welt kommen nicht vor.

Während Frieds Gedicht auf dem So-Sein der Liebe insistiert, ist, wie W. van Reijen (2011) gezeigt hat, in einer Fülle von Songs der Popmusik der 1950er bis 1980er Jahre von Verlassenheit und Leere zu hören. Im Song der Rolling Stones „No Expectations" bittet der verlassene Liebhaber seine ehemalige Geliebte: „Take me to the station/And put me on a train/I've got no expectations/To pass through here again", und über die Liebe heißt es: „ Our love was like the water/

That splashes on a stone/Our love is like our music/It's here, and then it's gone". The Zombies singen: „Well, let me tell you about the way she looked/The way she acted, the color of her hair/Her voice is soft and cool/Her eyes are clear and bright/But she's not there". Die ersten Zeilen erinnern noch an den Minnesang von Schönheit und Tugend der Geliebten, doch diese ist nicht nur nicht hier, sondern auch nicht im fernen „there" zu finden. Das Ideal ist eine Leerstelle, aus der Gegebenheit des So-Seins ein Es-War geworden.

Dieser Streifzug ist kaum im Sinne einer strikten Abfolge oder als „Evolution" zu verstehen. So wie es auch heute noch Romeos und Julias gibt, die romantische Liebe jederzeit so reaktualisierbar ist wie der tiefe Blick ins Herz des anderen, die Klage über enttäuschte oder berechnende Liebe geführt werden kann – so scheint es doch im Blick auf den literarischen Wandel von Liebesgedichten eine Tendenz zu geben: von Abwesenheiten zu dichten. Auffällig an unseren Beispielen ist, dass es vornehmlich um die Abwesenheit der Frau als der Geliebten geht. Eine lohnenswerte Aufgabe wäre es, den literarischen Wandel der Literarisierungen von Liebe daraufhin zu befragen, wie sich solche Abwesenheiten auf Frauen und Männer verteilen, und weiter noch nach Spuren zu suchen, wie eine „gendergerechte Sprache" in der Lyrik klingen könnte. Um Prozesse des Wandels zu untersuchen, dürfte eine Literatursoziologin auch hier fündig werden.

Literatur

Albrecht, Clemens. 2015. „Die Kunst Rembrandts, nicht die eines beliebigen Stümpers". Georg Simmel als Philosoph der repräsentativen Kultur. *Zeitschrift für Kulturphilosophie* 9(1): 23–40.
Bloch, Ernst. 1977. *Tübinger Einleitung in die Philosophie.* Frankfurt a. M.: Suhrkamp.
Bosse, Heinrich. 1981. *Autorschaft ist Werkherrschaft. Über die Entstehung des Urheberrechts aus dem Geist der Goethezeit.* Paderborn/München: Schöningh.
Bourdieu, Pierre. 1999. *Die Regen der Kunst.* Frankfurt a. M.: Suhrkamp.
Bourdieu, Pierre. 2009. *Soziologie ist ein Kampfsport.* Frankfurt a. M.: Filmedition suhrkamp.
Bourdieu, Pierre. 2011. Für eine Wissenschaft von den kulturellen Werken. In *Kunst und Kultur. Kunst und künstlerisches Feld. Schriften zur Kultursoziologie,* 4. Schriften, Bd. 12.2, 449–468. Konstanz: UVK.
Braudel, Fernand. 1994. *Das Mittelmeer und die mediterrane Welt in der Epoche Philipps II,* 3 Bde., Frankfurt a. M.: Suhrkamp.
Brentano, Clemens. 1978. *Werke. Erster Band.* München: Hanser.
Brüns, Elke, Hrsg. 2008. *Ökonomien der Armut. Soziale Verhältnisse in der Literatur.* München: Fink.
Danneberg, Lutz, und Friedrich Vollhardt, Hrsg. in Zusammenarbeit mit Hartmut Böhme und Jörg Schönert. 1992. *Vom Umgang mit Literatur und Literaturgeschichte. Positionen und Perspektiven nach der „Theoriedebatte".* Stuttgart: Metzler.

Eibl, Karl. 1991. Zurück zu Darwin. Bausteine zur historischen Funktionsbestimmung von Dichtung. In *Modelle des literarischen Strukturwandels*, Hrsg. Michael Titzmann, 347–366. Tübingen: Niemeyer.

Elias, Norbert. 1976. *Über den Prozeß der Zivilisation. Soziogenetische und Psychogenetische Untersuchungen*, Bd. 2. Frankfurt a. M.: Suhrkamp.

Engelsing, Rolf. 1974. *Der Bürger als Leser. Lesergeschichte in Deutschland 1500–1800*, Stuttgart: Metzler.

Fohrmann, Jürgen. 2000. Das Versprechen der Sozialgeschichte (der Literatur). In *Nach der Sozialgeschichte. Konzepte für eine Literaturwissenschaft zwischen Historischer Anthropologie, Kulturgeschichte und Medientheorie*, Hrsg. Martin Huber und Gerhard Lauer, 105–112. Tübingen: Niemeyer.

Fried, Erich. 2000. *Gründe. Gedichte. Eine Auswahl aus dem Gesamtwerk*. Berlin: Wagenbach.

Goethe, Johann Wolfgang. 1964. *Werke. Hamburger Ausgabe*, Bd. I. Hamburg: Wegner.

Habermas, Jürgen. 1965. *Strukturwandel der Öffentlichkeit. Untersuchungen zu einer Kategorie der bürgerlichen Gesellschaft*, 2. durchges. Aufl. Berlin: Luchterhand.

Hauser, Arnold. 1973. *Sozialgeschichte der Kunst und Literatur*. München: Beck.

Huber, Martin, und Lauer, Gerhard, Hrsg. 2000. *Nach der Sozialgeschichte. Konzepte für eine Literaturwissenschaft zwischen Historischer Anthropologie, Kulturgeschichte und Medientheorie*. Tübingen: Niemeyer.

Iser, Wolfgang. 1993. *Das Fiktionale und das Imaginäre. Perspektiven literarischer Anthropologie*. Frankfurt a. M.: Suhrkamp.

Killy, Walther, Hrsg. 1962. *Zeichen der Zeit. Ein deutsches Lesebuch*, Bd. 1, Auf dem Wege zur Klassik. Frankfurt a. M.: Fischer.

Koselleck, Reinhart. 2000. *Vergangene Zukunft. Zur Semantik geschichtlicher Zeiten*. Frankfurt a. M.: Suhrkamp.

Kuzmics, Helmut, und Gerald Mozetič. 2003. *Literatur als Soziologie. Zum Verhältnis von literarischer und gesellschaftlicher Wirklichkeit*. Konstanz: UVK.

Lachmann, Karl et al. 1962. *Des Minnesangs Frühling, neu bearb. v. Carl von Kraus*. Stuttgart: Hirzel.

Loo, Hans van der, und Willem van Reijen. 1997. *Modernisierung. Projekt und Paradox*, 2. aktual. Aufl. München: dtv.

Luhmann, Niklas. 1984. *Liebe als Passion. Zur Codierung von Intimität*. Frankfurt a. M.: Suhrkamp.

Lukács, Georg. 1981. *Entwicklungsgeschichte des modernen Dramas*. Lukács Werke, Bd. 15. Darmstadt: Luchterhand.

Magerski, Christine. 2004. *Die Konstitution des literarischen Feldes in Deutschland nach 1871. Berliner Moderne, Literaturkritik und die Anfänge der Literatursoziologie*. Tübingen: Niemeyer.

Mannheim, Karl. 1964. Ideologische und soziologische Interpretation der geistigen Gebilde. In *Wissenssoziologie*, 388–407. Berlin: Luchterhand.

Marx, Karl. 1953. *Grundrisse der Kritik der politischen Ökonomie. Rohentwurf 1857/1858*, Berlin: Dietz.

Ort, Claus-Michael. 1991. Literarischer Wandel und sozialer Wandel: Theoretische Anmerkungen zum Verhältnis von Wissenssoziologie und Diskursgeschichte. In *Modelle des literarischen Strukturwandels*, Hrsg. Michael Titzmann, 367–394 Tübingen: Niemeyer.

Reijen, Willem van. 2011. She is not there. Eine kleine Phänomenologie des Nichts. In *Weiter-Denken. Literatur- und kulturwissenschaftliche Streifzüge im Zeichen der Transgression. Christa Karpenstein-Eßbach zum 60. Geburtstag,* Hrsg. Il-Tschung Lim und Martin Odermatt et al. Berlin: Köster.

Schmidt, Siegfried J. 1989. *Die Selbstorganisation des Sozialsystems Literatur im 18. Jahrhundert.* Frankfurt a. M.: Suhrkamp.

Schönert, Jörg 2007. *Perspektiven zur Sozialgeschichte der Literatur. Beiträge zu Theorie und Praxis.* Tübingen: Niemeyer.

Skotak, Anika. 2016. *Essen zwischen Kontrolle und Beghren. Konturen des Alimentären in Literatur und Bildernder Kunst der Gegenwart.* Würzburg: Königshausen und Neumann.

Staiger, Emil. 1968. *Grundbegriffe der Poetik,* 8. Aufl. Freiburg: Atlantis.

Steiner, George. 1981. *Der Tod der Tragödie. Ein kritischer Essay.* Frankfurt a. M.: Suhrkamp.

Titzmann, Michael, Hrsg. 1991. *Modelle des literarischen Strukturwandels.* Tübingen: Niemeyer.

Tucholsky, Kurt. 1967. *Gesammelte Werke,* Band III: 1929–1932, Büchergilde Gutenberg.

Urbani, Nadja. 2015. *Medienkonkurrenzen um 2000. Affekte, Finanzkrisen und Geschlechtermythen in Roman, Film und Theater.* Bielefeld: transcript.

Wild, Reiner. 1982. *Literatur im Prozeß der Zivilisation. Entwurf einer theoretischen Grundlegung der Literaturwissenschaft.* Stuttgart: Metzler.

Zeller, Rosemarie. 1991. Gesetzmäßigkeiten literarischen Wandels am Beispiel des Dramas in der zweiten Hälfte des 18. Jahrhunderts. In *Modelle literarischen Strukturwandels,* Hrsg. Michael Titzmann, 89–102. Tübingen: Niemeyer.

Theoriebildung I: Soziologie der literarischen Formen

5

Gegenstand dieses Kapitels sind die soziologischen Dimensionen und Implikationen literarischer Formen. Geformte Sprache gibt es in der Redekunst und der Dichtkunst. Von dieser antiken Unterscheidung ausgehend, skizzieren wir die Auseinandersetzung mit Formfragen bis zur Problematisierung literarischer Formgestaltung in der Moderne. Danach fragen wir genauer nach der Form als gattungsmäßig unterschiedlich verfasster literarischer Redeweise und ihrer poetologischen und sozialen Bedeutung. Wir behandeln ästhetische Funktion und ästhetische Norm als zwei zentrale Dimensionen der Soziologie literarischer Formen und zeigen, wie die Dynamik der ästhetischen Funktion von Normen geregelt und durch Normabweichungen wiederum formbildend werden kann. Wie sich der ästhetische Wert von Literatur als objektives soziales Faktum in der Spannung zu außerästhetischen, gesellschaftlich bedeutsamen Phänomenen bestimmen lässt, ist Gegenstand des anschließenden Abschnitts. Hier geht es um die in literarischen Werken angesiedelten Beziehungen zu Idealen/Werten, zu nicht-literarischen Diskursen und Gebieten des Wissens. Wie man eine Soziologie literarischer Formen unter den Aspekten von Norm, Funktion und Wert betreiben könnte, wird am Beispiel von Elfriede Jelineks Theaterstück *Bambiland* gezeigt.

5.1 Entstehung und Grundlagen

Literatursoziologie kommt nicht aus ohne die Frage nach der sozialen Bedeutung literarischer Formen, denn es ist ein wesentliches Kennzeichen aller Literatur, dass es sich um geformte Sprache handelt, die sich vom alltäglichen Sprechen unterscheidet. Diese Besonderheit teilt sie in Europa seit der Antike mit der Rhetorik, das heißt der Kunst, die Sprache so zu formen, dass sie eine überzeugende

Wirkung entfaltet. In den erhaltenen Schriften des Aristoteles wird die Verwandtschaft zwischen Dichtung und Redekunst hervorgehoben, nicht nur, weil dessen Schrift über die Rhetorik der über die Ästhetik am nächsten steht, sondern auch durch explizite Querverweise, die in beiden Werken zu finden sind (Fuhrmann 2003, S. 7 ff.). Die Wechselbeziehungen verdanken sich den Gebieten, in die sich beide Disziplinen teilen: der kunstvollen Sprache, dem Stil, den Weisen der Argumentation, dem kompositorischen Aufbau, der Gedankenführung, der Verwendung rhetorischer Figuren und Tropen mit ihrer mehr oder weniger standardisierten Abweichung vom gewöhnlichen Sprachgebrauch, der Befriedigung des ästhetischen Bedürfnisses, den klanglich-rhythmischen Mitteln. Der Redner allerdings findet seinen Gegenstand – politische Ereignisse, Entscheidungssituationen oder Festlichkeiten – in der Wirklichkeit vor, während der Dichter neben dieser Wirklichkeit eine andere, fiktive Welt erfindet. Wollte man das Charakteristische von Literatur aber allein in dieser ihrer Fiktionalität verdichtet sehen, wäre die Dichtung um eben jene wesentliche Dimension der geformten Sprache gebracht, die sie mit der Rhetorik verbindet.

Die von der Systematisierung der Formen der Sprache getragene Verwandtschaft zwischen Rhetorik und Dichtkunst hat bis gegen Ende des 18. Jahrhunderts eine normativ orientierte Poetik getragen; danach treten Dichtung und Rhetorik zunehmend auseinander. Mit dem Aufstieg der bürgerlichen Gesellschaft schert die Poetik aus ihrer Verbindung mit Rhetorik aus, Formfragen werden zu einer Angelegenheit der Künste und in der Ästhetik abgehandelt, die sich von einer „bloßen" Rhetorik absetzt. Prominent ausgearbeitet findet sich die Verschiebung der Formfrage bei Hegel, der die tableauartige Systematik geformter Sprache in eine historische Dynamik von Kunstformen transformiert. Wenn Hegel die „Idee des Schönen als Ideal der Kunst" bestimmt, so gilt dies zuerst nicht für das einzelne Kunstwerk, sondern für das Gesamt der Kunstgattungen und ihre unterschiedlichen Formen, wie sie sich geschichtlich entwickelt haben. Es sind diese besonderen Formen der Künste als historische Spielarten des Ideals der Kunst, die Hegel zum Gegenstand seiner Ästhetik von der klassischen bis zur romantischen Kunstform und der Auffaltung eines Systems der einzelnen Kunstgattungen in ihrer jeweils besonderen Formgestalt macht.

Bei dieser Selbstverständlichkeit, mit der „Form" zunächst in der poetisch-rhetorischen Tradition und dann in der philosophisch-ästhetischen Reflexion eine Rolle spielt, bleibt es nicht. Um 1900 kommt es zu einer zuvor so nicht gekannten Problematisierung von Form in den Literaturen und Literaturtheorien der Zeit, weil die Erfahrungslagen, die die Moderne mit sich bringt, den Abschied vom traditionellen Erzählen und Dichten provozieren und eine neue Sprache mit neuen Ausdrucksformen erfordern. Dass Form zum Problem wird, fällt mit der Krise der

5.1 Entstehung und Grundlagen

bürgerlichen Gesellschaft zusammen, die entdeckt, dass sie nicht nur eine bürgerliche, sondern zugleich auch eine Massengesellschaft ist. Ob es sich im Konzert der vielfältigen Ismen um die avantgardistische Destruktion der Form, um die poetische Läuterung zu den kristallinen Formen literarischen Ausdrucks eines l'art pour l'art etwa im Sinne Stefan Georges oder um das ekstatische Pathos expressionistischer Visionsliteratur handelt – gemeinsam ist ihnen die Problematisierung der Form, in die das literarische Sprechen gebracht werden soll, weshalb denn auch das Problem der Form und der Aufstieg der Sprache zum prominenten Reflexionsgegenstand zusammengehören (Zima 1980; Koopmann 1997; Karpenstein-Eßbach 2013a, b, S. 17–53). Ein Übriges zur Problematisierung der Form leisten der Abschied von der idealistischen Ästhetik, die ausbrechende Konkurrenz zwischen Literatur und technischen Medien (Kap. 9) und die nicht zuletzt damit im Zusammenhang stehende Entdifferenzierung und Neukonturierung der literarischen Gattungen, die für Hegel noch zu den Formen des Kunstschönen gehörten.

So sehr Formfragen insbesondere im Gebiet der Literatur beziehungsweise Literaturtheorie ihre Konjunktur um 1900 gewinnen – auch die Soziologie ist von ihnen nicht unberührt geblieben. Hierher gehört vor allem Georg Simmel mit seiner *Soziologischen Ästhetik* oder seinen kleinen Schriften etwa über Stefan George oder „Rodins Plastik und die Geistesrichtung der Gegenwart", in denen die ästhetischen Formen künstlerischer Gebilde, zum Beispiel das Prinzip der symmetrischen Anordnung, parallelisiert werden mit der Struktur einer Gesellschaft und ihren sozialen Idealen, sodass eine psychologische Gemeinsamkeit zwischen diesen beiden Formen eine kulturdiagnostische Bedeutung gewinnt. Weniger kulturphilosophisch denn mehr literatursoziologisch orientiert ist der Komplex Form für den frühen Georg Lukács mit seiner *Theorie des Romans* und später, an Lukács anknüpfend, für Lucien Goldmann in seiner *Soziologie des modernen Romans* relevant geworden.

Für Goldmann ist der Roman die epische Gattung, die „durch den unüberwindlichen Bruch zwischen Held und Umwelt charakterisiert ist" (Goldmann 1970, S. 18). Wir haben es mit einem „problematischen Helden" zu tun, der in einer ebenfalls problematischen Umwelt auf der Suche nach „authentischen Werten" ist – eine Suche allerdings, in der sich die „Degradation", die Entwertung jener authentischen Werte erweist. Wenn hier von Wert die Rede ist, so ist damit nicht der „ästhetische Wert" eines Werkes (worum es weiter unten geht) oder ein einzelner Wert wie Frieden oder Gerechtigkeit gemeint, sondern ein wesentlicher Wert in der Hinsicht, dass er anerkanntermaßen Weltbezüge und Handlungsziele überhaupt orientieren kann. Dass die Wesentlichkeit eines Wertes – nicht irgendeines speziellen Wertes –, sondern der Wert des Wertes selbst infrage steht, begründet für Goldmann die Spezifik der modernen Romanform, in der die basale ökonomische Struktur von Marktgesellschaften mit der Dominanz des Werte vergleichgültigenden Tauschwertes über den Gebrauchswert mit seinem besonderen qualitativen Charakter erkennbar wird. Es handelt sich also nicht darum, dass eine bestimmte gesellschaftlich verankerte Werteordnung – zum Beispiel die der mittelalterlichen Welt – von einer anderen – zum Beispiel der der Renaissance – abgelöst wird, die dann wiederum eine gewisse Stabilität erreicht, sondern um eine strukturelle Rangminderung qualitativer Werte überhaupt. Goldmann schreibt: „Zwischen der Struktur der Romanform (...) und der Struktur des Warentausches in der liberalen Marktwirtschaft, so wie sie von den klassischen Nationalökonomen beschrieben wurde, (besteht) eine strenge Homologie" (Goldmann 1970, S. 26). Man könne sogar sagen, diese Entsprechung sei „so streng, daß man von einer einzigen Struktur sprechen könnte, die sich auf zwei verschiedenen Ebenen ausdrückt" (S. 28). Angesichts dieser Verklebung von Roman- und Gesellschaftsform weist Goldmann literatursoziologische Auffassungen zurück, wonach sich dieser Zusammenhang noch im „Kollektivbewußtsein" einer bestimmten Klasse, Schicht oder Gruppe Ausdruck verschaffe. Anders gesagt: die Fragen „Ist es das wert?" und „Ist das etwas wert?" stellen die Marktteilnehmer und die problematischen Helden des Romans gleichermaßen und teilen damit ein Suchen nach Werten, in das Entwertung immer schon eingeschrieben ist. Dazu gehört für den kritischen und undogmatischen Literatursoziologen Goldmann das eigentümliche Phänomen, dass diese Romanform als literarische Inkorporation von Wertungen und Entwertungen „in ihrem Wesen kritisch und oppositionell" ist (S. 36), während sie sich zugleich – ohne uns einen positiven Helden geben zu können – genau dieser Gesellschaftsform verdankt.

Ähnlich wie bei Simmel liegt auch für Lukács und Goldmann der Fokus auf Strukturhomologien zwischen der Verfasstheit einer Gesellschaft und der ihrer Literatur, die in deren beider Form fundiert sind. Lukács wie Goldmann beschränken sich dabei allerdings ausschließlich auf den Roman, der eine besondere Affinität zu diesem Modus der Problematisierung der Form zu haben scheint, weil diese epische Gattung besonders dadurch charakterisiert ist, dass sie vom Verhältnis des Romanhelden zu seiner Umwelt, von der Gemeinschaft zwischen beiden genauso wie dem Bruch zwischen ihnen erzählt – man könnte auch sagen: das Verhältnis zwischen Individuum und Gesellschaft ist die tragende Problemzone der Romanform. Die Weise, auf die die Problematisierung der Form hier Eingang in das literatursoziologische Denken gefunden hat, lebt von ihrer gesellschaftstheoretischen Unterfütterung, das heißt von der Zentrierung um Analogien zwischen Form der Gesellschaft und Form der Literatur.

Von diesen kulturphilosophisch und gesellschaftstheoretisch fundierten Behandlungen der Formproblematik ist eine andere Frage zu unterscheiden: die nach der sozialen Bedeutung der literarischen Formen selbst, die in ihren ästhetischen Dimensionen in den Werken zum Tragen kommt – eine Frage also nach den literarisch internen gesellschaftlich bedeutsamen Aspekten geformter Sprache. Hierzu ist nun bemerkenswerter Weise in der Literatursoziologie bislang kaum etwas zu finden. Aus der Wüste der kargen Überlegungen hierzu ragen die Arbeiten des tschechischen Strukturalisten Jan Mukařovský heraus. So sehr Mukařovský die ästhetischen Dimensionen von Literatur (und Kunst) ins Zentrum rückt, so wenig insistiert er auf einer Autonomie der Künste. Ausgehend davon, dass ästhetische Erscheinungen selbst soziale Tatsachen sind, wird ein literatursoziologischer Blick auf die Formgestalten der Literatur möglich, der dann auch bei ihren Relationen zu außerästhetischen Bereichen ankommt.

5.2 Form, Funktion, Norm

Literarische Redeweisen differenzieren sich durch Formgebung, sie haben eine ästhetische Funktion, und sie sind Regeln und Normen unterworfen, an denen sich die Anordnung ihrer Elemente orientiert. Um literarische Redeweisen voneinander zu unterscheiden, kennt die Literaturwissenschaft den Begriff der Gattungen, also Lyrik, Dramatik und Epik. Zwar wird dieser Begriff wie vieles andere auch in der Literaturwissenschaft immer wieder infrage gestellt, sei es, weil Gattungslehren wegen einer ihnen innewohnenden Normativität zweifelhaft erscheinen; sei es, weil die empirische Vielfalt der Erscheinungsformen von Literatur eine solche Systematik ohnehin konterkariert; sei es, weil der Literaturbegriff von Orientierungen auf „Text" oder „Kommunikation" umgestellt wird. Doch das ändert nichts daran, dass selbst ein ungeübter Leser spontan in der Lage ist zu erkennen, ob es sich bei einer literarischen Redeweise um eine lyrische, dramatische oder epische handelt. Klaus Weimar hat in seiner *Enzyklopädie der Literaturwissenschaft* (1993) die Kennzeichen der gattungsmäßig verfassten Formen der Literatur auf eine intellektuell vergnüglich zu lesende Weise dargelegt. Die verschiedenen literarischen Gattungen haben eine poetologische und eine soziale Bedeutung. Beides ist miteinander verflochten.

Gattungsmäßig verfasste Formen lassen sich poetologisch voneinander abgrenzen, denn sie stiften qua Form eine ihnen eigene Kohärenz, indem sie bestimmte andere Möglichkeiten zugleich ausschließen. So ist bei einem Drama nicht zu erwarten, dass sein Verfasser mit eigener Figurenrede auftritt, um anzukündigen, dass in der nächsten Szene Luise auf Ferdinand treffen wird, oder um deren Begegnung zu kommentieren; das wäre nur möglich, wenn die Rede des Verfassers ihr Statut als Teil des Fiktionsraumes des Dramas erhalten würde. In der Prosa hingegen ist es ganz und gar nicht ungewöhnlich, dass der Verfasser eines Romans als kommentierender Erzähler interveniert – was zum Beispiel Lawrence Sterne oder Jean Paul bis zur hohen Kunst betrieben haben. Ebenso wenig überrascht es uns, wenn auf dem Titelblatt eines Buches steht, dass ein Martin Walser den Roman *Gallistls Krankheit* geschrieben hat, im Buch selbst aber ein Herr Gallistl behauptet, es zu schreiben – wovon normalerweise nur eines stimmen kann; im Falle des Romans stimmt aber beides (siehe Weimer 1993, S. 78). Ein letztes Beispiel: wie kommt es, dass wir Dramen (sieht man vom radikalen Dokumentardrama ab) nicht lesen wie das Protokoll von Aussagen während einer Gerichtsverhandlung? Hätte ein Protokollant das von ihm Protokollierte mit „Minna von Barnhelm. Ein Lustspiel in fünf Aufzügen" überschrieben oder Regieanweisungen eingearbeitet, so würden wir ihn bestenfalls für einen Schelm halten; anders als der Protokollant ist der Verfasser des Lustspiels aber nicht in der Weise eines Autors ein Beteiligter, sondern hat die Reden der dramatis personae gestiftet.

Erst gattungsmäßig verfasste Redeweisen geben der Literatur – ungeachtet ihrer historischen Veränderungen – eine spezifische, abgrenzbare Formgestalt und sorgen für ein semantisches Potenzial der Form, das aus den Logiken der internen Selbstreferenz der poetischen Sprache resultiert. Dass wir zum Beispiel die Diskrepanz zwischen Autor- und Erzählernamen nicht als einen unmöglichen Widerspruch denunzieren, der in der wirklichen Welt eben ganz und gar unsinnig wäre, liegt daran, dass die gattungsmäßigen Kunstformen der literarischen Rede mit den Logiken der wirklichen Welt gar nichts zu tun haben. Dies ist der Grund dafür, dass die geformte, sich der Alltagssprache entwindende Rede eine besondere Überschüssigkeit gewährt. Unter dem Schutzmantel der Gattungen werden Dinge sagbar, die gewöhnlich schwer oder kaum zu sagen sind. Literarische Formen sind die Bedingung der Möglichkeit, auf poetische Weise das Gebiet des Sagbaren zu erweitern. Nähmen wir Aischylos' *Orestie* als Aussageprotokoll, so wäre die Reaktion einer moralischen Entrüstung ebenso schnell bei der Hand wie bei Gottfried Benn die Empörung über fehlendes ärztliches Einfühlungsvermögen im Fall seiner Morgue-Gedichte über körperlichen Verfall, Krankheit und Tod. Von dieser Seite her gesehen, eignet der formgebundenen literarischen Redeweise eine Dimension, die zwar nicht weltlos schlechthin ist, aber aus der und über die wirkliche Welt und die Aussageordnungen, die sie direkt betreffen, hinausführt und deren Logik enthebt. Auf die literatursoziologische Bedeutung dieser Eigentümlichkeit wird im Zusammenhang mit der Frage nach dem Wert von Literatur zurückzukommen sein.

Über die internen Regularien literarischer Redeweisen hinaus haben deren Formen eine weitere soziale Bedeutung. Unbeschadet ihrer gewissen Weltbeziehungsweise Wirklichkeitsenthobenheit sind sie situationsbedingt. Um sich

5.2 Form, Funktion, Norm

das klar zu machen, ist es nötig, die Selbstverständlichkeit, mit der uns Literatur als gedruckte vorliegt, ein Stück weit zu distanzieren, weil die Vertextung von Literatur qua Buchdruck die soziale Bedeutung formgebundenen Sprechens überdeckt. So unabsehbar die Anzahl möglicher sprachlicher Situationen auch sein mag, so sehr lassen sich doch einige typische Situationen fassen, zum Beispiel das Gespräch, die Belehrung, der Streit, die Klage, die Lobrede, der Aufschrei, das Gebet, die Zwiesprache mit sich, die Spottrede u. a. m. Man kann literarische Gattungen als Kristallisationsformen solch typischer Situationen begreifen, die, im Unterschied zum alltäglichen Sprachgebrauch, stilisiert und, von der Einmaligkeit eines konkreten Augenblicks abgelöst, wiederholbar sind. Wie sehr Gattung und Situation zusammenhängen, dürfte im Fall des Theaters besonders deutlich sein; wir wären enttäuscht, wenn uns dort ein Roman oder Gedichte vorgelesen würden, denn zum Theater gehört die öffentlich gemachte Rede des Konflikts zwischen Akteuren. Wer in der Straßenbahn die Lieder seiner Lieblingsband mit dem Knopf im Ohr hört, zehrt unerkannt von der Intimität des Lyrischen in einer anonymen öffentlichen Situation; wer hingegen in einen Protestsong einstimmen weiß, dass im Einklang der eigenen Stimme mit anderen die vielen Ichs einen Konflikt aus den eigenen Reihen heraushalten können und keiner allein bleibt. Alle diese Formen, von den einfachen bis hin zu den komplizierten, sorgen für eine ästhetische Differenzierung bestimmter sprachlicher Haltungen und Verhaltensweisen. Diese soziale Bedeutung ästhetischer Differenzierung qua Form ist zu unterscheiden von dem Gedanken, wonach ästhetische Differenzierung etwas ist, das sich vornehmlich, wie in der Literatursoziologie Bourdieus, dem Kampf um Macht und Anerkennung im „Feld" der Literatur oder Klassenzugehörigkeiten verdanken würde.

Nun haben formgebundene Redeweisen nicht unbedingt nur eine ästhetische Dimension, wie zum Beispiel das Gebet oder der Protestsong zeigen, die auch noch religiösen oder politischen Zwecken dienen. Hier hilft der Begriff der ästhetischen Funktion der Literatursoziologie Jan Mukařovskýs weiter. Wenn Mukařovský von „ästhetischer Funktion" spricht, dann bezieht sich dies nicht auf die Funktion von Literatur in einer oder für eine Gesellschaft (siehe Kap. 8), sondern auf ein Element im Gebiet des Ästhetischen im Unterschied zum Nicht-Ästhetischen. Ästhetische Funktion in diesem Sinn ist für weite Gebiete im Leben des einzelnen und der Gesellschaft relevant, denn ein „beliebiger Gegenstand und ein beliebiges Geschehen können Träger der ästhetischen Funktion werden" (Mukařovský 1970, S. 12). Das mag ein Gefäß sein, das gar nichts mehr enthält, nun aber die Wohnung schmückt; es mag eine gelungene Formulierung im Kontext einer Mitteilung sein, die als schön empfunden wird. Wenn etwas eine ästhetische Funktion erhält, dann nicht, weil das Moment des Ästhetischen eine reale Eigenschaft des Gegenstandes wäre, sondern deshalb, weil etwas in einem bestimmten sozialen Kontext mit einer solchen Funktion ausgestattet wird. Es gibt für Mukařovský keine Fundierung der ästhetischen Funktion in der Ontologie des Gegenstandes und „keine feste Grenze zwischen dem ästhetischen und dem außerästhetischen Bereich" (Mukařovský 1970, S. 12); der Bereich des Ästhetischen, in dem etwas eine ästhetische Funktion erhält, ist deshalb viel weiter als das Gebiet der Kunst.

Zwei Momente sind im Blick auf die ästhetische Funktion wichtig: zum einen die Austauschbeziehungen zwischen dem ästhetischen und dem außerästhetischen Bereich; zum anderen das relative Gewicht der ästhetischen Funktion gegenüber den anderen Funktionen. Zwei Beispiele mögen das illustrieren. Wenn Zeitungsmeldungen in ein Drama aufgenommen werden – wie das häufiger zum Beispiel in Elfriede Jelineks Stücken zu finden ist – dann wird die außerästhetische Funktion der Nachricht als Information in einen Bestandteil der ästhetischen Funktion verwandelt; es handelt sich hier um die Ästhetisierung von etwas Außerästhetischem. Umgekehrt im Fall des Reimes „Haribo macht Kinder froh/ Und Erwachsne ebenso". Es ist spontan evident, dass eine ästhetische Funktion vorliegt; hier dient sie dem Zweck der Werbung. Wir haben es mit einer Instrumentalisierung der ästhetischen Funktion, das heißt des wohlklingenden Reimes, zu tun, die eine zweitrangige Stellung im Vergleich zum Werbezweck innehat, während im Fall des ersten Beispiels die ästhetische Funktion dominant wird gegenüber dem primären außerästhetischen Zweck einer Nachrichtenübermittlung. Nebenbei sei darauf hingewiesen, dass die verschiedenen Umgangsweisen mit der ästhetischen Funktion auch eine eminent politische Dimension haben. Walter Benjamin vermerkt am Ende seiner Abhandlung *Das Kunstwerk im Zeitalter seiner technischen Reproduzierbarkeit,* dass der Faschismus – und man darf wohl andere Spielarten des Totalitarismus hinzunehmen – eine „Ästhetisierung der Politik", das heißt die Instrumentalisierung des Ästhetischen für andere Zwecke betreibe; ihr sei eine „Politisierung der Kunst", das heißt die Hereinnahme außerästhetischer Phänomene, wie es die Politik ist, in die Kunst und deren Überformung entgegenzuhalten (Benjamin 1974, Bd. I.2).

So weit das Gebiet der möglichen ästhetischen Funktion einer Sache auch ist – um ein Kunstwerk handelt es sich dann, wenn „die ästhetische Funktion die dominierende ist" (Mukařovský 1970, S. 18). Als „Faktor des gesellschaftlichen Zusammenlebens" liegt ihre soziale Bedeutung in der „Fähigkeit der *Isolierung* des von der ästhetischen Funktion berührten Gegenstandes", darin, „eine maximale Konzentration der Aufmerksamkeit auf einen gegebenen Gegenstand" zu lenken (S. 32 f.). Mit der Dominanz der ästhetischen Funktion ist aber noch nichts über den ästhetischen Wert eines Werkes gesagt, denn auch Werke, die wir

5.2 Form, Funktion, Norm

als misslungen oder kitschig beurteilen, gehören in das Gebiet der Kunst, in der es eben gute und schlechte Literatur gibt (siehe Kap. 6). Die ästhetische Funktion hat zudem die irritierende Eigenschaft, dass sie ihre Kraft zur „Isolierung" auf Dinge richten kann, die im Gebiet der Literatur als Kunst noch gar nicht vorgekommen sind, wenn zum Beispiel ein Dichter des „Sturm und Drang" namens Schiller Räuber schon im Titel seines formsprengenden Stückes zu prominenten Akteuren macht. Insofern sorgt die Kraft der ästhetischen Funktion für eine eigene Dynamik, die die Grenzen von Literatur als Kunst verschiebt und die Aufmerksamkeit eines gesellschaftlichen Kollektivs auf Neues richtet.

Um diese Dynamik der ästhetischen Funktion irgendwie zu regeln, existieren in Gesellschaften ästhetische Normen. Sie sind „unabhängig vom Willen des Individuums und von seinem subjektiven Entschluß", vielmehr eine „Gegebenheit des sogenannten kollektiven Bewußtseins" (Mukařovský 1970, S. 37). Normen sagen, wie etwas gemacht werden soll, zum Beispiel ein Sonett, eine Komödie oder eine Kurzgeschichte, und sie signalisieren die Dominanz der ästhetischen Funktion. Aber bekanntlich ändern sich ästhetische Normen, was nicht kurzerhand mit einer „Entwicklung" von Literatur (und Kunst) zu erklären ist, sondern was stattdessen zur Dynamik des Ästhetischen selbst gehört. Werden Normen zu strikt eingehalten, droht das literarische Werk ins Klischee abzudriften und dem Leser möglicherweise das Gefühl der Langeweile angesichts von Stereotypisierungen. Gerade „der Bruch der ästhetischen Norm (ist) eines der hauptsächlichsten Mittel der Wirkung", und sie verstärkt sich, wenn durch Normabweichung „das ästhetische Wohlgefallen mit Mißbehagen gemischt" ist (S. 45 f.). Um solche Wirkungen zu steigern, kann der Normbruch bis hin zur provokanten Vereinnahmung des Geschmacklosen und Hässlichen reichen – Strategien, die sich unter den Bedingungen der Konkurrenzlage zwischen Literatur und Medien noch einmal verstärkt haben. Solche Normbrüche stoßen dann wiederum neue Normbildungen an.

Das literatursoziologisch interessante Gebiet, in dem sich diese Prozesse abspielen, ist die „Kunst, die wir in Ermangelung eines besseren Begriffs die ‚hohe' nennen. Es ist die Kunst, deren Träger die herrschende Gesellschaftsschicht ist" (S. 50), weil in der „kulturell tonangebenden Schicht" die ästhetische Norm am ehesten ihre Autonomie erlangen kann und die normgebundene Erwartungshaltung, die sich am etablierten Kanon und seinen Konventionen orientiert, zurücktritt. Ein eindrückliches Beispiel hierfür sind die Beobachtungen, die bei der Aufführung dadaistischer Lautgedichte in verschiedenen Teilen der Welt gemacht wurden – zu ergänzen um einen bemerkenswerten Befund. Ästhetisch genießbar war der Bruch mit der ästhetischen Norm konventioneller Lyrik zum einen für Spezialisten und künstlerisch besonders Interessierte, zum anderen aber auch für ausnehmend naive Menschen bis hin zu geistig Behinderten, während die an konventionelle literarische Standards Gewöhnten nichts mit den Aufführungen anfangen konnten (Fröhlich 1982, S. 25).

Ästhetische Normen sind keine statischen Gebilde, nicht nur, weil sie sich in der Dialektik von Norm und Normbruch verändern und erneuern, sondern auch, weil sie eine unterschiedliche Stellung in verschiedenen sozio-kulturellen Milieus haben, in Beziehungsverhältnissen zur gesellschaftlichen Ordnung stehen und das Verhältnis zwischen ästhetischen und den anderen Normen in ihnen unterschiedlich gewichtet wird. Mukařovský zeigt dies am Beispiel des Folklore-Milieus, in dem ästhetische Normen gegenüber anderen Normen eine ausgeprägte Beharrungskraft haben, während zum Beispiel für die entstehende Stadtbevölkerung zum einen „die ästhetische Norm nach einer Vorherrschaft strebt" (wie etwa im l'art pour l'art), aber zugleich auch „andere Funktionen und Normen dominieren, besonders die utilitaristischen, bisweilen auch emotionale" (S. 69 f.), also Hilfe für das praktische Leben oder Modelle für das Gefühlsmanagement bereitstellen. Die ästhetische Norm, das „Regulativ der ästhetischen Funktion", ist somit eine soziale Tatsache im doppelten Sinne: sie dynamisiert den literarischen Ausdruck; und sie manifestiert sich mit unterschiedlichem Gewicht in der Abhängigkeit von den sozialen Schichten und Kollektiven, die ihre Träger sind (siehe Abschn. 6.3). Über den ästhetischen Wert eines Kunstwerks hingegen ist weder im Rekurs auf die ästhetische Funktion noch auf die Erfüllung der Norm Auskunft zu erhalten.

5.3 Ästhetischer Wert im Spannungsgefüge außerästhetischer Phänomene: Ideale, Diskurse, Wissen

Verbreiteten doxologischen, auch wissenschaftlichen Überzeugungen zufolge ist das Urteil über den ästhetischen Wert eines literarischen Werks entweder abhängig vom subjektiven Geschmacksurteil oder von den institutionalisierten Prozeduren der Wertung und Kritik (siehe Abschn. 3.4). So relevant und unbestreitbar diese Wertungspraxen sind – in unserem Zusammenhang interessiert eine darüber hinausgehende Problematik, bei der es um die Frage danach geht, welche in einem Werk enthaltenen außerästhetischen Relationen für Aussagen über seinen Wert relevant sind. Hier unterscheiden wir zwischen der literarischen Wertung in der Fülle ihrer Erscheinungsweisen, wie sie Gegenstand einer empirischen Literatursoziologie ist (siehe Abschn. 3.3), und dem Wert der Literatur, wie er im Blick auf ein einzelnes Werk als solcher feststellbar ist. Wir sind also auf der Suche nach etwas *im* Werk, das jenseits des Subjektivismus des Geschmacks und jenseits institutionalisierter normativer Kodifizierungen liegt.

5.3 Ästhetischer Wert im Spannungsgefüge ...

Dieses „Etwas" ist zu finden in drei Relationen von Literatur zu außerästhetischen Phänomenen: zu Idealen, Diskursen und Formationen des Wissens.

Mukařovský hat gezeigt, dass die Bestimmung des ästhetischen Werts als soziales Faktum über die ästhetische Funktion oder Norm nicht möglich ist, denn „der Bereich der ästhetischen Funktion ist weiter als der Bereich des ästhetischen Werts", und „die Erfüllung der Norm (ist) keine notwendige Voraussetzung des ästhetischen Werts" (Mukařovský 1970, S. 73). Das Problem des Werts ist davon unterschieden, und es lässt sich nicht durch den bloßen Hinweis auf die zweifellos vorhandenen historischen Umformungen ästhetischer Werte aus der Welt schaffen. Vielmehr geht es um die „Frage der Objektivität des ästhetischen Werts" (S. 81) – und zwar nicht in einem metaphysischen oder ästhetik-theoretischen Sinn, sondern im Hinblick auf seinen sozialen Charakter. Dabei handelt es sich „nicht um eine Erforschung der Beziehung zwischen dem konkreten Kunstwerk und dem konkreten Kollektiv, also um eine Soziologie der Kunst, sondern um eine allgemeingültige Gesetzmäßigkeit, die die Beziehung zwischen dem Kunstwerk als ästhetischem Wert überhaupt und irgendeinem Kollektiv sowie irgendeinem Mitglied eines beliebigen Kollektivs charakterisiert" (S. 84). Die erste Fragestellung, die unter dem Aspekt des Werts hier nicht interessiert, wäre zum Beispiel die der Cultural Studies (siehe Abschn. 8.3). Im Fall der zweiten führt der Weg über den Zeichencharakter der Kunst; an ihm haftet die besondere Relation, die Literatur zum Außerästhetischen unterhält und die schließlich den ästhetischen Wert begründet.

Gemeinhin stehen Zeichen für etwas anderes, auf das sie hinweisen, und haben die Funktion der Verständigung und Mitteilung. Es gibt athematische Künste, in denen diese Funktion weitgehend zurücktritt, zum Beispiel in der absoluten Malerei oder Musik, aber gerade für Literatur gilt, dass hier die Mitteilungsfunktion qua Sprache besonders zutage tritt. Allerdings verändert der Formcharakter der Literatur auch das Wesen der Mitteilung, weil qua Form die „ästhetische Funktion (…) über die mitteilende Funktion dominiert" (S. 86). Während reine Mitteilungen unter dem Aspekt ihrer Wirklichkeitsreferenz aufgefasst werden, ist das im Fall von Literatur nicht so (es sei denn um den Preis der Verkennung von Literatur). Freilich ist die Welt der literarischen Fiktionen nicht einfach nur Fiktion, ist nicht frei von Verhältnissen zur Wirklichkeit. Die Widerspiegelung sozialer Realitäten im Kunstwerk ist damit jedoch nicht gemeint, sondern die Erfahrung eines Lesers, dass zum Beispiel ein Roman ihm eine Vielzahl von Wirklichkeiten vorstellt, die für ihn eine existenzielle, wesentliche Bedeutung haben können. Für den Leser ist es auch nicht wichtig, ob Kleists Protagonist Michael Kohlhaas einer *war,* der tatsächlich so oder so gehandelt hat, sondern dass es einer *ist,* dessen Gerechtigkeitseifer ihn zum

Rebellen macht, der ganze Dörfer in Schutt und Asche legt. (Nebenbei: dies ist der Grund dafür, dass wir Inhaltsangaben von literarischen Werken nicht im Imperfekt, sondern im Präsens verfassen.) Der Kontakt, den ein literarisches Werk in diesem Sinne zur Wirklichkeit hat, besteht darin, dass es, statt Wirklichkeit qua Zeichen mitzuteilen, *Einstellungen* zur Welt und zur Wirklichkeit anzeigt. Dabei geht es um wesentliche Dinge: um Gerechtigkeit, Freiheit, Liebe, Tapferkeit, Rache, Sicherheit, Großmut, Güte, Gleichheit, Glück, Rebellion u. a. m. – also um Ideale und Idealverletzungen, die das Leben von Menschen in Gesellschaft und ihre Orientierungen an Werten auf wesentliche Weise betreffen.

Um den ästhetischen Wert objektiv zu begründen, nimmt Mukařovský den Weg über diesen besonderen Zeichencharakter des literarischen Kunstwerks, um schließlich „eine eigenartige und unerwartete Feststellung" zu machen: „Das Kunstwerk bietet sich letzten Endes als eine tatsächliche Ansammlung von außerästhetischen Werten dar und als nichts anderes als gerade diese Ansammlung." (S. 103) Das Kunstwerk kann – anders als der einzelne konkrete Mensch, der sich zu Wertentscheidungen genötigt sieht – eine Menge solcher außerästhetischer Werte aufnehmen, weil es eben nicht leben muss und eine Fülle möglicher Einstellungen zur Wirklichkeit anzeigen kann. Der ästhetische Wert eines Werks wird umso höher sein, „je zahlreicher das Bündel von außerästhetischen Werten ist, die das Gebilde an sich binden kann, und je mehr es ihm gelingt, ihr wechselseitiges Verhältnis zu dynamisieren" (S. 106).

Dieser ästhetische Wert ist ein eminentes soziales Faktum. Gesellschaftliche Kollektive orientieren ihre Wertentscheidungen an Idealen und machen zugleich die Erfahrung, dass ihre Werte und Ideale umstritten sind und in Konflikt miteinander geraten. Die konfliktuöse Spannung zwischen einer Vielzahl von außerästhetischen Werten beziehungsweise Idealen im literarischen Werk kommuniziert mit der gesellschaftlichen Erfahrung solcher Wertkonflikte. Wegen des Zeichencharakters formgebundener Sprache kann ein Werk von ästhetischem Wert diese Konflikte aber auf eine andere Weise darstellen und ausarbeiten als sie sich in den nicht-literarischen Mitteilungsweisen moralischer Traktate, ethischer Anweisungen zur Lebensgestaltung, politischer Ideologien oder religiöser Gebote zeigen. Der schützenden Ummantelung durch gattungsmäßig verfasste Redeweisen durchaus vergleichbar, können über die besondere Beziehung des Werks auf die Wirklichkeit verschiedenste wertmäßige Einstellungen zur Welt durchgespielt werden. Ästhetischer Wert ist keine Angelegenheit eines Harmonieideals der Schönheit oder eine von moralischen Werthierarchien, sondern ist als ein soziales Faktum im außerästhetischen „Etwas" gestalteter Wertantagonismen begründet.

Mit der Frage nach dem ästhetischen Wert von Literatur als Kunst sind die außerästhetischen Relationen, die *innerhalb* literarischer Werke angesiedelt sind, ins Blickfeld geraten. Diese Perspektive unterscheidet sich von einer über Gesellschaftstheorie vermittelten Relationierung von Literatur und Gesellschaft (vgl. Kap. 8). Über die von Mukařovský stark gemachte Beziehung von Literatur auf Werte und Ideale hinaus lassen sich noch andere Spielarten literaturinterner Bezüge zu außerliterarischen Phänomenen herstellen. Das sind zum einen Rede- und Diskursformen wie zum Beispiel Kollektivsymbole als Relationsgebiet, und zum anderen Gebiete des Wissens und seiner Ordnungen, die in Literatur verhandelt werden. In einer soziologischen Perspektive auf literarische Formen als ästhetische Gebilde geht es auch hier darum, welcher Art ihre Relationen zu außerästhetischen Phänomenen sind.

Man könnte sich in gewissem Sinne an die alte Nähe von Ästhetik und Rhetorik erinnert sehen, wenn Jürgen Link mit seiner „generativen Diskursanalyse" den Schwerpunkt auf die Untersuchung der Rede- beziehungsweise Diskursformen von Literatur legt. Links ausgeprägt szientifische Verfahrensweise der Literatursoziologie als Diskursanalyse ist inspiriert von den Schriften Michel Foucaults und seinen Untersuchungen der Geschichte von Denksystemen und der Regeln, die ihren Diskursen eine bestimmte Kontur geben. Der Begriff Diskurs wird auf sehr unterschiedliche Weisen verwendet, die hier nicht im Einzelnen dargelegt werden sollen (s. Karpenstein-Eßbach 1995a, b). Aber eine knappe Skizze des Unterschieds zwischen dem Diskursbegriff Foucaults und dem von Link ist hilfreich, um die Linksche Weiterentwicklung des Foucaultschen Diskursbegriffs für die Untersuchung von Literatur zu verstehen. Für Foucault hat „Diskurs" (discours) keinen empirischen Status in dem Sinne, dass er in einzelnen konkreten Aussagen tatsächlich vorliegen würde. Mit „Diskurs" ist bei Foucault vielmehr ein verschiedenen Aussagen zugrunde liegendes Regelsystem bezeichnet, das solchen Aussagen eine Ordnung gibt, sodass sie als wahr gelten können. So untersucht Foucault in *Die Ordnung der Dinge* die Gegenstandsfelder Arbeit, Leben und Sprache unter der Frage, nach welchen Regeln das Wissen von ihnen eine epistemologische Ordnung erhält, die sich in wissenschaftlichen Disziplinen niederschlägt. „Diskurse" in diesem Sinne sind wirksame, aber gleichsam verdeckte, abgedunkelte Spielregeln, die Ordnungen des Denkens und Wissens von Gegenstandsfeldern hervorbringen. Man könnte auch vom Unbewussten des Wissens und der Wissenschaften sprechen.

Literatur spielt bei einem so verstandenen Diskursbegriff kaum eine Rolle, und es gibt bei Foucault auch keinen „literarischen Diskurs". Bei Link hingegen hat Diskurs einen empirischen Status in Gestalt verschiedener, gesellschaftlich praktizierter Redeformen, zu denen auch die Besonderheit eines literarischen

Diskurses gehört. Im Blick auf diese empirischen Diskurse und deren generative Analyse „interessieren die Produktionsgesetze der Sinnbildung" (Link 1983, S. 10). Link orientiert sich dabei nicht am „semantischen Leitfaden (durch hermeneutische Sinnbildung)", weil Literatur – da sie alles zu ihrem Thema machen kann – „keine spezifische, nur ihr eigene materiale, thematische Substanz (besitzt)" (S. 30). Auf der Ebene von Thematiken kann man nicht die Regeln finden, nach denen literarische Diskurse produziert werden. Stattdessen geht es Link um die Logik und Dynamik von Interferenzen zwischen verschiedenen Aussageweisen.

Link unterscheidet verschiedene Diskursformen voneinander, um dann schließlich die Literatur als Relationsgefüge solcher Diskursformen zu bestimmen. Zunächst sind das die „anonym und kollektiv produzierten ‚literarischen' Formen alltäglicher und praktischer Diskurse", die als „elementare Literatur" (S. 9) bezeichnet werden. Dabei handelt es sich nicht um Phänomene der Trivial- oder Populärliteratur, sondern um einfache Formen wie Legende, Märchen, Witz, aber auch um „Sprachgebärden", „Diskursgesten", wie sie im Wortspiel, in metaphorischen Verschiebungen und der Verwendung von Symbolen zu finden sind. Solche „literarischen Halbfabrikate" finden sich beispielsweise in von Link zitierten Heiratsanzeigen: „Unverbrauchter, doch schon gereifter, kerniger ‚Rheinhessen' (sic) mit seelisch tiefem Charakter (…) sucht zur zweiten ‚Veredelung' einen blumigen, geistvollen Tropfen" (S. 28). Hier kommen verschiedene diskursive und nicht-diskursive Praktiken zusammen: der Weinbau und -handel mit dem dazugehörigen Spezialdiskurs, die Charakter- beziehungsweise Selbstdarstellung, die Partnersuche, und zwar so, dass der eine Praktikenbereich den anderen so strukturiert, dass Sinn zustande kommt. Eben dies leisten elementar-literarische Redeweisen, wenn sie verschiedene Spezialdiskurse integrieren.

Eben dies leistet auch die Literatur als Kunst, von Link als „institutionalisierte Literatur" bezeichnet, allerdings mit dem Unterschied, dass es hier keine praktischen Bezüge gibt, also zum Beispiel keine wirkliche Partnersuche eines wirklichen Menschen. Mit Mukařovský gesagt: der Zeichencharakter des literarischen Kunstwerks impliziert einen anderen Bezug auf Wirklichkeit; es handelt sich, so Link, um einen „neuen Typ von Bezügen zu anderen Praktiken": „Institutionalisierte Literatur entsteht dann, wenn der Rahmen des praktischen Diskurses, der sämtliche elementare Literatur trägt, fortfällt und die pragmatische Verankerung ebenfalls durch ein literarisches (rein diskursives) Verfahren ersetzt wird" (S. 30). Link fasst denn auch die institutionalisierte Literatur als gleichsam prominentes Spezialgebiet für einen „Interdiskurs" auf, der, der elementaren Literatur vergleichbar, andere gesellschaftliche Praktiken in sich integriert. „Das spezifisch Literarische wäre also *relationaler* Art, es läge – mit Freud gesprochen – im ‚Verdichten'

5.3 Ästhetischer Wert im Spannungsgefüge ...

oder ‚Verschieben', oder – wie Jakobson formulierte – in den metaphorischen und metonymischen Verfahren im weitesten Sinne" (S. 30).

Solche Verschiebungen, das Wandern von Metaphern und Symbolen finden sich besonders in dem, was Link als „Kollektivsymbole" bezeichnet. Das sind verdichtete, modellartige Anschauungsbilder, die kollektiv verankert sind. Häufig stammen sie aus bestimmten gesellschaftlichen Praxisbereichen und entsprechenden Spezialdiskursen wie zum Beispiel das Schiff als Verkehrsmittel. Im Prozess metaphorischer Verschiebung kann es zum „Staatsschiff" werden, etwas sein, mit dem man in den Hafen der Ehe einläuft oder Schiffbruch erleidet. Kollektivsymbole sind wesentliche Bestandteile elementar-literarischer Redeweisen, und „der institutionalisierte literarische Diskurs *verarbeitet* die disparat-flatternde Menge elementar-literarischer Parzellen, indem er (…) ihnen eine eigene literarische Kohärenz verleiht" (S. 62). All die Bildfelder kollektiver Symbole, wie sie in Alltagsdiskursen zu finden sind und die Erfahrungen und Weltdeutungen von Kollektiven orientieren, ragen in Literatur hinein. Als Kunstform fällt Literatur aber aus dem Rahmen praktischer Diskurse (s. Heiratsannoncen) heraus; sie kann kurrente, zuweilen an Stereotypien heranreichende Kollektivsymbole zum Gegenstand einer Problematisierung machen, sodass im Kunstwerk etwas bislang nicht Gesagtes oder Sagbares gesagt und sagbar wird. Auch in Links generativer Diskursanalyse ist das literarische Kunstwerk qua Form ein Ort von Ansammlungen. Mukařovský hatte es unter dem Aspekt seines Werts als Ansammlung außerästhetischer Werte bestimmt, die die Einstellungen zur Welt betreffen; mit Link lässt es sich als Ansammlung von Redeweisen bestimmen, die kollektiv-symbolische Anschauungs- und Sinnschemata betreffen. Bei allen ansonsten auch vorhandenen Verschiedenheiten zwischen beiden gibt es eine wesentliche Gemeinsamkeit: was sich da im Innern der literarischen Werke, in ihren Redeweisen ansammelt, das sind Phänomene außerästhetischer Gebiete und Beziehungen zu ihnen.

Schließlich interessiert im Blick auf den ästhetischen Wert von Literatur ein drittes Spannungsgefüge literarischer Formen zu außerästhetischen Phänomenen: das Verhältnis von Literatur und Wissen, dem sich zunehmend nicht nur Literaturwissenschaftler, sondern auch Literatursoziologen zuwenden, was sich ein Stück weit auch dem Verständnis gegenwärtiger Gesellschaften als Wissensgesellschaft verdanken mag. Das Verhältnis von Literatur beziehungsweise Kunst und Wissen hatte schon Hegel beschäftigt, als er mit der romantischen Kunstform das Ende der Kunst und ihren Übergang in das Wissen, gekrönt von der Philosophie, kommen sah (Hegel 1970, Bd. 14, S. 231 ff.). Hegels hellsichtige Perspektive, wonach die modernen Künste in einer „unendlichen Herumbildung" (S. 239) alles nur Mögliche zu ihrem Stoff und Gegenstand machen können, wenden wir um in eine literatursoziologische Perspektive auf die Beziehungen, die literarische Werke zu Gebieten des Wissens unterhalten. Dafür ist es nötig, die Rede von Wissen genauer zu fassen. Man könnte darunter allgemein Alltagswissen verstehen oder, ganz auf Literatur selbst bezogen, ein eigenes Wissen der Literatur, das sich, wegen seiner Einbettung in die Welt der Fiktion, von allem anderen Wissen unterscheidet. In der Soziologie literarischer Formen geht es um wissenschaftliches Wissen, wie es sich in einzelnen Disziplinen ausgearbeitet und konturiert findet, und darum, wie eben dieses Wissen im allgemeinen das Denken und die Auffassungen von den jeweiligen Gegenständen figuriert. So groß der Unterschied zwischen Literatur und Wissenschaft auch ist, weil diese mit der Unterscheidung von richtig und falsch operiert, jene aber nicht – was und wie etwas in literarischen Werken zum Gegenstand wird, kommuniziert auch mit den Logiken wissenschaftlicher Episteme (Dotzler et al. 2005). Wenn man dies in der Terminologie von Link formulieren will, so wäre Literatur als ein „Interdiskurs" aufzufassen, in dem sich Themen und Elemente aus Spezialdiskursen der Wissenschaften versammelt finden. Weil Literatur aber nicht mit der Unterscheidung von richtig und falsch arbeitet, kann sie einen Umgang mit wissenschaftlichem Wissen pflegen, der dieses Wissen auch zur Deutungsressource gesellschaftlicher Erfahrungen macht. Denn das, was in den Wissenschaften hervorgebracht wird, hat beachtliche Folgen sowohl für den sozialen Lebenszusammenhang wie für unsere Welt- und Selbsterklärungen.

Es gibt einen breiten Facettenreichtum von Beziehungen zwischen Literatur und Wissen, der sich in verschiedenen literarischen Formen niederschlägt. Wir finden sie zunächst in der Popularisierung von Wissenschaft, also in Schriften, die sich rhetorisch-literarischer Mittel bedienen, um wissenschaftliche Sachverhalte einer nicht wissenschaftlich geschulten Leserschaft zu vermitteln, wie das zum Beispiel Wilhelm Bölsche in seinem umfangreichen und viel gelesenen Buch über *Das Liebesleben in der Natur* gemacht hat. Eine kleine Passage über den Ichthyosaurus sei hier zitiert:

> Die Ichthyosaurier waren wenigstens zum Teil kolossale Tiere: bis zu zehn Metern Länge. Wenn ihre enorme senkrechte Schwanzflosse die Wellen peitschte im erotischen Sturm, so muß das kein schwächliches Schauspiel gewesen sein. Vielleicht haben die Männchen vorher erbitterte Kämpfe um den Besitz des Weibchens geführt, wie es heute noch unsere kleinen Zauneidechsen an grüner Frühlingshalde treiben, die sich gegenseitig zu regelrechtem Zweikampf stellen und nicht eher ruhen, bis möglichst einem der beiden Rivalen das zierliche Eidechsenschwänzchen abgebissen ist. Dort müssen das allerdings Kämpfe gewesen sein, bei denen das Meer wie vom biblischen Leviathan ‚siedete wie ein Topf' (Bölsche 1898, S. 83).

In diesem Fall wird die ästhetische Funktion von der pädagogischen Funktion der Wissensvermittlung dominiert und die literarisierte Redeweise hat einen wissenschaftlichen Wahrheitsanspruch. Anders verhält es sich bei Romanen, die zum Beispiel die Finanz- beziehungsweise Wirtschaftskrise der Gegenwart oder den Klimawandel zu ihrem Thema machen. Keine Leserin wird sie mit dem primären Ziel zur Hand nehmen, sich wissenschaftliche Aufklärung über Sachverhalte zu verschaffen, vielleicht aber dennoch gerade deshalb, weil sie die Sache interessiert oder ihr gar auf den Nägeln brennt. Was die Redeform des Romans hier insbesondere leistet, das ist eine Subjektivierung und Personalisierung eines wissenschaftlichen Wissens durch seine Perspektivierung in der Sicht von Protagonisten des Romans. Was Sache der Wissenschaft ist, wird hier in das Erleben gesellschaftlich relevanter Angelegenheiten durch Romanfiguren und ihre Aussagen transformiert. Fachwissen wird dann gleichsam mit einem gesellschaftlichen und wirklichkeitsbezogenen Erfahrungsanker subjektiver Art versehen. Solche Erfahrungsbindung muss aber nicht zwingend die Relation von Literatur und Wissen tragen, wie am Beispiel von Science-Fiction-Romanen deutlich wird. Häufig verfasst von Natur- und Technikwissenschaftlern, werden Zukunftsentwürfe aus wissenschaftlichem und technischem Wissen extrapoliert. Fiction in Verbindung mit Wissen begründet hier Prognostik, deren Realitätsgehalt sich nicht selten später herausgestellt hat (siehe Clarke 1984).

In diesen genannten Spielarten der Literatur-Wissen-Verbindung ist evident, dass sich Spezialwissen in den literarischen Werken findet und der Leser wie die Literatursoziologin recht mühelos darauf stoßen. Aber diese Evidenz ist nicht immer gegeben. Wahrscheinlich lassen sich sogar die meisten literarischen Werke lesen, ohne dass man an ein in ihnen angesammeltes Wissen denkt oder davon etwas merkt, weil sie als ästhetische Gebilde einen eigenständigen Formcharakter von Abgeschlossenheit haben und wir geneigt sind, sie auch als solche zu lesen. Einen anderen Komplexitätsgrad gewinnt die Literatur-Wissen-Relation zum Beispiel im Fall des Themas Krebs in der Literatur. Die Krankheit wird als Einzelschicksal literarisiert, und dies geschieht in Abhängigkeit von den Ergebnissen der wissenschaftlichen Erforschung dieser Krankheit (siehe Karpenstein-Eßbach 2006). Eben dies zeigt sich nicht in spontaner Evidenz am Werk selbst. Angesichts der unterschiedlichen Behandlung von Krebs in der Literatur kann man sich fragen, ob es sich überhaupt bei der Krankheit dieses Namens um eine Identität des Phänomens handelt. Tatsächlich unterliegt das Verständnis von dieser Krankheit außerästhetisch einem sich verändernden medizinischen Erklärungsgeschehen, das sich in der Krebs-Literatur wiederfinden lässt. So wird das Krankheitsparadigma der psycho-somatischen Krebserkrankung abgelöst von einem Verständnis, wonach es sich um eine Kommunikationspathologie und einen Kontrollverlust innerhalb zellulärer Prozesse handelt. Solchen Veränderungen in wissenschaftlichen Erklärungen und literarischen Deutungen von Objekten des Wissens kommt man nur auf die Spur, wenn man neben der Literatur auch wissenschaftliche Spezialdiskurse heranzieht. Der „Interdiskurs" ist dann nicht von vornherein im literarischen Werk angesiedelt, vielmehr wird „Interdiskursivität" erst hergestellt, indem sich eine literatursoziologische Untersuchung in das literarische Außen von Spezialdiskursen begibt. Niemand muss Gottfried Benns Rönne-Prosa mit dem Titel *Gehirne* mit der zeitgenössischen Phrenologie in Beziehung bringen – aber Literatursoziologen sollten dazu in der Lage sein, um zu untersuchen, was Literatur mit außerliterarischem Wissen und was dieses Wissen mit Literatur macht. Im Fall dieses letzten Beispiels für das vielfältige Spektrum dieser Relationen könnte man mit Literatur schließlich erfahren, „was es bedeutet, das Ich in das Hirn zu setzen" (Breidbach 2004, S. 332).

Ideale, Diskurse und Wissen sind drei wesentliche Gebiete, auf denen sich Gesellschaften über sich selbst verständigen und sich ihre Orientierungen geben. Diese außerästhetischen Phänomene werden in literarischen Werken verhandelt und bearbeitet. Unter dem Schutzmantel literarischer Formen können sie dies aber auf eine besondere Weise, weil ihr Formcharakter sie im besten Sinne zu reflektieren erlaubt und das Gebiet des Sagbaren über das geläufiger und konventioneller Weise Gesagte hinaus erweitert.

5.4 Anwendungsbeispiel: Das Drama *Bambiland* von Elfriede Jelinek

Zur Veranschaulichung dient uns hier ein Theaterstück von Elfriede Jelinek mit dem Titel *Bambiland* (UA 2003). Dieser Titel lässt an die Idylle des Waldes und an die friedliche Eintracht einer grasenden Rotwildfamilie mit dem Schützling in ihrer Mitte denken. Vielleicht fällt der einen oder dem anderen auch ein, dass es einen Walt-Disney-Film namens „Bambi" gibt. Tatsächlich handelt das Stück vom Irak-Krieg. Wer ins Theater geht, ohne sich über das Stück informiert zu haben, könnte sich angesichts seines Titels in seiner Erwartungshaltung zumindest irritiert sehen. Das Stück irritiert aber auch in anderer Hinsicht durch seine Form. Gemeinhin erwarten wir von einem Drama, dass sich im vom Zuschauerraum abgegrenzten Fiktionsraum der Bühne ein konfliktuöses Geschehen in der Konfrontation der *dramatis personae* entfaltet. *Bambiland* hingegen hat einen namenlosen Sprecher, der fortlaufende Text wird ausschließlich durch Absätze gegliedert, eine Konfrontation von Akteuren auf der Bühne nach dem Modell des Dialogs findet nicht statt. Da die Sprecher-Rolle vollständig

5.4 Anwendungsbeispiel: Das Drama *Bambiland* von Elfriede Jelinek

entindividualisiert ist, könnte man den Text auch auf viele Sprecher verteilen, ohne dass dabei aber eine kollisionsträchtige Handlung im Sinne standardisierter Dramenform zustande käme. Stattdessen handelt es sich um die monologische, aber zerlegbare Rede eines *embedded writers* über den Irak-Krieg. Diese Form des Stücks bricht mit dominanten Normen des Dramas, aber sie knüpft zugleich an eine alte Tradition an: die des antiken Boten in der Tragödie, der über ein Geschehen berichtet. „Ich künd es euch", verkündet die Stimme dem Theaterpublikum – so als ob sie Nachrichten sprechen würde (Jelinek 2004, S. 21).

Jelinek nimmt für ihr Stück eine gesellschaftlich und auch literarisch vertraute Redeweise, den Bericht, in Anspruch, um sie gegen ihren normalen Gebrauch zu wenden; die Nachricht erhält so ihren Platz im Theater. Der Bruch mit der dominanten Dramennorm zeigt: das dramatische Geschehen findet nicht auf der Bühne selbst, sondern woanders statt. Die Verfasserin des Dramas ist keine Stifterin von Reden erfundener Personen. In der Vorrede zum Stück heißt es nach einem „Dank an Aischylos und die ‚Perser'" sowie an Nietzsche: „Der Rest ist aber auch nicht von mir. Er ist von schlechten Eltern. Er ist von den Medien" (S. 15).

Jelinek verwendet Nachrichtenmaterial, um Nachrichten vor- und aufzuführen. Die außerästhetische Funktion von Nachrichten als Information wird in eine ästhetische Funktion verwandelt, sodass die Nachricht zum Gegenstand besonderer Aufmerksamkeit gemacht werden kann. *Bambiland* integriert andere gesellschaftliche Diskurse und bestimmte Formen des Wissens, entzieht ihnen aber den pragmatischen Rahmen, in dem sie ansonsten verankert sind. Zum theatralen Interdiskurs, der durch diese Materialverwendung entsteht, kommen spezifische rhetorische Mittel der Bedeutungsverschiebungen hinzu. Die Nachrichten über den Irak-Krieg, wie sie in den Medien zu finden sind, werden nicht kurzerhand abgebildet. So heißt es über den Bombenkrieg:

> Den Weg geht das Geschoß geschickt, ich meine, es ist sowieso geschickt, auch wenn wir es geschickt haben, also es geht es geht mit hoher Genauigkeit und Unterschallgeschwindigkeit, das macht es, damit Sie ihm folgen können, also das geht über mehr als 1600 Kilometer hinweg ins Ziel, wohin es geführt wurde, an keiner Mutter Hand, zu einer Mutter Hand, der reißt es das Kind aus dem Arm und die Wäsche aus dem Korb (...) und alles ins Ziel, treulich geführt, ins Ziel. Konventionell bestückt können 50 bis 200 Kilometer, äh, ich meine Kilogramm Sprengstoff, transportiert werden (S. 63).

Hier findet sich eine kunstvolle Zusammenstellung verschiedener Elemente: der Doppelsinn von „geschickt" wird evoziert; „an (k)einer Mutter Hand" oder „zu einer Mutter Hand" zu gehen, ist ein anrührendes Bild; die Wendung „treulich geführt" stammt aus der Hochzeitsszene von Richard Wagners Oper *Lohengrin*, deren Melodie in Bürgerwohnungen tausendfach gespielt wurde und wird und die man sich heute bei youtube anhören kann. Natürlich redet kein Nachrichtensprecher so, und täte er es, so würde er entlassen, weil er seine Sätze nicht in der gebotenen Ordnung und dem pragmatischen Rahmen formuliert hat, die den Aussagen ihre gewöhnliche Eindeutigkeit geben, während sich in der Rede des Theater-Boten die Abgründe von Bedeutungen auftun, die das hat, wovon berichtet wird. So sehr *Bambiland* auf die außerästhetische Funktion von Nachrichten rekurriert, so sehr wird diese doch von der ästhetischen Funktion literarischer Redeweisen und ihren rhetorischen Mitteln dominiert.

Der Bote, der *embedded journalist,* hat in *Bambiland* eine Monopolstellung mit seinem Monolog inne. „Hier spreche ich", heißt es (S. 73). Man könnte fast meinen, es sei die Stimme eines einsamen lyrischen Ich, dem das Theaterpublikum lauschen soll. Aber diese seine Rede (oder die von mehreren Personen – das ist eine Angelegenheit der jeweiligen Inszenierung) drängt über die Bühne hinaus und geht zum Angriff auf das Publikum über. Auch dies darf man als Normbruch verbuchen. Der Bote wendet sich direkt an das Publikum und erklärt ihm den Krieg:

> Jeder einzelne von Ihnen wird von uns jetzt als Gegner betrachtet, bis sich herausgestellt hat, daß er unser Freund ist. Wir wollen uns doch die Vorteile nicht entgehen lassen, die darin liegen, daß wir mit unserer Überlegenheit gewonnen haben diese Stadt trotz heftiger Gegenwehr. Sie haben vollkommen richtig gehandelt, als Sie die sieben Frauen und Kinder im Kleinbus erschossen haben, das wollte ich Ihnen bei dieser Gelegenheit noch einmal ausdrücklich mitteilen (S. 48 f.).

Die Kriegsfront entsteht im Theater selbst, und die „Kriegserklärung" hat ein doppeltes Gesicht: dem Publikum wird der Krieg erklärt, indem es als Feind angeredet wird, und ihm wird der Krieg in dem Sinne erklärt, dass es über das, was dieser Krieg „ist", Bescheid weiß. Ihm werden Verhaltensanweisungen und Befehle erteilt, als ob es sich selbst im Krieg befände. Der boshafte Beschuss von Zuschauern bringt einen Stellungskrieg ins Theater, der das Publikum zur Stellungnahme herausfordert. Im Verlauf des Stückes steigert sich der Botenbericht zunehmend zu einer aggressiven Anklage, die das Theater als moralische Anstalt auf die Spitze treibt und gesellschaftliche Wertorientierungen, Einstellungen zur Wirklichkeit, also außerästhetische Werte anzeigt und verhandelt. Wollte man den ästhetischen Wert hier bestimmen, so gewinnt er in diesem Stück seine besondere Gestalt durch einen formalen Normbruch, der die konfliktuöse Dynamik außerästhetischer Werte von ihrer Darstellung in der Geschlossenheit des Bühnengeschehens verlagert in die sozialen Beziehungen zwischen Bühne und Publikum.

Literatur

Benjamin, Walter. 1974. Das Kunstwerk im Zeitalter seiner technischen Reproduzierbarkeit. In *Gesammelte Schriften*, Bd. I.2. Abhandlungen, Hrsg. Rolf Tiedemann, Hermann Schweppenhäuser, Frankfurt a. M.: Suhrkamp.

Bölsche, Wilhelm. 1898. *Das Liebesleben in der Natur*. Florenz: Diederichs.

Breidbach, Olaf. 2004. Das Selbst im Schädelinnenraum. Gottfried Benns „Gehirne" und die Hirnforschung nach 1900. In *„Scientia poetica". Literatur und Naturwissenschaft*, Hrsg. Norbert Elsner und Werner Frick, 317–334. Göttingen: Wallstein.

Clarke, Arthur C. 1984. *Profile der Zukunft. Über die Grenzen des Möglichen*. München: Heyne.

Dotzler, Bernhard, und Sigrid Weigel. 2005. *„fülle der combination". Literaturforschung und Wissenschaftsgeschichte*. München: Fink.

Fröhlich, A. J. Peter. 1982. Reaktionen des Publikums auf Vorführungen nach abstrakten Vorlagen. In *Sinn aus Unsinn. Dada International*, Hrsg. Wolfgang Paulsen und Helmut G. Hermann, 15–28. Bern: Francke.

Fuhrmann, Manfred. 2003. *Die Dichtungstheorie der Antike. Aristoteles – Horaz – ‚Longin'. Eine Einführung*. Düsseldorf: Artemis und Winkler.

Goldmann, Lucien. 1970. *Soziologie des modernen Romans*. Berlin: Luchterhand.

Hegel, Georg Wilhelm Friedrich. 1970. *Vorlesungen über die Ästhetik. Werke in zwanzig Bänden. Vorlesungen über die Ästhetik*, Bd. 13, 14, 15. Frankfurt a. M.: Suhrkamp.

Jelinek, Elfriede. 2004. *Bambiland*. Reinbek: Rowohlt.

Karpenstein-Eßbach, Christa. 1995a. *Medien – Wörterwelten – Lebenszusammenhang. Prosa der Bundesrepublik Deutschland 1975–1990 in literatursoziologischer, diskursanalytischer und hermeneutischer Sicht*. München: Fink.

Karpenstein-Eßbach, Christa. 1995b. Zum Unterschied von Diskursanalysen und Dekonstruktionen. In *Flaschenpost und Postkarte. Korrespondenzen zwischen Kritischer Theorie und Poststrukturalismus*, Hrsg. Sigrid Weigel, 127–138. Köln: Böhlau.

Karpenstein-Eßbach, Christa. 2006. Krebs – Literatur – Wissen. Von der Krebspersönlichkeit zur totalen Kommunikation. In *Epochen/Krankheiten. Konstellationen von Literatur und Pathologie*, Hrsg. Frank Degler und Christian Kohlroß, 233–264. St. Ingbert: Röhrig.

Karpenstein-Eßbach, Christa. 2013a. *Deutsche Literaturgeschichte des 20. Jahrhunderts*. München: Fink.

Karpenstein-Eßbach, Christa. 2013b. Ist literarischer Realismus entpolitisierbar? Historische Stationen eines Begriffs. In *Entsagung und Routines. Aporien des Spätrealismus und Verfahren der frühen Moderne*, Hrsg. Moritz Baßler 387–411. Berlin: de Gruyter.

Koopmann, Helmut. 1997. *Deutsche Literaturtheorien zwischen 1880 und 1920*. Darmstadt: Wissenschaftliche Buchgesellschaft.

Link, Jürgen. 1983. *Elementare Literatur und generative Diskursanalyse*. München: Fink.

Mukařovský, Jan. 1970. Ästhetische Funktion, Norm und ästhetischer Wert. In *Kapitel aus der Ästhetik*. Frankfurt a. M.: Suhrkamp.

Weimar, Klaus. 1993. *Enzyklopädie der Literaturwissenschaft*. Basel: Francke.

Zima, Peter. 1980. *Textsoziologie. Eine kritische Einführung*. Stuttgart: Metzler.

Theoriebildung II: Soziologie des literarischen Geschmacks 6

Das im vorangegangenen Kapitel zur Illustration einer Soziologie der literarischen Formen herangezogene Drama *Bambiland* von Elfriede Jelinek trifft, so darf vermutet werden, nicht jedermanns Geschmack. Anders aber als bei einer Speise wie etwa der Miso Suppe wird bei der Äußerung des literarischen Geschmacksurteils eine Begründung erwartet. Erwünscht ist eine differenzierte Urteilsfähigkeit, wie sie die Hermeneutik zu einem Ideal erhebt, nach dem jeder zu streben habe. Doch strebt zum einen nicht jeder nach diesem Ideal und lassen sich zum anderen selbst innerhalb der Gruppe von Kennern der Literatur erhebliche geschmackliche Differenzen beobachten. Die Fragen, wie sich Geschmacksbildung überhaupt vollzieht und inwiefern diese, zumal als literarische, nicht nur ein subjektives Vermögen, sondern auch eine soziale Tatsache ist, gehören dann auch zu den zentralen Problemstellungen einer um die Klärung des Verhältnisses zwischen Literatur und Gesellschaft bemühten Literatursoziologie.

Das vorliegende Kapitel versucht sie beantworten, indem es zunächst die ästhetischen Grundlagen der Geschmacksforschung vorstellt, dann den Entstehungskontext der Geschmackssoziologie skizziert und anschließend mit Levin L. Schückings „Literaturgeschichte und Geschmackgeschichte" (1913) und Pierre Bourdieus *Die feinen Unterschiede* (1979/dt. 1987) den Beginn und das vorläufige Ende des Versuchs der Theoriebildung der Geschmackssoziologie ausführlich vorstellt. Abschließend wird am Beispiel des literarischen Kitsches die Akzentverschiebung innerhalb der literarischen Geschmacksforschung illustriert.

6.1 Ästhetische Grundlagen

Hätten alle denselben Geschmack, gäbe es nicht einmal einen Begriff desselben. Andererseits: Hätte jeder einen eigenen, unvergleichlichen Geschmack, so wäre es aufgrund mangelnder intersubjektiver Relevanz gleichfalls nicht zu einer Begriffsbildung gekommen. Geschmack trennt und verbindet gleichermaßen, ja Geschmacksurteile werden regelrecht zum Zwecke der sozialen Abgrenzung beziehungsweise Anlehnung eingesetzt, und dies auch und gerade im Fall des eng an den Sozial- und Bildungsstatus gebundenen literarischen Geschmacks. Veranschaulichen lässt sich dies mit einem kurzen Blick in die Begriffsgeschichte: Bereits weit vor dem Aufkommen explizit geschmackssoziologischer Fragestellungen finden sich Schriften, die sowohl die soziale wie auch die literaturästhetische Bedeutung des Geschmacks klar herausstellen.

Ein zentrales Beispiel dafür ist die für die Verbreitung des neuzeitlichen Geschmacksbegriffs maßgebliche Schrift *Oraculo Manual* (1647) des spanischen Schriftstellers Baltasar Gracián. In ihr wurden drei Funktionen des Begriffs genannt und näher erläutert (Illing 2006, S. 36–37): Die erste Funktion besteht laut Gracián darin, als Richtschnur eines glücklichen Lebens zu dienen, das heißt eines Lebens, welches insofern als glücklich gelten kann, als es sowohl um die eigene Individualität als auch um die Relativität derselben weiß. Dieses verleiht dem Träger des Geschmacks die nötige Skepsis oder auch Illusionsfreiheit, welche die Einsicht in die eigene Individualität gewissermaßen relativiert und so eine maßvoll individualistische Lebenspraxis ermöglicht. Konzentriert sich die erste Funktion des Geschmacks als Leitfaden eines geglückten Lebens noch wesentlich auf den Einzelnen, so bewegt sich die zweite Funktion schon in den Bereich des Sozialen. Auch hier handelt es sich um eine Art Richtschnur, nur ist der Geschmack nun die praktische Fähigkeit, in der Gesellschaft zu bestehen und sich angenehm zu machen. Weil das Individuum notwendig in Gesellschaft lebt, so die Annahme, bedarf es der Kunst zu gefallen. Geschmack ist hier ganz auf Wirkung ausgerichtet, wobei (noch) selbstverständlich davon ausgegangen wird, dass die Wirkung eine positive zu sein hat, der zur Schau gestellte Geschmack sich also nach den Präferenzen der Mehrheit beziehungsweise des großen Publikums zu richten habe.

Gleiches gilt für die dritte, sich explizit auf die literaturästhetische Bedeutung des Geschmacks beziehende Funktion. Auch hier geht es um die Fähigkeit zu gefallen, was hinsichtlich der Literatur meint, eine beidseitige, Autor- und Leserschaft verbindende geistige Lust zu erzeugen. Auch hier aber, und dies ist in unserem Zusammenhang besonders bemerkenswert, verbindet der Geschmack ebenso wie er trennt, denn während es zur geistigen Lusterzeugung einer gewissen geschmacklichen Übereinstimmung aufseiten des Autors und des Lesers bedarf, so erweist sich der eigentliche literaturästhetische Geschmack laut Gracián erst in dem Moment, in dem der Autor etwas Neues, von der vorherrschenden literarischen Norm Abweichendes hervorbringt, das als solches auch vom Leser gewürdigt wird. Geschmack wird demnach, wenngleich implizit, an eine gewisse literarische Kennerschaft auf beiden Seiten sowie an einen überindividuellen literarischen Geschmack gebunden. Denken wir zurück an *Bambiland,* so könnten wir unter Berufung auf Gracián sagen, dass Jelinek etwas schrieb, das allein den Geschmack jener Leser trifft, bei denen es, eben weil sie die Abweichung als solche erkennen und mithin die künstlerische Freiheit der Autorin anerkennen, geistige Lust erzeugt. Eine Übereinstimmung des Geschmacks bestände demnach selbst noch in den Fällen, in denen es ganz offenkundig nicht um das Bedürfnis geht, durch Literatur Gefallen hervorzurufen. Wenn überhaupt, so ließe sich von einem verbindenden Gefallen an der Abweichung oder dem Normbruch selbst sprechen, doch greifen wir damit bereits weit in die Geschichte der Literatur, ihrer Kritik und ihrer Soziologie vor.

Tatsächlich spielt die Literaturkritik in der Geschmacksdiskussion eine wichtige Rolle, und dies seit dem 18. Jahrhundert (Brückner 2003, S. 13–56). So kreisen der Züricher Literaturstreit und die sich an ihm entzündenden kritischen Streitschriften zur Verbesserung des deutschen Geschmacks um ein Problem, das sich daraus ergab, dass die Kritik einerseits Individualisierung anerkannte und diese auch durchaus wünschte, sie andererseits aber allein aus Gründen der Selbstlegitimation nur begrenzt zulassen konnte, da andernfalls unzählige Geschmacksurteile gleichberechtigt nebeneinanderstehen würden, ohne dass sich diese ihrerseits noch einer übergeordneten Kritik unterziehen ließen. Die Lösung des Problems sah man in einem freiwilligen Konsens des guten Geschmacks, was wiederum heißt, dass man den Anspruch auf rationale Begründbarkeit, wie ihn etwa der Aufklärer und Literaturtheoretiker Johann Christoph Gottsched noch hatte, aufgab, ohne aber den Anspruch auf Allgemeingültigkeit fallenzulassen. Zum eigentlichen Theoretiker der Konzeption eines freiwilligen Konsenses des guten ästhetischen Geschmacks wurde Immanuel Kant, dessen *Kritik der Urteilskraft* (1790/1793) sowohl den Höhepunkt wie auch das vorläufige Ende des philosophisch-ästhetischen Geschmacksdiskurses markiert.

Auch hier lohnt es sich, kurz genauer hinzuschauen: Kant attestiert dem Geschmacksurteil eine Begriffslosigkeit, aufgrund derer das Geschmacksurteil ausdrücklich von ethischen und erkenntnistheoretischen Urteilen abgegrenzt – und letztlich aus der Wissenschaft verabschiedet wird. Von daher könnte man sagen, dass die uns weiter unten näher beschäftigende, um 1900 mit der Literatursoziologie emergierende Soziologie des literarischen Geschmacks einen Faden wieder aufnimmt, der hundert Jahre vorher im Diskursraum liegen gelassen wurde. Das Ende des Fadens aber ragte verlockend empor, denn die Verabschiedung des Geschmacksproblems um 1800 kann als eine eher halbherzige oder zumindest mit erheblichem Begründungsaufwand vollzogene gelten. Inwiefern? Kant unterscheidet grundsätzlich zwischen „Sinnen-Geschmack" und „Reflexions-Geschmack" und schreibt letzterem durchaus ein ästhetisches Urteil mit Anspruch auf allgemeine Gültigkeit zu. Dass dieser Geltungsanspruch überhaupt erhoben werden kann, ist in der Annahme eines *sensus communis* begründet. Gewissermaßen die erste und dritte Funktion des Geschmacks nach Gracián kombinierend, geht Kant von der Existenz eines gemeinschaftlichen Sinnes- und Beurteilungsvermögens aus, welches sich darin erweist, dass der Mensch die Möglichkeit reflektiert, andere könnten zu einem anderen Urteil kommen, und auf der Grundlage dieser Einsicht sein eigenes Urteil modifiziert (freiwilliger Konsens des guten Geschmacks). Der Gemeinsinn – ein soziales Konstrukt – führt zu einem Paradox: Das Subjektive erhebt Anspruch auf inter-subjektive Geltung und erschafft so den Raum des Subjektiv-Allgemeinen.

Was recht abstrakt klingt, erweist sich in der Folge als die eigentliche Hinterlassenschaft der philosophischen Ästhetik für die Geschmackssoziologie. Wenn, wie Kant annimmt, dem ästhetischen Urteil einerseits ein unmittelbares, individuelles sinnliches Empfinden und andererseits ein Eingedenken der Empfindungen anderer zugrunde liegen, so haben wir es beim Geschmack mit einem ebenso individuellen wie sozialen Phänomen zu tun. Entscheidend ist dabei, dass die Überzeugung, das eigene ästhetische Empfinden sei von objektiver Geltung, von Kant (wie bereits von Gracián) klar als Illusion benannt wird. Zwar nimmt die Annahme eines Gemeinsinns die so vollzogene Relativierung des ästhetischen Geschmacksurteils ein Stück weit zurück, doch ist der ästhetische Gemeinsinn unmissverständlich ein inter-subjektives, ja diskursives und mithin soziales Gebilde. Der Anspruch auf Allgemeingültigkeit richtet sich an der Mitteilbarkeit – also dem kommunikativen und mithin eminent sozialen Moment – des Geschmacksurteils auf. Auch wird mit der *Kritik der Urteilskraft* das Wissen um die Macht der Anderen im Prozess der ästhetischen Urteilsfindung deutlich herausgehoben. Insofern ließe sich aus heutigem Verständnis sagen, dass Kant den Geschmacksbegriff nach intensiver geistiger Beschäftigung aus der Erkenntnistheorie und damit aus dem Zentrum der Wissenschaft verwiesen hat, ihn gleichwohl aber in extrapolierter Form im Raum der Ideen- und Begriffsgeschichte hinterließ – und für eine Erkenntnis des Sozialen aufbereitete.

Wenn der Geschmacksbegriff in der unmittelbaren Nachfolge der Aufklärung zunächst ganz unterzugehen schien, so dies nicht zuletzt aufgrund einer Ästhetik der Romantik, die jede individuelle Äußerung als einzigartige, ihre Gesetze und ihre Maßstäbe in sich selbst tragende ansah (Hauser 1973, S. 672). Mit der

6.1 Ästhetische Grundlagen

Romantik schien wahr zu werden, was Teile der Literaturkritik im 18. Jahrhundert befürchtet hatten: Allein das einzelne Subjekt wurde zur Quelle der Regeln der (je eigenen) Kunst erklärt. Jeder Suche nach objektiven oder konventionellen Wertmaßstäben erteilte man eine Absage. Wege zum guten Geschmack, wie sie der Schweizer Philologe Johann Jakob Bodmer im Züricher Literaturstreit noch über Erziehung und Reflexion einer dünnen, kunstbeflissenen bürgerlichen Schicht weisen wollte, wurden damit ebenso hinfällig wie jene, die auf das Vergnügen eines breiten Publikums und mithin auf einen ästhetischen Mehrheitskonsens setzten. Gleichwohl aber verlor der Geschmack mit der Romantik nicht seine Bedeutung für das ästhetische Urteil. Der Geschmacksbegriff verschwand nicht, sondern wurde in sich dynamisch (Illing 2006, S. 49), und es ist diese Dynamisierung des Geschmacksbegriffs, welche – neben Kants *sensus communis* – eine Literaturbetrachtung evozierte, in der nicht länger nach Möglichkeiten des Ausgleichs oder gar der Homogenisierung gesucht wurde, sondern die den Widerstreit der Geschmacksurteile als Erbe der Moderne akzeptierte und zu einem Verständnis der Wechselwirkung widerstreitender Vorstellung des Schönen und Guten zu gelangen versuchte. Anders formuliert: Die von der vorsoziologischen Theorie herausgestellte gesellschaftsstiftende Funktion des Geschmacks und die von der Romantik nachhaltig beförderte Dynamisierung des Raums ästhetischer Geschmacksurteile bilden die Grundlagen einer Soziologie des literarischen Geschmacks, die die Rolle der Anderen sowie die Bedeutung der Mitteilbarkeit beziehungsweise der Kommunikation für Geschmacksbildungsprozesse näher zu bestimmen und so das dynamische Geflecht wechselseitiger Reflexionen der Vorstellungsarten zu entflechten bemüht ist.

Bevor wir aber zur Entstehung der eigentlichen Geschmackssoziologie kommen, sei kurz an einen zentralen Punkt erinnert: Uns geht es um Literatursoziologie. Literatur nimmt, wo sie in den Raum der Kunst hineingerechnet wird, eine Sonderstellung ein, da sie, anders als Malerei oder auch Musik, nicht unmittelbar wirkt, sondern aufgrund ihrer Gebundenheit an Schrift (und den Akt des Lesens) einen Gegenstand ausmacht, der an sich die Unterscheidung zwischen „Sinnen-Geschmack" und „Reflexions-Geschmack" unterläuft. Kants Voraussetzung, dass das Schöne ohne Begriff unmittelbar gefällt, kann, ganz ungeachtet der ohnehin erläuterungsbedürftigen Definition des Schönen, nur sehr begrenzt auf eine Literatur angewendet werden, die, eben als Sprache, und darin nicht anders als ästhetische (oder soziologische) Texte, immer schon auch auf Mitteilbarkeit rekurriert und insofern selbst ein Reflexionsmedium ist. Die Lust, die laut Kant im freien Spiel der Erkenntniskräfte entsteht, ist im Fall der Literatur allein insofern mitteilbar, als sie auf der anthropologischen Disposition des Menschen, eben der Sprache, beruht. Die Romantik, zumeist verstanden als Schöpferin der

Ich-Lehre, wusste das übrigens nur zu gut, und es hieße, die Ironie der Ideengeschichte zu übersehen, wollte man der von der Romantik kollektiv und wohlweislich im Reflexionsmedium der Literatur betriebenen Absolutsetzung des Individuums uneingeschränkt folgen.

6.2 Entstehungskontext: Massenkultur und Geschmacks(ver)irrungen

Mit den Anfängen der Soziologie der literarischen Geschmacksbildung verlassen wir die Ebene des ästhetischen Geschmacksdiskurses um 1800 und springen zur nächsten Jahrhundertwende. Zu rechtfertigen ist dieser Sprung mit der historischen Tatsache, dass der Umfang der Literatur zum Thema Geschmack nach Kant spürbar abnimmt (Brückner: S. 55) und zumindest in Deutschland erst nach 1900 wieder eine rege Diskussion um den Geschmack einsetzt (Illing: S. 69–71). Dort waren erst nach der Reichsgründung 1871 die kulturellen Folgen des Kapitalismus und der Beginn einer Massenkultur spürbar, an denen sich die Auseinandersetzung zwischen dem guten Geschmack einer bildungsbürgerlichen Schicht und dem auf das Vergnügen setzenden breiten Publikum (erneut) entzünden konnte. Auch bezüglich der Anfänge einer Soziologie der literarischen Geschmacksbildung sind wir damit auf jene Zeit um 1900 verwiesen, von der im ersten Kapitel des Lehrbuchs gesagt wurde, dass in ihr das Gesellschaftliche an und in der Literatur überhaupt erst entdeckt wurde, und dies genau da, wo sich die moderne Gesellschaft konstituierte: in den europäischen Metropolen des 19. Jahrhunderts. Eben weil sich in Großstädten wie London, Paris oder auch Berlin nicht nur die politische Macht, das Kapital und die Kultur konzentrierten, sondern sich mit der wachsenden Industrialisierung und Massengesellschaft auch neue Geschmacksschichten ausbildeten, tauchte parallel zu den gesellschaftlichen Spannungen (Stichwort: soziale Frage) eine im Geschmacksdiskurs verhandelte kulturelle Frage auf. Mit der sozialen Frage, verstanden als diskursiver Ausdruck einer Gesellschaft, die sowohl differenziert wie sich auch ihrer eigenen Differenziertheit bewusst ist, korreliert somit eine kulturelle Frage, die, von den fortlaufenden Differenzierungsprozessen der modernen Gesellschaft angetrieben, qua kultureller Distinktion in die soziale Frage eingreift.

Insbesondere während der Gründerzeit traten vordem nur latent existierende Zusammenhänge deutlich hervor: Geld befand sich plötzlich in den Händen auch derer, die (noch) über kein soziales oder gar kulturelles Kapital verfügten. Der richtige Geschmack fehlte, und zwar jener, von dem wir seit Gracián wissen, dass seine Funktion darin besteht, sich in der Gesellschaft angenehm zu machen. Die Frage

6.2 Entstehungskontext: Massenkultur und Geschmacks(ver)irrungen

war nun aber: In welcher Gesellschaft? Die Gesellschaft zerfiel in einen bunter werdenden Raum von Klassen, Schichten und Segmenten, innerhalb dessen man sich orientieren musste. Geschmack avancierte zu einem zentralen Wegweiser durch die neue soziale Unübersichtlichkeit, und schnell erwies sich, dass man leichter zu Geld als zu dem dazugehörigen guten Geschmack zu gelangen vermag. Denken wir hier an den von Arnold Hauser wie folgt charakterisierten „Gründerzeit"-Stil, so wird das Gemeinte deutlicher: „Der schlechte, unsichere, leicht zu befriedigende Geschmack wird tonangebend, die wirkliche Kunst hingegen zum Besitz einer Kennerschicht, die den Künstlern für ihre Leistungen keine entsprechende Kompensation mehr zu bieten in der Lage ist" (Hauser 1970, S. 817). Nun liegen Hausers Charakteristik selbstredend gleichfalls gewisse Geschmackspräferenzen zugrunde. Doch trifft er den Punkt mit der generellen Differenz zwischen einem (vom breiter werdenden Bürgertum getragenen) unsicheren und gleichwohl tonangebenden Geschmack und dem Geschmack einer bildungsbürgerlichen Kennerschaft.

Kompensiert wurde die Unsicherheit in Geschmacksfragen durch die Anlehnung an die Geschichte; Historismus, Eklektizismus und Epigonentum lauten die Schlagworte. Gegen diese Tendenzen zogen bekanntlich die literarische Moderne und in ihrer Nachfolge die Avantgarden zu Felde, und es ist für den (vorläufigen) Ausgang der Geschmackskontroversen bezeichnend, dass heute die Namen der Modernen weit eher geläufig sind als jene der Epigonen. Wer kennt heute noch um 1900 schulbildende Autoren wie Friedrich Spielhagen oder Hermann Sudermann? Literatursoziologisch interessierte Leser aber sollten ihr Augenmerk gerade auch auf die von den Modernen attackierten Autoren und Autorinnen richten, da sich ihre Werke an einem stärker auf Unterhaltung statt Bildung setzenden Mehrheitsgeschmack orientierten, den sie selbst wiederum mit jedem weiteren leichten, gefälligen Werk festigten. Auch sollten derartige Leser Reihen, wie die seit 1878 erschienenen Westernromane *Winnetou* von Karl May nicht übersehen und bei nahezu parodistischen Titeln von Kinderbuchbestsellern wie *Heidis Lehr- und Wanderjahre* (1880) aufhorchen. Nicht anders als der bürgerliche Realismus eines Theodor Fontane stehen sie für das breite Geschmacksspektrum eines Bürgertums, das die Literatur aufseiten der Produktion wie der Rezeption trägt; eine Mittelschicht, deren Emanzipation sich auch an einem kulturellen, die Geschmacksdiskussion neu befeuernden Selbstbewusstsein zu erkennen gibt.

Auch wurde Literatur selbst während der Moderne – dies sollte in diesem Zusammenhang nicht vergessen werden – zu einer Frage des Geschmacks, schließlich rückten in der Zeit der aufziehenden Massenkultur dank neuer technischer Reproduktionsverfahren auch Ton und Film als Konkurrenten in den Raum der Kultur (und ihres Diskurses). Ob man in die „Lichtspiele" ging oder ein „gutes" Buch zur Hand nahm, wurde zu einer Frage jener sozialen Geschmäcker, wie sie Bourdieu in der zweiten Hälfte des 20. Jahrhunderts detailliert analysieren konnte. Und ebenso, wie die *Feinen Unterschiede* in den 1960er Jahren die ganze Breite der Alltagskultur (Wohnung, Einrichtung, Kleidung, Freizeitverhalten einschließlich Präferenzen im Bereich Musik und Literatur) erfassten, so ging es bereits am Beginn des 20. Jahrhunderts um den gesamten alltagsästhetischen Bereich, nur dass man – und dies ist gewissermaßen der feine Unterschied zwischen der kritischen und der wissenschaftlichen Behandlung von Geschmacksfragen – diese noch verstärkt über Ratgeberliteratur zu steuern versuchte, statt sich ganz auf die Beobachtung, Erfassung und Analyse divergierender sozio-kultureller Geschmäcker zu konzentrieren.

So nennt Frank Illing in seiner überaus lesenswerten Studie *Kitsch, Kommerz und Kult. Soziologie des schlechten Geschmacks* gleich vier Titel vom Beginn des 20. Jahrhunderts, mit denen man dem schlechten Geschmack zu Leibe rücken wollte: Johannes Rée, *Habe ich den rechten Geschmack?* (1906); Alexander von Gleichen-Russwurm, *Sieg der Freude. Eine Ästhetik des praktischen Lebens* (1909); Joseph August Lux, *Der Geschmack im Alltag. Ein Buch zur Pflege des Schönen* (1910) sowie Feodor Lindemanns *Beiträge zur Geschmackbildung. Ein Buch zur Besinnung und Belehrung* (1917). Vor dem Hintergrund dieses Geschmacksdiskurses entsteht auch der Titel, den wir als den eigentlichen Beginn der Soziologie des literarischen Geschmacks bezeichnen: Levin L. Schückings „Literaturgeschichte und Geschmackgeschichte", versehen mit dem vielversprechenden Untertitel *Ein Versuch zu einer neuen Problemstellung*.

6.3 Anfänge literarischer Geschmackssoziologie als Lösung eines Rätsels

Der nur wenige Seiten umfassende Aufsatz „Literaturgeschichte und Geschmackgeschichte. Ein Versuch zu einer neuen Problemstellung", erschienen 1913 in der Zeitschrift *Euphorion,* mündete zehn Jahre später in die umfassende Studie *Soziologie der literarischen Geschmacksbildung*. In ihr heißt es, dass die Art des Geschmackswandels in der Literatur vielen als rätselhaft erscheine: ein Rätsel, das Schücking einer Lösung zuführen möchte, indem er den Wandel „in den richtigen historisch-soziologischen Zusammenhängen" (1923, S. 5 f.) darstellt. Bemerkenswert ist neben der explizit historisch-soziologischen Ausrichtung dabei zunächst der problemorientierte Ansatz; ein Ansatz, der die von Thomas S. Kuhn in den 1960er Jahren beschriebene Struktur wissenschaftlicher Revolution bestätigt und als Abweichung von der bisherigen ‚Normalwissenschaft' verstanden werden kann. Laut Kuhn beginnt jeder maßgebliche Fortschritt in der

6.3 Anfänge literarischer Geschmackssoziologie als Lösung eines Rätsels

Erkenntnis mit der Wahrnehmung eines Problems, das es, zum wissenschaftlichen Rätsel erklärt, zu lösen gilt. Auf ein eben solches Problem war der Anglist und Literatursoziologe Schücking bereits während seiner Beschäftigung mit Shakespeare gestoßen, und es ist kein wissenschaftsgeschichtlicher Zufall, dass es die Rezeptionsforschung war, welche ihn überhaupt erst auf das Rätsel des literarischen Geschmacks aufmerksam machte: An der Studie *Shakespeare im literarischen Urteil seiner Zeit* lässt sich ablesen, wie sehr das Aufkommen eines Interesses an Fragen der literarischen Geschmacksbildung mit der Erkenntnis des Wandels literarischer Geschmacksurteile verbunden ist. Erst die Einsicht in die historisch-soziale Divergenz literarischer Urteile provozierte die Hinwendung zum Geschmacksbegriff, denn gleich, ob sich das literarische Urteil mit der Zeit ändert oder es gleichzeitige Abweichungen bezüglich der Beurteilung eines Werkes gibt, immer hat man es mit einem Beleg dafür zu tun, dass sich bei gleichbleibendem Gegenstand seine Bewertung (mit Gracián könnten wir auch vom Lustpotenzial sprechen) verändert. Die Frage ist dann, wie sich Geschmacksbildungsprozesse überhaupt vollziehen, und genau darum ging es Schücking.

Um zu verstehen, wie Schücking das Rätsel des literarischen Geschmacks löst, lohnt sich ein längerer Blick auf den Aufsatz „Literaturgeschichte und Geschmackgeschichte. Ein Versuch zu einer neuen Problemstellung" von 1913. Wie also sieht der Versuch zu einer neuen Problemstellung aus? Ausgehend von berühmten literarischen Werken wird zunächst konstatiert, dass die kritische Bewertung auseinandergehen kann und muss, die Hauptsache aber sei, dass der Blick auf diejenigen Seiten des Kunstwerks gelenkt wird, *„denen es seine Berühmtheit verdankt"* (Schücking 1973, S. 92, Hervorhebung im Original). Es ist das Schicksal der Größten, genannt werden Shakespeare, Rembrandt und Franz Hals (!), welches uns täglich daran erinnere, dass der Geschmack etwas zeitlich, kulturell und soziologisch bedingtes ist (S. 93). Einem schrankenlosen Geschmacksrelativismus aber, wie er bereits im 18. Jahrhundert als gefürchtete Vision über dem Geschmacksdiskurs schwebte, will auch Schücking nicht das Wort reden und sucht von daher nach einem Weg über die Literaturgeschichte als Wissenschaft.

Auf diesem stößt er auf ein anderes Problem, d. h. auf die Frage, wie wir überhaupt zu der Auswahl von Werken aus der literarischen Vergangenheit kommen, wie sie in unseren Literaturgeschichten vorliegt (S. 94). Diese bereits als Problem der Kanonbildung diskutierte Frage (siehe Abschn. 3.3) lenkt Schücking hin zur Literaturkritik und formuliert eine wichtige Einsicht: Was die ältere Zeit, Mittelalter und Anfang der Neuzeit betrifft, so werde von der Literaturgeschichte so ziemlich alles herangezogen, was überhaupt überliefert ist. Von da ab aber trete eine *konventionelle* Auswahl ein; eine Auswahl, die in hohem Maße von der jeweiligen zeitgenössischen literarischen Kritik abhängig ist, weshalb es sich bei der Literaturgeschichte um das Endresultat der Literaturkritik handel, eventuell bis zu einem gewissen Grade von der *communis opinio* korrigiert.

Angesichts dessen argumentiert Schücking wie folgt: Da die Literaturkritik vielfach einseitig und ungerecht sei, müsse sich die Literaturgeschichte als Wissenschaft von ihr unabhängig machen. Es bedarf eines objektiveren Kriteriums der literarhistorischen Beschäftigung, und dieses könne nach Lage der Dinge nicht in der Sache selbst liegen. Künstlerischer Gehalt lasse sich nicht wie Goldgehalt experimentell nachweisen:

> Es bleibt also nur möglich, von dem Gesichtspunkt auszugehen, den der Charakter der Literaturgeschichte als ein Teil der Kulturgeschichte, als ein Bestandteil des jeweiligen geistigen Gehalts der Vergangenheit an die Hand gibt. *Was wird zu einer bestimmten Zeit in den verschiedenen Teilen des Volkes gelesen, und warum wird es gelesen,* das sollte die Hauptfrage der Literaturgeschichte sein (S. 95, Hervorhebung im Original).

Mögliche Einwände vorwegnehmend, antwortet Schücking auf die Frage, ob man etwa, weil die Marlitt hundertmal so viele Leser als die Ebner-Eschenbach findet, diese beiden im entsprechenden Verhältnis behandeln solle, mit der Erwiderung, dass sich die Frage, was zu einer bestimmten Zeit gelesen werde, unter der Hand in die Frage verwandele, was die verschiedenen Bildungsschichten zu einer bestimmten Zeit lesen. Dass diese Formulierung eine gewisse Uniformität bestimmter Gruppen auch in Sachen des Geschmacks voraussetze, die in Wirklichkeit so nicht existieren kann, wird eingeräumt, doch handele es sich um eine Abstraktion. Gerechtfertigt sei diese, weil man wisse, dass die Fälle, in denen akademisch gebildete Leute sich an derselben Literatur erfreuen wie ihre Dienstboten, selten seien und die Ausnahme bleiben. Je weiter wir in die Vergangenheit zurückgehen, desto eher aber werden wir von dem typischen Geschmack ganzer Schichten sprechen dürfen. Um ihn aufzuweisen, dürfe man die „Literatur der großen Massen" (S. 96) wissenschaftlich nicht nur vom Gesichtspunkt des ‚guten', das heißt herrschenden Geschmacks erfassen.

Gleichwohl aber hält Schücking die Untersuchung der Lektüre der eigentlich kulturtragenden Schichten für ertragreicher. So finde man bei näherem Hinsehen, dass auch die Abgrenzung der höheren Schichten von den mittleren, zum Beispiel der Aristokratie vom Bürgertum, weit stärker über den Geschmack erfolgte als es aus den Literaturgeschichten zu ersehen ist. Mitte des 18. Jahrhunderts beispielsweise fänden in der vornehmen Welt Englands die schlüpfrigen Romane eines Crébillon eifrige Leser, während ganze Literaturgattungen wie das moralische Rührstück in Ausübung und Publikum völlig in den Händen der *middleclasses*

6.3 Anfänge literarischer Geschmackssoziologie als Lösung eines Rätsels

seien. In einer Fußnote trägt Schücking die Details nach, wenn er darauf verweist, dass Erfolgsautoren wie Lillo, Moore oder Kelly (der Reihe nach) Goldschmied, Leinenhändler und Korsettenmacher waren.

Die leitende Frage jedoch müsse sein: „*was ist der Geschmack der führenden Bildungsschicht zu einer bestimmten Zeit?*" (S. 96, kursiv im Original). Als solche zu bezeichnen sei diejenige Schicht, „*auf deren Willen und Mitteln die Kulturförderung künstlerischer und wissenschaftlicher Art wesentlich beruht*" (S. 97, kursiv im Original). Als Beispiel dient Schücking hier die Rokokozeit in England; eine Zeit, in der führende Geister wie Pope, Prior oder Gay zwar nicht der Aristokratie entstammten, jedoch vornehmlich von dieser erhalten, gelesen und ermuntert wurden, sodass sich die Dichter und Gelehrten an ihnen orientierten und im Gegenzug von ihnen protegiert wurden. Die Aristokratie war folglich die führende Schicht, die es nun gelte, in ihre charakteristischen Bestandteile aufzulösen: Alter und Jugend, Männer- und Frauenpublikum, hauptstädtische- und Provinzliteratur, Konfession, Grad der Verbreitung sowie die Art der äußerlichen Dokumentation dessen, was Schücking als „seelisches Verhältnis" des Publikums zu den Trägern der Literatur bezeichnet. Gemeint ist damit eine gewisse emotionale Bindung, wie sie sich an der Bereitschaft zur materiellen Unterstützung ablesen lasse. Bezeichnend sei in dieser Hinsicht, dass das verhältnismäßig arme Deutschland von 1867 für den Sänger seiner leidenschaftlichen politischen Jugendträume, Ferdinand Freiligrath, über 180. 000 Mark zusammenbrachte, während eine Sammlung für Detlev von Liliencron im Jahre 1897 kaum mehr als 1000 Mark ergeben habe.

Wir sehen: Um das Publikum und seine Lektüre überhaupt erst einmal zu erfassen, ging Schücking wissenschaftlich recht unkonventionelle Wege. Auch lenkte er das Interesse der Literatursoziologie erstmals auf Auflagenziffern, Verlegerurkunden sowie briefliche und sonstige Mitteilungen, mittels derer sich zu Aussagen über die Art und den Grad der Verbreitung gelangen lässt. Dabei ist es Schückings Gegenwart, die ihn zu dem veranlasst, was wir als Abweichung vom vorherrschenden wissenschaftlichen Geschmack seiner Zeit bezeichnen können. Niemals zuvor habe sich das Urteil der literarischen Presse-Kritik über zeitgenössische Kunstwerke der redenden und bildenden Künste so weltenweit vom Urteil der führenden Bildungsschichten entfernt. Deutschland, dies wird 1913 ausdrücklich bemängelt, besäße keine Kunst als gemeinsame nationale Angelegenheit, und es gehe nicht an, dass zukünftige Literaturhistoriker von dieser Zeit als eine der Hauptmanns oder gar Wedekinds reden würden. Ihnen nämlich stehe ein so außerordentlich großer Teil der Gebildeten kühl oder ablehnend gegenüber. Auch fürchtet Schücking, dass kommende Kunsthistoriker „um ein paar einflußreicher Narren halber, die sich soziologisch nicht schwer klassifizieren ließen, uns allgemein Expressionismus, Kubismus u. a. auf's Konto setzen dürfen" (S. 99).

Sie durften, wie wir heute wissen. Schücking, der sich, seine wissenschaftlichen Prinzipien über Bord werfend, hier weit in die Geschmackskämpfe seiner Zeit hineinreißen lässt, stößt sich an einer Moderne, die, wie vielleicht erst wir in der Rückschau wahrnehmen können, aufgrund der von ihr provozierten vehementen Reaktion den Anstoß zu einer neuerlichen intensiven Auseinandersetzung mit Geschmacksfragen gab. Sich auf den Neuklassiker Paul Ernst berufend, spricht Schücking für die Zeit um 1900 von der Verbreitung von kleinen, sich erweiternden Zirkeln und hält fest, dass die Geschichte des Geschmacks in neuerer Zeit eine Geschichte der ästhetischen Gemeindenbildung sei. Aus der Kritik an dieser ästhetischen Gemeindenbildung aber bezieht Schückings Geschmackssoziologie ihren Schwung. Es ist die Kritik an einer „Kaffeehausliteratenkunst", wie sie dem gebildeten deutschen Bürgertum (noch) so gut wie unbekannt sei, jedoch die germanistischen Studenten an der Sorbonne schon vor zehn Jahren beschäftigt habe, die Schücking zur zweiten zentralen Frage führt: „*warum werden zu einer bestimmten Zeit gewisse Werke gelesen?*" (S. 100).

Zu ihrer Beantwortung müsse man den treibenden Kräften nachgehen, die sich in den Dienst eines bestimmten Geschmacks stellen und diesem zur Geltung verhelfen. Lese man die Literaturgeschichten, so gewinne man den Eindruck, die Werke gewännen selbsttätig das Auge und Ohr des Publikums. Doch wären die Fälle wohl eher vereinzelt, in denen jemand eines Morgens erwache und berühmt sei. Von daher verdiene hinsichtlich der Geschmacksbildungsprozesse jeder Patron als erste Station zwischen Dichter und Publikum mehr Aufmerksamkeit: Verleger, Intendanten, aber auch literarische Vereinigungen, Akademien und Gesellschaften sowie Leihbibliotheken und Lesezirkel. Die Verleger Cotta und Brahm etwa seien wichtige Faktoren für die Geschichte des Geschmacks in Deutschland gewesen. Auch gelte es, das Cliquenwesen in der Kritik sowie den Autor selbst als seinen erfolgreichsten Agenten und Herold seiner Muse näher zu untersuchen (S. 102).

Bourdieu in den zentralen Punkten der Herrschaftskämpfe und des Kapitals geradezu vorwegnehmend, schreibt Schücking, dass demjenigen, der mit offenen Augen in die Welt blickt, nicht verborgen bleiben könne, dass es sich gelegentlich bei der Entstehung des Geschmacks nicht ausschließlich um einen Kampf der Ideen, sondern auch um eine „Konkurrenz sehr realer Machtmittel" handelt (S. 102). Zu beobachten sei dies, und auch darin wird Bourdieu folgen, bei der von großen Mitteln abhängigen dramatischen Kunst. Hier gelinge es dem Autor – Schücking spricht vom „Strebenden" – nur selten, das Ohr des Publikums zu erreichen, wenn aber doch, so hätte man es häufig mit einem Teil des Publikums zu tun, dessen kritische Befähigungsnachweise ebenso zweifelhaft wie sein Urteil gewichtig sei. Gegen die hauptstädtische Literatur austeilend, wird nach der Legitimation des Berliner Premierenpublikums gefragt und darauf verwiesen, dass in allen Fällen allein schon die Annahme oder Ablehnung der Stücke seitens der Theaterdirektoren von der Rücksicht auf den antizipierten Geschmack des Publikums mitbestimmt seien.

Eben diese Rücksicht nun wird von Schücking auch dem Autor unterstellt und dies zur abschließenden dritten Aufgabe einer Soziologie der literarischen Geschmacksbildung gewendet: *„den Einfluß des Geschmacks auf die Entstehung der Literaturwerke selbst* festzustellen" (S. 104, kursiv im Original). Auch hier ergibt sich kein einheitliches Bild, denn das, was mit einem bestimmten Gönner oder einem kleinen sozial geschlossenen Kreis begann, als deren Sprachrohr sich der Dichter fühle, wuchs sich aus zu einem gemischten Publikum. Das Auditorium besteht nun aus vielen Köpfen und ermuntert aufseiten der Künstler das Experimentieren, den kühnsten Einfall und die unerhörteste Neuerung. Und es ist erst diese, sich an eine traditionslose Menge wendende Kunst, welche sich frei von historischem Ballast immer rascher entwickeln könne. Für den Künstler selbst bedeutet dies die absolute Freiheit; eine Freiheit, die als sittliche Forderung nach gänzlicher Unabhängigkeit vom Publikum zum Dogma künstlerischen Schaffens wird. Doch bleibe diese Unabhängigkeit in der Praxis oft Fiktion, wie sich an der Eigenheit des „épater le bourgeois", einer anderen Art der Abhängigkeit vom Publikum, zeige, also in einer Kunst, die, indem sie den Bürger verachtet, an diesen (rück)gebunden bleibt. Denken wir an dieser Stelle an Stücke jüngeren Datums wie Peter Handkes *Publikumsbeschimpfung* (1966), so wird die durch das 20. Jahrhundert fortlaufende Relevanz des von Schücking Gesagten deutlich. Er selbst beschloss seine Ausführungen mit der Hoffnung, dass seine wenigen „blassen Umrisse" große und fruchtbare Arbeitsgebiete ahnen lassen mögen, die wissenschaftlich ergiebiger seien als manche Felder, auf die die Literaturgeschichte allmählich abgekommen sei.

Wenn diese „blassen Umrisse" hier ausführlich dargelegt wurden, so zum einen, weil sie so blass gar nicht sind, sondern die wichtigsten Fragestellungen einer Soziologie des literarischen Geschmacks benennen. Zum anderen und darüber hinaus machen sie noch einmal nachdrücklich darauf aufmerksam, wie sehr die literatursoziologische Erkenntnis an die Genese der Literatur gebunden ist. Zwar wollten die Akteure im literarischen Feld um 1900 ihre wachsenden Auseinandersetzungen um die Definition der ‚wahren' Literatur nicht auf Geschmacksfragen reduziert wissen, doch boten sich die fortlaufenden Kämpfe um die Deutungsmacht spätestens seit dem Auftauchen der ersten Avantgardebewegungen für einen an literatursoziologischer Geschmacksforschung interessierten Beobachter wie Schücking geradezu an. Literarische Moderne und Avantgarde erwiesen sich für den Geschmacksdiskurs als äußerst fruchtbar, ja generierten die Soziologie des literarischen Geschmacks. Und ebenso, wie die literarischen Texte und Programmatiken das Interesse der

Literatursoziologie weckten, stießen die literatursoziologischen Texte auf eine wachsende Leserschaft. Schückings 1923 erstmals veröffentlichtes Buch *Die Soziologie der Geschmackbildung* erschien 1931 in zweiter erweiterter und 1961 in einer dritten, neu bearbeiteten Auflage. Auch wurde das Buch zwischen 1928 und 1950 ins Russische, Slowakische, Englische und Spanische übersetzt (Scharfschwerdt 1977, S. 51).

In der so bekannt gewordenen *Soziologie der Geschmackbildung* versuchte Schücking, die Grundgedanken seines Aufsatzes von 1913 zu präzisieren. Ausgangspunkt ist auch hier die Feststellung einer sozialen und kulturellen Differenzierung: Das „Volksganze", wie Schücking es nennt, sei in Hinsicht auf Weltbild, Weltwertung und Grundsätze der Lebensführung deutlich in sich unterschieden, ja es existiere nur in Gruppen, welche wiederum aus den sozialen Schichtungen hervorgehen (S. 15). Ob es unter ihnen noch eine gäbe, welche sich recht eigentlich als Ausdruck der Zeit schlechthin ausmachen ließe, wird bezweifelt. Statt mit einem Zeitgeist habe man es in den 1920er Jahren mit einer „ganze(n) Reihe von Zeitgeistern" zu tun (S. 17). Ausdrücklich ist bei Schücking in diesem Zusammenhang von einer Zersplitterung des Publikums, einer soziologischen Zersetzung und von Demokratisierung die Rede. Eine einheitliche literarische Kultur, getragen von einer relativ geschlossenen gesellschaftlichen Schicht mit gleichartiger Bildung, gäbe es nicht mehr. Zusammengefasst werden diese Schichtungen unter dem genuin soziologischen Begriff der „Geschmacksträgertypen". Sie bestimmen die Wirkungsgeschichte bestimmter literarischer Richtungen und Werke, da sie „ein gut Teil des Milieus, aus dem die neue Richtung hervorgegangen ist" (S. 128), verkörpern.

Für die Theoriebildung bemerkenswert ist dabei, dass Schücking in seiner Soziologie der literarischen Geschmacksbildung drei Soziologien bündelt beziehungsweise problemorientiert zusammenführt: die Soziologie des Werks, der Produzenten und der Rezipienten. Immer müsse sich der Geschmackssoziologe dabei – illustriert wird dies am Beispiel des Dadaismus – die Gruppe selbst, also den Geschmacksträgertyp, genau ansehen, und dies, ohne sich den Ansprüchen der Gruppe, dass ihr Geist der Zeitgeist wäre, zu beugen. Jürgen Scharfschwerdt hat, diese Überlegungen vor Augen, in den 1970er Jahren ein erstes soziologisches Forschungsprogramm für die Untersuchung einer bestimmten literarischen Richtung angeregt. Dieses sollte sich an Schückings Skizze des Naturalismus orientieren und ausgehend von dem allgemeinen gesellschaftlichen Hintergrund sowie von der Annahme, dass die Vorstellungen der alten kulturtragenden Schichten in erheblichem Maße sozial und politisch rückständig seien, jene neu entstehenden kleinen, großstädtischen Gruppen von Journalisten soziologisch genauer untersuchen, die sich für neue Kunstrichtungen einsetzten. Zu berücksichtigen wären dabei vor allem die Abweichungen hinsichtlich der Vorstellungen von Religion, Familie und Gesellschaft, während die

Werke, die die neue Richtung repräsentieren, zwar gleichfalls in die Untersuchung einzubeziehen wären, jedoch von nachrangiger Bedeutung seien (Scharfschwerdt, S. 56). Kurz: Man müsste diese Bewegungen als „soziologische Geschmackswellen" (Schücking 1923, S. 53) aufzeigen, statt immer nur in ihren Werken und in einzelnen Lebensdaten. Das sich den literarischen Geschmacksträgertypen widmende Forschungsprogramm wurde bis heute nicht umgesetzt.

6.4 Weiterentwicklung: Die soziale Logik des Geschmacks

Eine unmittelbare Fortsetzung der von Schücking am Beginn des 20. Jahrhunderts angestoßenen und von Scharfschwerdt Ende der 1970er Jahre noch einmal mit Nachdruck ermutigten Erforschung dessen, was Schücking die Geschmacksträgertypen nannte, lässt sich in Bourdieus umfassender Studie *La distinction* (1979) sehen. In deutscher Übersetzung erschien sie 1987 unter dem Titel *Die feinen Unterschiede;* eine eher freie Übersetzung, mit der, schaut man auf das Original, zwei zentrale Ergebnisse der Geschmacksforschung Bourdieus bereits vorweggenommen sind: Zum einen haben wir es bezüglich geschmacklicher Unterschiede laut Bourdieu mit der Befriedigung eines Bedürfnisses zu tun, von dem wir seit Simmel wissen, dass es zu den kultursoziologischen Grundfesten zählt, nämlich einem Bedürfnis nach Abgrenzung beziehungsweise Distinktion. Zum anderen und darüber hinaus sind die sich aus der Abgrenzung (zumindest in den 1970er Jahren) ergebenden Unterschiede fein, das heißt auf den ersten Blick schwer auszumachen. Taucht man aber, wie Bourdieu dies tut, ein in die Welt divergierender Geschmäcker, so entdeckt man eine Arena symbolischer Auseinandersetzungen, in der die herrschende Klasse oder, wie Schücking es nannte, die kulturtragende Schicht, ihre Führungsrolle auch im Raum der kulturellen Produktion geltend zu machen versucht.

Gleich in der Einleitung macht Bourdieu seine kritische Grundeinstellung deutlich, wenn es heißt, dass die wissenschaftliche Analyse den sozialisationsbedingten Charakter kultureller Bedürfnisse „wider der charismatischen Ideologie" belege; eine Ideologie, die Geschmack und Vorliebe für legitime Kultur zu einer Naturgabe stilisierte (Bourdieu 1987: S. 17). Als eigentliche Zielscheibe der Kritik kann die Kantische Ästhetik gelten, jene Ästhetik also, von der oben gesagt wurde, dass sie das vorläufige Ende des philosophisch-ästhetischen Geschmacksdiskurses markiert. In diesen Diskurs greift die Soziologie mit Bourdieu ein, indem sie die Ästhetik der unteren Schichten fokussiert und diese als negative Kehrseite der Kantischen Ästhetik zu offenbaren versucht:

> Während Kant bei seinem Unternehmen, die Besonderheit des ästhetischen Urteils in den Griff zu bekommen, akribisch zwischen dem, „was gefällt" und dem, „was vergnügt" unterscheidet, und allgemeiner, zwischen dem „interesselosen Wohlgefallen", dem einzigen Garanten der ästhetischen Qualität der Betrachtung, und dem „Interesse der Sinne", das „das Angenehme", sowie dem „Interesse der Vernunft", das das Gute definiert, beziehen sich die Angehörigen der unteren Schichten, die von jedem Bild erwarten, daß es eine *Funktion* erfülle – und sei es die eines Zeichens –, in allen ihren Urteilen – häufig explizit – auf die Normen der Moral und des Gefälligen (S. 82).

Hier setzt Bourdieu mit seinem Unternehmen, die Besonderheiten des ästhetischen Urteils in den Griff zu bekommen, an. Sowohl das interesselose Wohlgefallen wie auch das Interesse der Sinne und das der Vernunft werden bezüglich der ihnen zugrunde liegenden Bedingungen hinterfragt. Jeder Naturalisierung von ästhetischen Geschmacksurteilen und kulturellen Präferenzen konsequent entgegentretend, rekonstruiert Bourdieu die sozio-kulturellen Konditionen, deren Produkt die Konsumenten kultureller Güter wie auch ihre Geschmäcker sind.

Der von Bourdieu explizit angestrebten „anti-kantianischen" Ästhetik liegt ein umfassendes Verständnis des kulturellen Konsums zugrunde; ein Verständnis, das es erlaubt, selbst noch die beiden extremen Pole – den schlechtesten Geschmack für das Trivialste wie auch den raffiniertesten Geschmack für die erlesensten Objekte – mit dem elementaren Schmecken von Zunge und Gaumen zu verknüpfen. Die Äußerung der Vorliebe für eine Miso Suppe, wie sie einleitend von der Äußerung eines literarischen Geschmacksurteils mit Hinweis darauf unterschieden wurde, dass bei ersterer der Begründungszwang entfalle, wird von Bourdieu relativiert. Sich auf einen globaleren ethnologischen Begriff von Kultur berufend, erweitert er den Kreis der kulturellen Güter weit über die Kunst hinaus, um die spezifische Logik der kulturellen Ökonomie zu erfassen. Für die Literatur, wie für jedes andere Kulturgut, bedeutet dies zunächst einmal, dass sie als Objektivation oder auch Materialisierung anhaltender kultureller Praxis zu verstehen ist. Dies gilt für die Produktion (Schreiben) ebenso wie für die Distribution (Publizieren) und die Rezeption (Lesen). Auf allen Ebenen literarischer Praxis lassen sich dabei Präferenzen für bestimmte Literatur(en) beobachten; Präferenzen, die, und eben dies zeigt die sozialwissenschaftliche Analyse, in einem engen Zusammenhang mit 1) dem Ausbildungsgrad und 2) der sozialen Herkunft stehen.

Mit anderen Worten: Bourdieu zieht die letzte Konsequenz aus dem Attest von Schücking, dass es eine einheitliche literarische Kultur, getragen von einer relativ geschlossenen gesellschaftlichen Schicht mit gleichartiger Bildung, nicht (mehr) gibt. Die Geschmacksträgertypen näher spezifizierend, widmet auch er sich innerhalb des Sozialraums und dem mit ihm korrelierenden Raum der Lebensstile

6.4 Weiterentwicklung: Die soziale Logik des Geschmacks

insbesondere jenem Typ des Bildungsbürgers, der die Sphäre der hohen Kunst und Literatur trägt. Folglich wird auch von Bourdieu die Gruppe näher betrachtet, die für sich die Definitionsmacht im Raum der Kultur beansprucht, und dies, ganz wie von Schücking empfohlen, ohne sich den Ansprüchen dieser Gruppe zu beugen.

Doch geht Bourdieu insofern über Schücking hinaus, als er den Sozialraum nach der Auflösung der relativ geschlossenen gesellschaftlichen Schicht mit gleichartiger Bildung als eine Arena betrachtet, in der unablässig symbolische Auseinandersetzungen stattfinden. Ihrer Dynamik verdankt der Geschmacksbegriff seine Aktualität. Divergierende Geschmäcker treffen hier permanent aufeinander und schärfen einen Sinn für Distinktion, der bis hinein in die Aneignungsweisen von Kunst und Literatur greift. Kennen und Anerkennen lautet in diesem Sinne die zumeist stillschweigende, weil begriffslos funktionierende Logik der gesellschaftlichen Urteilskraft, welche Bourdieu aufzudecken versucht.

Entscheidend ist dabei, dass jede kulturelle Präferenz der klassen- oder schichtenspezifischen Dynamik der Sozialisation unterliegt: die jeweilige familiäre Herkunft und die jeweils durchlaufenen Bildungsinstitutionen prägen den Geschmack und den Lebensstil. Hohe Bildungsgüter, zu denken wäre hier an die antike Tragödienliteratur ebenso wie an die Weimarer Klassik oder an Prousts Roman *Auf der Suche nach der verlorenen Zeit,* erfordern zur Aneignung neben einem keineswegs selbstverständlichen Interesse auch das entsprechende kulturhistorische Wissen sowie ein literaturwissenschaftliches Handwerkszeug, wie es in Seminaren erworben wird. Welche Wege aber, so sollten sich die Leser unseres Lehrbuches an dieser Stelle selbst einmal fragen, führten und führen in die Seminare der geisteswissenschaftlichen Fakultäten? Welche häuslichen Lesegewohnheiten, welche Erfahrungen im Deutschunterricht an Schulen und Gymnasien, welcher freundschaftliche Austausch entlang der Bildungsrouten? Und welche Distinktionserfahrungen macht man beispielsweise in den komparatistischen Literaturseminaren, wenn man, des Griechischen, Lateinischen oder Französischen mächtig, den Zugang zu den Originaltexten zu finden vermag, während die Kommilitonen schon mit den Übersetzungen ins Deutsche kämpfen (oder umgekehrt)?

Die feinen Unterschiede ziehen sich durch unsere Lebenswelt bis hin zu den Lektüren, weshalb eine Kritik der gesellschaftlichen Urteilskraft immer auch eine kritische Reflexion des eigenen Standorts einschließt. Dabei versteht es sich (noch immer) von selbst, dass soziale Herkunft und Ausbildungsgrad eng miteinander verknüpft sind. Auch dürfte bereits recht deutlich werden, wie stark die Bourdieusche Geschmackssoziologie an die empirische Forschung, in unserem Fall die empirische Literatursoziologie gebunden ist (siehe Abschn. 3.2). Die Datenerhebung bezüglich kultureller Präferenzen aber ist hier kein Selbstzweck, sondern steht im Dienst einer soziologischen Aufklärung im besten Sinne, das heißt im Dienst einer Aufklärung über das Funktionieren unserer Gesellschaft und ihrer Kultur.

Wie hat man sich dieses Funktionieren vorzustellen? Bourdieu unterscheidet innerhalb der französischen Gesellschaft der 1960er Jahre drei pyramidenförmig gestaffelte Geschmacksklassen: Da ist zunächst der Geschmack der unteren Klassen, auch als „Notwendigkeitsgeschmack" bezeichnet, womit bereits gesagt ist, dass es sich dabei um eine stark determinierte, kaum von der Möglichkeit einer qualifizierten Selektion und einer darauf aufsetzenden Distinktion getragenen Geschmacksklasse handelt. Daneben und gleichsam darüber steht die habituell weniger festgelegte kleinbürgerliche Mittelklasse, welche sich in ihrem Geschmack an dem der oberen Klassen, also dem großbürgerlichen, auf kulturelle Kompetenz gründenden Geschmack orientiert. Während die Spielräume der Distinktion im unteren Segment allein aufgrund materieller Knappheit stark limitiert sind, gibt es innerhalb der Mittelklasse eine erhebliche Dynamik, ein Schlachtfeld, in dem um Prestigezuwachs gerungen wird.

Zum eigentlichen Austragungsort dieser immer auch mit sozialem und symbolischem Kapital verbundenen (Schau)kämpfe wird der Raum der Kultur im engeren Sinne, also das Feld der Kunst und Literatur. Nicht anders als bei anderen Gegenstandsbereichen stilistischer Möglichkeiten wie dem Essen, der Kleidung, der Urlaubsgestaltung oder auch der politischen Ausrichtung, wird die Literatur – auch und nicht zuletzt zu verstehen als Luxusgut – zu einem Objekt, in dem die Distinktionsmöglichkeiten und -beziehungen regelrecht angelegt sind und sich mit jedem Akt der Konsumption vollziehen. Wer im öffentlichen Nahverkehr, womöglich auf dem Weg zum literaturwissenschaftlichen Seminar, ein Buch von Dan Brown liest, sendet, bewusst oder unbewusst, ein Signal an die mitreisenden Beobachter, wobei es wiederum von der jeweiligen Zugehörigkeit zur Geschmacksklasse abhängt, wie die Mitreisenden das Signal werten. Gleiches gilt für die Lektüre des *Hyperion* von Hölderlin oder Kants *Kritik der Urteilskraft* sowie, letztlich, auch für die Studie *Die feinen Unterschiede* von Bourdieu. Und doch: Wer sich die *Kritik der gesellschaftlichen Urteilskraft* aneignet, bedient sich nicht nur eines Textes, der, wie jeder andere Titel aus dem Suhrkamp Verlag, dem Leser einen gewissen Bildungsadel verleiht, welcher wiederum, je nach Geschmacksklasse, goutiert, ignoriert oder verworfen werden kann, sondern er bedient sich auch eines distinguierten Instruments sozio-kulturellen Wissenserwerbs, das es ihm erlaubt, die Leser von Dan Brown, Hölderlin, Kant (oder eben auch Bourdieu) geschmackssoziologisch zuzuordnen beziehungsweise zu klassifizieren.

Eine Stärke der Bourdieuschen Ästhetik, wenn man sie denn als solche anerkennen will, besteht darin, dass er diese Logik konsequent bis hin zur

6.4 Weiterentwicklung: Die soziale Logik des Geschmacks

Selbstreflexion anwendet. Der Kampf der Klassen und Geschmacksklassen wird zu einem Kampf der Klassifikationssysteme, an dem sich Bourdieu willentlich und wissentlich beteiligt. Der Wille zur Neuklassifikation tritt dabei wohl nirgendwo stärker zutage als bei der Auseinandersetzung mit den oben eingeführten Kantschen Kategorien „Reflexions-Geschmack" und „Sinnen-Geschmack" (S. 761–768). In der fundamentalen Ablehnung des Leichten, Vulgären, Unreinen sei die gesamte Sprache der Ästhetik befangen; Ausdruck eines Ekels vor jenen Gegenständen, die sich zum Genuss aufdrängen. So gesehen, und hier muss die Literatursoziologin eine von Bourdieu in der Fußnote versteckte Einlassung herausholen, könne etwa die Brechtsche Verfremdung als Einführung einer Differenz verstanden werden, „durch die der Intellektuelle selbst noch innerhalb der populären Kunst seine Distanz zu dieser zur Geltung bringt – eine Distanz, die dann populäre Kunst intellektuell, d. h. für den Intellektuellen, akzeptierbar macht –, und tiefer noch, seine Distanz zum Volk, Voraussetzung für die (taktische) Anlehnung der Intellektuellen ans Volk" (S. 760, Fußnote 6). Was den Reflexions-Geschmack eines Brecht mit dem Sinnen-Geschmack des Volks verbindet, wäre demnach eine Differenz innerhalb der Einheit des Geschmacksbegriffs, die es überhaupt erst ermöglicht, den Geschmack zum Gegenstand einer Kritik der gesellschaftlichen Urteilskraft und somit der Soziologie zu machen.

In den engeren Kreis der Literatursoziologie aber rückt der Geschmacksbegriff bei Bourdieu noch aus einem anderen Grund: Es ist die Lust am Lesen, wie sie sich selbst noch an der „reinen Lektüre" der philosophischen Werke von Kant zeigt (S. 780–783); eine kultivierte Lust und doch ein Genuss und eine Liebe zur Ästhetik und Kunst, über die es schwierig sei, zu reden. Rein ist diese Lust insofern, als sie das Streben nach Distinktionsgewinn hinter sich lässt und – habituell gefestigt und zur zweiten Natur geworden – sich selbst als bloßes Vergnügen am Spielen, d. h. am Kultur- und Bildungsspiel erfährt. Das kultivierte Vergnügen der Kenner an diesem „Gesellschaftsspiel" (S. 782) nährt sich an Kreuzverweisen beziehungsweise an den unzähligen stilistischen und thematischen Entscheidungen, mit denen Unterschiede markiert und Wahlverwandtschaften hergestellt werden. Nicht an Manifesten oder positiven Manifestationen wäre von daher der Sinn für Distinktion innerhalb des Literarischen aufzusuchen, sondern in einer Dechiffrierung der Kreuzverweise unter Einbeziehung der Räume des Sozialen, der Lebensstile, des literarischen Geschmacks und der (Geschmack inkorporierenden) Texte selbst. Zusammengenommen bilden sie den dynamischen Gesamtbereich der stilistischen Möglichkeiten, getragen von symbolischen Auseinandersetzungen und Entscheidungen, die der Literatursoziologe zu entwirren und zu systematisieren hat.

Der Geschmacksbegriff, so könnte man abschließend sagen, wirft einen Angelhaken in den Raum der Literatur, an dem sich das Soziale, das Habituelle und das

Symbolische gleichzeitig hochziehen lassen. Wer ihn auswirft und sich dabei der Bourdieuschen Geschmackssoziologie bedient, muss dies nicht zwingend in kritischer Absicht gegen die philosophische Ästhetik tun. Wenn es bei Bourdieu heißt, dass „von einer philosophisch distinguierten Lektüre der *Kritik der Urteilskraft* schwerlich erwartet werden darf, jenes gesellschaftliche Distinktionsverhältnis zu entschleiern, das diesem zu Recht als *das* Symbol philosophischer Distinktion anerkannten Werk zugrunde liegt" (S. 783, kursiv im Original), so möchten wir dem Zitat ein „allein" voranstellen und die *Kritik der gesellschaftlichen Urteilskraft* als komplementäres Korrektiv eines von der Ästhetik angestoßenen Klärungsversuchs des Geschmacksproblems verstehen.

6.5 Anwendungsbeispiel: Literarischer Kitsch

Kitsch ist ein Kampfbegriff im Raum der Geschmackskontroversen. Als abwertende Geschmacksäußerung gewinnt er seine Bedeutung in Relation zu seinem Gegenbegriff, dem Echten, Wahren, Reinen oder auch Authentischen. Daran haben auch Nobilitierungsbemühungen jüngeren Datums im Zeichen von „Camp" oder „Trash" wenig geändert. Der Begriff Kitsch, auch und gerade als literarischer Kitsch, führt noch immer ins Zentrum der Spannung zwischen gutem und schlechtem Geschmack, wie sie ab der zweiten Hälfte des 19. Jahrhunderts angesichts der aufziehenden Massenkultur und der Autonomisierung der Kunst und Literatur an Kontur gewann. Es dürfte daher auch kein Zufall sein, dass Kitsch beziehungsweise das, was damit zunächst noch eher beschreibend als wertend tituliert wurde, anfänglich im Kunsthandel auftauchte, und zwar als Bezeichnung für günstige, daher populäre und marktfähige Bilder. Kitsch oder Kunst, so ließe sich der Dualismus beschreiben, mit dem fortan guter (oder eben schlechter) Geschmack bezeichnet werden konnte. Dabei stand und steht hinter dem Begriff des Kitsches immer auch die Vorstellung einer ästhetischen Norm einschließlich der sich an ihr aufrichtenden ästhetischen Erziehung. Als Ausdruck von Unbildung und Oberflächlichkeit ist Kitsch ein Geschmacksurteil, mit dem zum Ausdruck gebracht wird, dass diejenige, die einen Gegenstand als Kitsch bezeichnet, für sich eine Position kultureller Überlegenheit reklamiert, von der aus nicht selten mit paternalistisch-pädagogischem Gestus in Geschmacksfragen interveniert wird.

Dies gilt insbesondere für die Literatur. Mit der abwertenden Rede vom literarischen Kitsch distinguierte sich das Bildungsbürgertum von einer ganz auf Unterhaltung setzenden „Literatur für viele", durch die sie ihre Werte und vor allem den Bildungsauftrag der Literatur angegriffen sah. Die Maxime, dass gut ist, was gefällt, verkehrte sich ins Gegenteil: Was vielen gefällt, kann nicht

6.5 Anwendungsbeispiel: Literarischer Kitsch

gut sein. Kitsch avancierte zum Feindbild einer Kulturkritik, die, wie etwa in den 1930er Jahren bei Hermann Broch, im Kitsch das Böse im Wertsystem der Kunst lokalisierte. Als ethisch indifferente Nachahmung wurde er essenzialisiert und weniger einer Geschmacksträgergruppe als vielmehr einem bestimmten Typ zugeschrieben: dem Kitsch-Menschen. Das Phänomen Kitsch, das heißt die von ihm ausgehende Massenanziehungskraft, wurde darauf zurückgeführt, dass er schnelle sinnliche Befriedigung ohne intellektuelle Anstrengung biete und damit, denken wir noch einmal zurück an die Kantsche Unterscheidung zwischen Sinnen-Geschmack und Reflexions-Geschmack, ersterem den Vorrang gibt.

Heute tritt die Literaturkritik, noch immer richtungsweisende Instanz in Geschmacksfragen, zurückhaltender auf, wenn es um eindeutige Zuschreibungen wie Kitsch oder gar die verwerfliche Wirkung desselben im Wertsystem der Kunst geht. Die Gründe dürften zum einen darin liegen, dass das Wertsystem Kunst und Literatur schon zu Zeiten Brochs keineswegs so klar zu definieren war, wie dessen Kritik dies nahelegt, und mit der Popkultur endgültig eine positiv zu bestimmende Mitte verloren hat. Zum anderen aber war und ist der Kitsch-Begriff schwach, wie sich am nun zu skizzierenden Ringen der Literaturwissenschaft um ein phänomenologisches Erfassen des Phänomens studieren lässt. Vorweggeschickt sei eine bemerkenswerte Koinzidenz: In dem Maße, in dem sich das Feld der Kunst und Literatur von der Angst vor dem Kitsch-Vorwurf befreite, wuchs die Konzentration der Sozial- und Kulturwissenschaften auf den Geschmacksbegriff und hier wiederum auf das Schlechte und Kitschige.

Als Auftakt dieser Tendenz soll hier eine mehr als 500 Seiten starke Dissertationsschrift mit dem eher klanglosen Titel *Zum Begriff Kitsch* stehen, vorgelegt von Jacob Reisner an der Universität Freiburg im Jahr 1955. In ihr wird klar attestiert, was bis heute gern übersehen wird, dass nämlich vom Kitschvorwurf beileibe nicht nur die üblichen Verdächtigen wie die Autoren der Gartenlaube oder die Vertreter der Kolportage- und Kriminalliteratur betroffen waren, sondern auch namhafte, das heißt mit einer Kanonisierung bis hinein in die schulische Pflichtlektüre ausgezeichnete Autoren wie Goethe, Klopstock oder Musil (Reisner 1955). Wie so viele Dissertationen blieb auch Reisners Pionierarbeit ohne große Wirkung. Sie traf (noch nicht) den Wissenschaftsgeschmack der Zeit.

Dafür spricht der 1961 erschienene Band *Deutscher Kitsch. Ein Versuch mit Beispielen*, herausgegeben und kommentiert von Walther Killy. Das dünne Büchlein, das (anders als die nie von einem Verlag publizierte Dissertation von Reisner) 1978 bereits in achter Auflage erschien, überrascht den literatursoziologisch interessierten Leser gleich in der Vorbemerkung, wenn es heißt, dass die Texte zum Vergnügen des Lesers zusammengestellt und abgedruckt wurden, und zwar mit der Absicht, den Leser auf stilistische und geschichtliche Zusammenhänge sowie die Macht eines herrschenden Geschmacks hinzuweisen (Killy 1978: S. 7). Dass Killy Anfang der 1960er Jahre davon ausging, das akademische Publikum könnte Vergnügen an den Texten finden, entbehrt nicht einer gewissen Ironie, ebenso wie die Überschriften der jeweils thematisch zusammengefassten Texte, wie „Ich liebe dich", „Der Ehe Band", „Schicksalswalten, Todesmacht", „Heldische Menschen", „Meine Heimat" oder auch „Himmelsbalsam". Der eigentliche Versuch über den Kitsch beginnt mit einer bruchstücklosen Kompilation, die als scheinbares Ganzes erscheint und so nach Killy bereits die dem literarischen Kitsch eigentümlichen Eigenschaften zum Vorschein bringt: das Gemeinsame überwiegt das Individuelle; Stimmung und Reiz sind wichtiger als sachlicher Gehalt; Kumulation und Repetition sollen die „Impotenz des Autors" kompensieren (S. 11).

Dagegen argumentiert 1967 Helmut Kreuzer mit dem Essay *Trivialliteratur als Forschungsproblem,* in dem darauf verweisen wird, dass sich sämtliche von Killy genannten Stilelemente (Kumulation, Repetition, Synästhesie und Lyrisierung) auch in der Hochliteratur des 19. und 20. Jahrhunderts auffinden lassen. Von daher bedürfe es anstelle textimmanenter Analysen einer empirischen Geschmacksforschung mit der Zielstellung, den historisch wie soziologisch variierenden Kitschbegriff als 1) spontanes Schlagwort der Künstlersprache, 2) der publizistischen Kritik, 3) der Umgangssprache des Publikums begriffsgeschichtlich zu studieren, d. h. als ein wichtiges subjektives Rezeptionsphänomen zu erfassen und in ein kulturhistorisches Objekt der Wissenschaft zu transformieren. So könne sich ein poetologischer Terminus der Werkanalyse in einen Begriff der empirischen Wirkungsforschung und Geschmacksgeschichte verwandeln (Kreuzer 1967: S. 16). An die Stelle der Wesensbestimmung des Kitsches tritt somit eine Historisierung und soziale Relativierung des Kitsches, wie sie fortan für die Forschung bezeichnend bleibt. In einer historischen Perspektive kann Kitsch als gesunkenes Kulturgut verstanden werden, das dann auch wieder in hohe Literatur reinseriert werden kann.

Hinter die so vollzogene sozialwissenschaftliche Wende scheint zumindest in der Literaturwissenschaft kein Weg mehr zurückzuführen. Was sich anschließend findet, sind Versuche, die von Kreuzer angeregten Forschungsstränge zu fundieren. So Anfang der 1970er Jahre *Glanzvolles Elend. Versuch über Kitsch und Kolportage* von Gert Ueding; ein weiterer Versuch zur Klärung des Kitschbegriffs, in dem von einem eklatanten Mangel an theoretischer Reflexion in der bisherigen Kitsch-Diskussion die Rede ist (1973: S. 8). Ueding will diesem Mangel abhelfen, indem die für den Kitsch konstitutiven literarischen Phänomene auf die Bedingungen ihrer historisch-gesellschaftlichen Entstehung und Weiterentwicklung zurückgeführt werden, um so dem Gegenstand angemessene Beschreibungskriterien aus den sozialen Verhältnissen selber zu gewinnen, deren

6.5 Anwendungsbeispiel: Literarischer Kitsch

Produkt der Kitsch ist. Kurz: In den 1970er Jahren öffnet sich die Kitsch-Forschung ganz einer soziologischen Perspektive. Unter der Teilüberschrift „Glück im Winkel" wird der Kitsch nicht nur als Forschungsproblem markiert, sondern bereits in eine Lebensstilforschung eingebettet, wie sie Bourdieu zum Programm erheben wird.

In diese Richtung weist bereits der 1979 von Jochen Schulte-Sasse besorgte Band *Literarischer Kitsch. Texte zu seiner Theorie, Geschichte und Einzelinterpretation*, in dem sich Killy und Ueding – nun ihrerseits in divergierende Forschungsrichtungen klassifiziert – wiederfinden, ergänzt durch semiotische Ansätze unter anderem von Jürgen Link. Die dokumentierte forschungsgeschichtliche Akzentverschiebung wird von Schulte-Sasse selbst unterstrichen und hinzugefügt, dass der Band bereits in seiner Konzeption von der Überzeugung ausgehe, dass der Kitsch, eben weil es sich um einen Wertungsbegriff und folglich um eine Werthaltung mit der ihr eigenen Geschichte handelt, ein sinnvoller und wichtiger literaturwissenschaftlicher Forschungsgegenstand sei. Eine Vielzahl möglicher Fragestellungen wird aufgerissen:

> Wenn Gefühle kitschig sein können, in welchem Verhältnis stehen diese dann zu einem literarischen Werk, das als kitschig gilt? Werden im literarischen Kitsch Menschen mit kitschigen Gefühlen dargestellt? Drückt der Kitsch ein bestimmtes Lebensgefühl aus? Wenn ja, ist dieses Gefühl anthropologisch konstant oder geschichtlich entstanden und historisch-materialistisch erklärbar? Gibt es literarische Stilmerkmale und Konstruktionsprinzipien des Kitsches, die mit den Gefühlen seiner fiktiven Figuren wie seiner Konsumenten korrespondieren? Das heißt: bleiben seine gefühlig-sentimentalen Gehalte der Literatur als eigenständiges Medium äußerlich oder determinieren sie die Struktur des Mediums? (S. 3)

Die Kitschforschung, so sollte deutlich geworden sein, verzeichnete in den 1960er und 1970er Jahren ihre eigentliche Hochphase und regte zu einer literatursoziologischen Dauerreflexion des Phänomens an.

Zu fragen wäre, inwiefern es dieser Reflexion – zumindest unter Verwendung des Kitschbegriffs – heute noch bedarf. Zwar könnte man hier auf Ecos berühmtberüchtigte Definition verweisen, der zufolge Kitsch das Werk sei, „das zum Zweck der Reizstimulierung sich mit dem Gehalt fremder Erfahrung brüstet und sich gleichwohl vorbehaltlos für Kunst ausgibt" (Eco 1984, S. 90), doch ließe sich fragen, woran sich das Brüsten, die Fremdheit der Erfahrung sowie das vorbehaltlose Sichausgeben für Kunst überhaupt erkennen lassen. Kann allein ein literaturwissenschaftlicher Kenner wie Eco der Täuschung entgehen und erkennen, was die übrige Leserschaft, befangen im naiv-sinnlichen Vergnügen der Kitsch-Lektüre, nicht wahrzunehmen vermag? Vielleicht. Die Literatursoziologie aber sollte Ecos Definition selbst analysieren, und dies in zweierlei Hinsicht: Zum einen wissenschaftshistorisch vor dem Hintergrund der von Killy niedergeschriebenen Äußerung, dass sich der Kitsch an den „denkunfähigen und ästhetisch ungebildeten Leser" (1962a, S. 26) wendet, und zum anderen in Relation zum belletristischen Werk des Autors. Entkommt ein Experte wie Eco vielleicht den selbstgelegten Kitschfallen, indem er seinen Werken, zu denken wäre hier an *Der Name der Rose* ebenso wie an *Das Foucaultsche Pendel*, einen Anstrich von Ironie und eine Reihe intertextueller Bezüge oder auch Kreuzverweise verleiht? Aufgeklärt, wenn nicht abgeklärt jedenfalls erscheint heute der Umgang mit einer von der Literatur über die Literaturkritik bis in die Literaturwissenschaft (und zurück) verlaufenden Kitschdiskussion; eine Art von „Wertung mit System", wie sie Stefan Neuhaus anschaulich in seiner Einführung *Literaturkritik* beschrieben hat (2004: S. 151–155).

Gerade von daher aber muss eine an Kitsch- und Trivialliteraturforschung interessierte Literatursoziologie die ästhetische zugunsten der gesellschaftlichen Urteilskraft zurückstellen und fragen, wie weit die Klassifizierungsschemata (Minderwertiges, Serviles, die natürliche Lust Befriedigendes contra Sublimes, Erhabenes, Distinguiertes) oder auch eine noch stärkere Auffächerung des Kitschbegriffs einschließlich der Unterscheidung zwischen erotischem und vaterländischem Kitsch (Gelfert 2000) gegenwärtig noch tragen. Womöglich haben wir es ja heute schon mit einer standardisierten Ästhetik des Distinguierten zu tun, die ihrerseits zum Formelhaften gerinnt. Die Kritik jedenfalls tut sich schwer mit Fragen wie: Handelt es sich bei Bernhard Schlinks Bestseller- Roman *Der Vorleser* um NS-Kitsch, und haben wir es bei Robert Seethalers Roman *Ein ganzes Leben* mit mehr als nur, wie ein Rezensent im Spiegel online schreibt, „einer Prise Kitsch zu tun"? Vielleicht gibt es gegenwärtig auch in der Literatur das, was Illing als den guten schlechten Geschmack bezeichnet (S. 230). Die Antwort sollte die Literatursoziologie der Kritik überlassen und sich ganz auf das konzentrieren, was sie als Geschmacksforschung seit ihren Anfängen am besten versteht, nämlich die Untersuchung des Ineinandergreifens von Geschmacksbildungs- und Klassifizierungsprozessen. In diesem Sinne wäre auch die Gegenwartsliteratur mit den Fragen von Schücking, Bourdieu und anderen Literatursoziologen zu konfrontieren, um festzustellen, ob es den Geschmack der führenden Bildungsschicht, auf deren Willen und Mitteln die Kulturförderung künstlerischer und wissenschaftlicher Art wesentlich beruht, heute (noch) gibt.

Literatur

Bourdieu, Pierre. 1987. *Die feinen Unterschiede. Kritik der gesellschaftlichen Urteilskraft.* Frankfurt a. M.: Suhrkamp.

Brückner, Dominik. 2003. *Geschmack. Untersuchungen zu Wortsemantik und Begriff im 18. und 19. Jahrhundert.* Berlin: De Gruyter.

Eco, Umberto. 1984. *Apokalyptiker und Integrierte. Zur kritischen Kritik der Massenkultur.* Frankfurt a. M.: Fischer.

Gelfert, Hans-Dieter. 2000. *Was ist Kitsch?.* Göttingen: Vandenhoeck & Ruprecht.

Handke, Peter. 1966. *Publikumsbeschimpfung und andere Sprechstücke.* Frankfurt a. M.: Suhrkamp.

Hauser, Arnold. 1973. *Sozialgeschichte der Kunst und Literatur.* München: Beck.

Illing, Frank. 2006. *Kitsch, Kommerz und Kult. Soziologie des schlechten Geschmacks.* Konstanz: UVK.

Killy, Walther, Hrsg. 1962a. *Zeichen der Zeit. Ein deutsches Lesebuch. Auf dem Wege zur Klassik,* Bd. 1. Frankfurt a. M.: Fischer Bücherei.

Killy, Walther. 1962b. *Deutscher Kitsch.* Göttingen: Vandenhoeck & Ruprecht.

Kreuzer, Helmut. 1967. Trivialliteratur als Forschungsproblem. Zur Kritik des deutschen Trivialromans seit der Aufklärung. In *Veränderungen des Literaturbegriffs,* Hrsg. H. Kreuzer, 7–26. Göttingen: Vandenhoeck & Ruprecht.

Kreuzer, Helmut. 1967. Trivialliteratur als Forschungsproblem. Zur Kritik des deutschen Trivialromans seit der Aufklärung. In *Deutsche Vierteljahrsschrift für Literaturwissenschaft und Geistesgeschichte,* 41/1967, 173–191.

Reisner, Jacob. 1955. Zum Begriff Kitsch. Unveröffentlichte Dissertation (Universität Freiburg).

Scharfschwerdt, Jürgen. 1977. *Grundprobleme der Literatursoziologie. Ein wissenschaftsgeschichtlicher Überblick.* Stuttgart: Kohlhammer.

Schücking, Levin L. 1923. *Die Soziologie der literarischen Geschmacksbildung.* München: Roesl & Cie.

Schücking, Levin L. 1913. Literaturgeschichte und Geschmacksgeschichte. Ein Versch zu einer neuen Problemstellung. In *Materialien zur Ideologiegeschichte,* Hrsg. G. Wunberg, 92–110 (Erstveröffentlichung 1913).

Neuhaus, Stefan. 2004. *Literaturkritik. Eine Einführung.* Stuttgart: UTB.

7 Theoriebildung III: Soziologie der literarischen Institution

Im folgenden Kapitel geht es um ein Verständnis der Literatur als Institution sowie um den Prozess der Institutionalisierung selbst. In diesem Sinne werden am Beginn mit Literaturkritik, Buchhandel und Bibliothek wichtige institutionalisierte Vermittler der Literatur vorgestellt. Anschließend wird die Genese dieser Vermittler mit Sicht auf die Selbstorganisation des Sozialsystems Literatur seit dem 18. Jahrhunderts skizziert. Dem literaturhistorischen Aufriss folgt die begriffliche Reflexion: Mit Institutionalisierung, Autonomie und Wechselwirkung werden die zentralen Bausteine einer zunehmend systematischen Erfassung des Aufbaus und Funktionierens der Literatur als Institution erläutert. Wie sich diese Bausteine zu Theorien verdichten, zeigen die nachfolgenden Abschnitte zur Institutions-, Feld- und Systemtheorie. Abgeschlossen wird das Kapitel erneut durch ein Anwendungsbeispiel, hier die Lesegesellschaften, die noch vor dem Aufkommen der Kritik, des ausgreifenden Verlagswesens und florierenden Buchhandels den eigentlichen Beginn der Institutionalisierung markieren.

7.1 Entstehung und Grundlagen

Literatur entsteht nicht nur am Schreibtisch. Bevor ein Text von der Hand eines Autors in die Hand eines Lesers gelangt, hat er zahlreiche andere Hände durchlaufen; Hände von literarischen Akteuren, die Hans Norbert Fügen – einer der wichtigsten Vertreter der deutschsprachigen Literatursoziologie – treffend als die „institutionalisierten Vermittler" bezeichnet hat. Zu ihnen zählen neben dem Verleger und seinen Lektoren auch der Kritiker und der Buchhändler sowie der Bibliothekar. Sie alle wirken mit an der Entstehung der Literatur und konstituieren, indem sie ineinandergreifen, Literatur als Institution. Und dass es eine solche gibt, wird heute niemand bezweifeln. Wer etwa in das Berliner Kulturkaufhaus Dussmann geht, kann sich ein anschauliches Bild davon machen, wie eng Produktion, Distribution und Rezeption von Literatur miteinander verknüpft sind. Die Institution selbst stellt sich mit dem vorwiegend literarisch ausgerichteten Kulturkaufhaus selbst aus – und bewirbt sich selbst. Gleiches gilt für die medial erweiterte Institutionalisierung der Literatur in Formaten wie Fernsehsendungen oder Online Portalen.

Dabei zeigt der Besuch im Kulturkaufhaus unserer Gegenwart noch etwas, dass nämlich die Literatur beziehungsweise die Texte selbst organisiert sind oder sich zumindest organisieren lassen. Nach Gattungen geordnet stehen sie in den Regalen: Im Eingangsbereich zumeist die sogenannten Bestseller, in nächster Nähe kanonisierte sowie von der Kritik hochgelobte Gegenwartsromane, nicht selten Krimis, und, schon weiter hinten, Dramenliteratur, Lyrik oder auch Autorenbiografien. Von Teilen der Literaturwissenschaft werden daher auch die literarischen Gattungen als Institutionen verstanden und unter dem Gesichtspunkt einer Soziologie der literarischen Formen untersucht (siehe Kap. 5).

Im vorliegenden Kapitel soll es hingegen vornehmlich um jene literarischen Institutionen gehen, welche zusammengenommen in der jüngeren kultursoziologischen Theoriebildung auch als literarisches Feld oder System bezeichnet werden. Dieses Feld gab es nicht immer. Es ist ein historisches Produkt beziehungsweise das Ergebnis eines historischen Prozesses, in dem sich die tragenden Institutionen der Literatur wie Verlagswesen, Literaturkritik oder auch der Buchhandel in einem Maße entwickelten, das die Literatur selbst zu einem relativ autonomen Bereich (neben anderen) machte. Von daher ist, gerade wenn es um ein Verständnis der Literatur als soziale Institution geht, ein historischer Zugang unerlässlich. Im Altertum und im Mittelalter gab es weder Verlagswesen noch Buchhandel, was bekanntlich nicht bedeutet, dass es in diesen Zeiten keine Literatur gab. Was es nicht gab, war Literatur als Institution im Sinne einer radikalisierten Autonomie. Sie ist gewachsen, und dies beschleunigt in der Moderne, das heißt in jener Zeit, in der auch die Literatursoziologie selbst entstand. Die Beobachtung von Literatur als eigenständiger Institution begann also erst, und wie könnte es auch anders sein, mit der Emergenz derselben.

Dabei reichen die Anfänge dessen, was hier als institutionelle Vermittler bezeichnet wird, zum Teil sehr weit zurück. So verstand man unter der Bezeichnung Bibliothek bereits im Altertum alle Einrichtungen, die der Aufbewahrung und Nutzbarmachung einer Sammlung von Büchern dienen, sowie die gesammelten Bücher selbst. Man sah demnach bereits im Altertum in der Literatur etwas Nützliches und Bewahrenswertes, dem man allein durch die Erschaffung eigener Einrichtungen einen gesellschaftlichen Wert zusprach. Maßgeblich gesteigert wurde

7.1 Entstehung und Grundlagen

dieser Wert, davon zeugen sowohl die Entwicklung des Buchhandels wie auch der Literaturkritik, mit der Entstehung des bürgerlichen Publikums im 18. Jahrhundert. Immer mehr Menschen begannen in einer gemeinsamen Sprache zu lesen und zu schreiben, unter ihnen auch Frauen, und immer mehr Buchhändler bemühten sich im Wettstreit miteinander um die besten Autoren und die höchste Zahl von Lesern. Aufseiten der Autoren wuchs angesichts dieser Entwicklung das Selbstbewusstsein gegenüber literaturexternen Instanzen wie Politik oder Religion – und mit ihm die Höhe der geforderten Honorare. Und selbst jene, die sich der Vermarktung entziehen wollten, trugen durch die Gründung von Selbstverlagen zum Anwachsen und zur Differenzierung der Institution Literatur bei. Aufseiten des zahlenmäßig rasant ansteigenden Publikums wuchs gleichzeitig das Interesse an Bildung und Unterhaltung. Der Roman trug dem Rechnung; eine literarische Form, die überhaupt erst im 18. Jahrhundert im Plural auftauchte.

Eine Vielzahl gedruckter und im Buchhandel erhältlicher Romane also steht, so könnte man vereinfacht sagen, am Beginn der rasant anwachsenden Institution Literatur. Welchen aber sollte man kaufen, und wer definiert eigentlich den Wert eines Werkes? Um diese Frage herum richtete sich jener institutionalisierte Vermittler auf, dem aus literatursoziologischer Perspektive vielleicht die größte Bedeutung zukommt und der darum hier noch einmal gesondert behandelt werden soll: die Literaturkritik. Sie teilt mit dem, was sie kritisiert, zunächst ganz grundsätzlich die Tatsache, dass sie ein Medium braucht, in dem sie erscheint, wobei dieses Medium nicht das kritisierte Werk selbst sein kann. An seine Seite treten literarische Zeitschriften oder Internetplattformen. Auch kann die Kritik, denken wir an das Feuilleton oder den Kulturteil, einen bestimmten Platz in nicht vornehmlich literarisch oder kulturell ausgerichteten Zeitschriften, Zeitungen oder Internetseiten einnehmen. In jedem Fall erweitert die Literaturkritik den Raum der Literatur um einen für die Autonomie eben dieses Raumes unverzichtbaren Baustein, und zwar insofern, als erst mit der Kritik die eigentliche Beobachtung der Literatur als Literatur, das heißt als ein Raum mit eigenen Regeln (und der hinter ihnen stehenden eigenen Geschichte) einsetzt.

Die Regeln selbst – und mit ihnen die Kriterien, nach denen Literatur kritisiert und bewertet werden kann – sind nicht in Stein gemeißelt und dürfen es auch nicht sein, da andernfalls entfallen würde, was die Institution am Laufen hält: die anhaltende Auseinandersetzung um die beste und wahre Literatur. Literatursoziologisch betrachtet ist der Kritiker als Mittler zwischen Buch und Leser im Zuge einer zunehmenden Verschriftlichung von Literatur (wie sie beispielsweise das antike Theater noch nicht kannte) von Interesse, also in seiner Funktion, einerseits auf die Existenz eines bestimmten gedruckten Werks aufmerksam zu machen und andererseits die Rezeption dieses Werks zu steuern. Literaturkritik, nicht anders als Musik-, Kunst- oder auch Filmkritik kann und muss das besprochene Werk positiv oder negativ bewerten. Dabei folgten und folgen Auswahl und Wertung keineswegs immer Kriterien, die aus der Institution Literatur selbst hervorgegangen sind. Religion oder auch Politik spielten und spielen eine Rolle, auch wenn es heute oft eher die aus der Literaturkritik selbst hervorgegangene Literaturwissenschaft ist, welche die Kriterien zur Bewertung von Texten vorgibt. Nicht selten sind Literaturkritiker (wie ja auch Autoren) literaturwissenschaftlich geschult, das heißt ihre Kritik erfolgt vor dem Hintergrund eines weitreichenden literaturhistorischen und -theoretischen Wissens. Dieses Wissen teilt der Leser zumeist nicht und überlässt daher dem Kritiker, eben als Experten, das Urteil. Ob beispielsweise Thematik, Struktur und Sprache eines Romans innovativ sind, kann nur einschätzen, wer den Romanbestand weitestgehend überblickt, ganz zu schweigen davon, dass Innovation – auch dies weiß der geschulte Kritiker – selbst ein eher jüngeres und damit relatives Kriterium für die Bewertung von Texten ist (siehe auch Abschn. 3.3).

Mit anderen Worten: Der Kritiker muss, will er seiner Rolle als Autorität innerhalb der literarischen Institution gerecht werden, mehr lesen und wissen als der Leser. Nötig ist dies nicht zuletzt angesichts einer Vermarktlichung und der damit verbundenen quantitativen Zunahme von Literatur, in der der Kritiker Orientierungswissen bereitstellt. Soziologisch besonders interessant ist dabei, dass der Kritiker in dieser Rolle gleich im doppelten Sinne gesellschaftsstiftend wirkt, da er einerseits die literarische Gesellschaft, deren Teil er ist, mit hervorbringt und andererseits zwischen dieser literarischen Gesellschaft und der nicht-literarischen (aber lesenden) Gesellschaft vermittelt. Indem er dem Text noch einen Text zur Seite stellt, der wiederum der Kritik unterzogen werden kann, erweitert der Kritiker zum einen den Produktionsbereich der Literatur bis hinein in die Wissenschaft. Mit der Bezeichnung des *literary criticism* erinnert die Wissenschaft noch an diese (ihre eigene) Genese. Zum anderen ist die Literaturkritik als Mittler zwischen Schriftsteller und Publikum der Garant der literarischen Normen und Regeln, die befolgen muss, wer nicht als Abweichler gelten und mit negativer Kritik sanktioniert werden will. Als Hüter der literarischen Ordnung kommt der Kritik somit die Funktion zu, Verbindlichkeit zu stiften und Erwartungen aufeinander abzustimmen. Und auch wenn spätestens seit der historischen Avantgarde der Regelbruch selbst zur Regel geworden zu sein scheint, so ändert dies doch nichts daran, dass allein die Existenz einer wertenden Literaturkritik für die Normgebundenheit der Literatur steht – völlig ungeachtet dessen, wie diese Normen jeweils definiert wurden und werden (siehe auch Abschn. 5.2).

Um den aus literatursoziologischer Perspektive wichtigsten Punkt hier noch einmal zu betonen: Kritik braucht, will sie ihrer wertenden Funktion gerecht werden, Kriterien. Diese können variieren und sich nach rein ästhetischen, moralischen oder auch unterhaltungsindustriellen Vorgaben richten. Sie können aus der Literatur selbst (Stichwort: Autonomie) oder aus literaturexternen Bereichen (Stichwort: Zensur) kommen. In jedem Fall verweist das Vorhandensein von Literaturkritik auf eine Beobachtung von Literatur *und* Publikum und damit auf eine Zusammenschau von Literatur und Gesellschaft, wie sie auch der Literatursoziologie wesentlich ist. Nicht zufällig führt daher der Weg von der literarischen Moderne über die Literaturkritik auch zu den Anfängen der Literatursoziologie (siehe Abschn. 2.1) Doch interessiert hier nicht die Genese der Literatursoziologie, sondern die literatursoziologische Besonderheit der Literaturkritik; eine Besonderheit, die darin besteht, dass jede Kritik auf Kriterien und mithin auf einem Regelwerk basiert, welches sich zwar ändern, welches aber nicht gänzlich verschwinden kann. Die Überzeugung, dass es eines Regelwerks bedarf und, mehr noch, das Regelwerk selbst stehen folglich am Beginn dessen, was hier als Institutionalisierung verstanden wird.

Von der Regelpoetik eines Johann Christoph Gottsched bis zu Elke Heidenreich, die heute statt Kriterien allein ihre Leseleidenschaft an die Fernsehzuschauer weiterreicht, liegt ein weiter Weg, auf dem die jeweils herrschenden literarischen Normen immer wieder angegriffen, verteidigt und modifiziert wurden. Auch war ein Kritiker wie Gotthold Ephraim Lessing, Studierende der Germanistik wissen das, eben nicht nur Kritiker, sondern auch Autor, Dramaturg, Bibliothekar und Mitglied des Kreises um den Berliner Verleger und Aufklärer Christoph Friedrich Nicolai. Damit ist gesagt, dass in der Zeit der Aufklärung die unterschiedlichen literarischen Teilbereiche noch personell eng miteinander verflochten waren und sich erst allmählich über einen anwachsenden Literaturbetrieb ausbildeten und spezialisierten, der seinerseits wiederum mehr und mehr nach differenzierten Kenntnissen und Qualifikationen verlangte. Schaut man auf Online Portale, in denen dem interessierten Leser gegenwärtig Literaturkritik angeboten wird, so zeigt sich, wie sehr sich das Selbstverständnis und die externe Funktionszuschreibung der Literaturkritik mit der Zeit verändert haben. Heute haben wir es mit einem Spektrum zu tun, das von der Kritik als deutende Verlängerung des Textes bis hin zur Kritik als Sprachrohr des durchschnittlichen, auf Spannung und Unterhaltung setzenden Lesepublikums reicht. Was sich jedoch nicht geändert hat, ist die Tatsache, dass die Kritik als Mittler und folglich als ein Drittes fungiert, welches Verbindlichkeit herstellt und, neben anderen institutionalisierten Vermittlern, die tragende Struktur der Literatur als Institution sichert (Neuhaus 2004).

7.2 Grundbegriffe: Institutionalisierung, Autonomie, Wechselwirkung

Unter *Institutionalisierung* ist ein Prozess zu verstehen, in dessen Verlauf das zunächst willkürliche zwischenmenschliche Handeln zunehmend bestimmten Regeln und Normen folgt. Für die Literatur heißt dies, dass im Prozess ihrer Institutionalisierung bestimmte Spielregeln entwickelt wurden, die das Funktionieren von Literatur steuern. Zu denken ist hier etwa an das Zusammenspiel von Produzenten, Distribuierenden und Rezipienten; ein Zusammenspiel, dessen Regeln man sich nicht bewusst sein muss, dessen Erfolg jedoch an Bestsellern und den sie vertreibenden Kulturkaufhäusern zu erkennen ist (siehe auch Abschn. 3.5). Wie jedes Regelsystem, so ruft auch das literarische eine bestimmte Ordnung hervor, in diesem Fall eine literarische Ordnung, die sowohl gesetzlich fixiert als auch informell sein kann. Soweit es sich um gesetzlich fixierte Normen wie etwa das Urheberrecht handelt, überschneidet sich die literarische Ordnung mit der juristischen, da hier nach dem Muster des Patentrechts bestimmte allgemeine Normen auch auf die Literatur angewandt werden.

Anders und literaturspezifischer verhält es sich mit den eher informellen Normen. Zu ihnen ist alles zu zählen, was nicht juristisch eingeklagt werden kann und trotzdem innerhalb der Institution gilt. Zu denken wäre hier an den Fall, dass der Käufer eines im Romansortiment unter Kriminalroman befindlichen Buches beim Lesen feststellt, dass es sich nach seiner Ansicht nicht um einen Kriminalroman handelt. Es fehlt vielleicht der Mord oder der Kommissar. Zurückbringen kann er den Roman deswegen nicht. Auch kann er das Recht auf einen ‚echten' Krimi nicht einklagen. Was dem Käufer aufgrund seiner Enttäuschung jedoch bleibt, ist die Erkenntnis, dass es zwar bestimmte literarische Erwartungen gibt, diese jedoch enttäuscht werden können. Anders formuliert: Es existieren stabile dauerhafte Muster literarischer Beziehungen, andernfalls gäbe es keinen Literaturbetrieb und keine Erwartungshaltungen aufseiten seiner Partizipienten, seien es Autoren, Verleger, Kritiker oder Leser. Literarisches Handeln wurde und wird stabilisiert und erwartbar gemacht; eine Tatsache, der die Empirische Literaturforschung mit einem integrativen Blick auf literarische Konventionen gebührend Rechnung trägt (Barsch 2000). Und doch gibt es enttäuschte Erwartungen, was wiederum anzeigt, dass die Muster nicht zwingend und Abweichungen möglich sind. Der Bereich der Literatur, so zeigt sich, ist zwar institutionalisiert, dies allerdings schwach.

Die schwache Institutionalisierung der Literatur korrespondiert mit ihrem eigentlichen Gegenstand: Geht man davon aus, dass eine Funktion der Institution darin besteht, die Willkür des Individuums einzuschränken, so hat man es bei der Institutionalisierung moderner Literatur mit einem Paradox zu tun, da die

7.2 Grundbegriffe: Institutionalisierung, Autonomie, Wechselwirkung

Institution sich auf einen Gegenstand stützt, der sich selbst als Ausdruck individueller Schöpferkraft (Stichwort: Kreativität) versteht. Das individualistische Moment muss folglich gleichsam gepflegt und so institutionalisiert werden, dass es kommunizierbar und verkäuflich wird. Vorstellen kann man sich diese Herausforderung am Beispiel des Theaters. Das Theater selbst ist eine manifeste und stabile Institution, die auf einer spezifischen literarischen Form, dem Drama gründet. Als solche verlangt das Theater eine gewisse Verbindlichkeit (Länge des Stücks, Aufführbarkeit usw.), der sich ein Dramenautor zwar zu widersetzen versuchen kann, dieser Versuch jedoch, kommt es zur Aufführung, von der Institution Theater mittels entsprechender Dramaturgie entschärft wird. Zu denken wäre hier etwa an Heiner Müller, der als Dramatiker, Dramaturg und Theaterintendant in einer Person nach eigenen Angaben solche Stücke favorisierte, die sich der Institution Theater widersetzen. Aufgeführt wurden seine Stücke trotzdem, andernfalls hätte Müller sich selbst aus einer Institution befördert, in der er auf verschiedenen Ebenen arbeitete – und die, wie jede andere Institution, auch und nicht zuletzt über materielle und symbolische Anreize (geld und Anerkennung) wirkt. Wichtig ist festzuhalten, dass die Literatur als Teil der Kultur ihren Erhalt nur als institutionalisierte sichern kann und gleichwohl von starken Institutionen wie dem Recht oder der Kirche deutlich abzugrenzen ist. Wichtig ist ferner, dass es gerade diese schwache Form der Institutionalisierung ist, welche die Literatur (und Kunst) für die Gesellschaftstheorie zu einem besonders aufschlussreichen Gegenstand macht.

Bevor wir uns der Theorie zuwenden, müssen wir uns noch einmal zwei wesentliche Punkte vor Augen halten: Zum ersten, dass Institutionen grundsätzlich das Verhalten von Menschen steuern, und dass dies in der Literatur gleich in zweifacher Hinsicht der Fall ist, weil sich Literatur mit der Sprache einerseits eines Mediums bedient, das auf zwischenmenschlichen Übereinkünften und Regelwerken gründet und daher im weitesten Sinne selbst schon als eine Institution verstanden werden kann. Dieses Medium wird, zum zweiten, von der Literatur noch einmal gestaltet und in Form(en) gebracht, die ihrerseits auf bestimmten Regeln und daran gebundenen Erwartungen fußen. Die so entstehende symbolische Ordnung ist folglich will- und unwillkürlich gleichermaßen. Sie ist gemacht und als gemachte doch derart verbindlich, dass sie das Handeln der literarischen Akteure steuert. Symbolische Ebene und Handlungsebene sind – zumindest aus literatursoziologischer Perspektive – nicht voneinander zu trennen. Der zweite Punkt, den wir nicht aus den Augen verlieren dürfen, ist die Historizität der Institution Literatur (siehe auch Kap. 4). Wie jede kulturelle Objektivation, so verdankt sich die Literatur dem, was wir Kulturgeschichte nennen und zu verstehen versuchen. Im Bereich der Literatur sind diese Objektivationen, so könnte man in Anlehnung an Peter L. Berger und Thomas Luckmann sagen, Sedimentierungen dynamischer Prozesse, in denen sich eine bestimmte literarische Habitualisierung, das heißt bestimmte Typen von literarisch Handelnden und mit ihnen bestimmte Typen von literarischen Formen ausbildeten.

Der Kultursoziologe Georg Simmel hatte diesen Gedanken mit der Formulierung der kulturellen Objektivationen bereits auf den Begriff gebracht. In diesem spannenden Punkt berührt sich die Literatursoziologie einmal mehr mit der frühen Kultursoziologie. Objektivationen, so hat Simmel gezeigt, haben eine fundamentale Bedeutung für das menschliche Handeln, weil sie einerseits aus dem zwischenmenschlichen Denken und Handeln hervorgehen und sich andererseits derart verselbstständigen, dass sie auf eben dieses Denken und Handeln zurückwirken. Der ganz auf den Institutionsbegriff abstellende Sozialphilosoph Arnold Gehlen griff diesen Gedanken auf und wendete ihn in den 1960er Jahren kritisch, wenn er betonte, dass es Kunst und Literatur nicht geben müsste und würde, wären beide nicht durch eine immer mächtiger werdende Kulturpolitik gestützt (Magerski 2011, S. 123–152).

Damit kommen wir zu einem weiteren, für ein Verständnis der Literatur als Institution unabdingbaren Begriff: der *Autonomie*. Autonomie bedeutet Selbstbestimmung und folglich das Gegenteil von Fremdbestimmung. Selbstbestimmung wiederum muss, wenn von der Autonomie der Literatur die Rede ist, als ein Zustand verstanden werden, der weder immer vorhanden war, noch sich auf quasi-natürliche Weise einstellte. Vielmehr musste die Autonomie beziehungsweise die Unabhängigkeit von nicht-literarischen Instanzen wie der Kirche oder der Politik (Stichwort: Zensur) errungen werden. Übersetzt man den Begriff der Autonomie mit Eigengesetzlichkeit, so wird deutlich, was dies für die Literatur bedeutet: Sie musste lernen, sich ihre Gesetze selbst zu geben, was wiederum nichts anderes heißt, als dass sie zunächst einmal damit beginnen musste, die Regeln, nach denen sie funktionieren will, selbst zu definieren.

Sucht man nach den Anfängen der Versuche literarischer Selbstbestimmung, so führt der Weg auch hier zurück zu den Anfängen der bürgerlichen Gesellschaft. Nachgerade die Romantiker versuchten durch Gruppenbildung und eigene Zeitschriften einer Position Nachdruck zu verleihen, die ganz auf die Selbstbestimmung der Kunst und Literatur setzte, wobei jedoch nicht übersehen werden darf, dass viele der Romantiker sogenannte Brotberufe hatten und Literatur – was ihre Rezeptionsgeschichte zumeist vergessen lässt – eher nebenbei betrieben. Wer sich, wie Klopstock, Goethe oder auch Schiller, nahezu ganz der Literatur widmen wollte, bedurfte noch weit bis ins 19. Jahrhundert hinein der Schirmherrschaft der Höfe, was wiederum nichts daran ändert, dass es eben jene unter dem Schutz von Fürsten stehenden Klassiker waren, welche maßgeblich

7.2 Grundbegriffe: Institutionalisierung, Autonomie, Wechselwirkung

daran mitwirkten, dass ein Verlag wie Cotta vom kleinen Buchhandel zum riesigen Unternehmen anwachsen konnte. Mit einer zwar politisch schwachen, ökonomisch aber eigenständiger werdenden bürgerlichen Gesellschaft entstand auch ein selbstbewusster Literaturbetrieb und mit ihm die Vorstellung und Möglichkeit einer Existenz als freier Schriftsteller.

Dass diese Freiheit und folglich auch die Autonomie der Literatur immer relativ und oftmals nicht mehr als eine Idealvorstellung waren, wussten bereits die Klassiker, wenn sie die neue Abhängigkeit vom Verleger beklagten. Der Markt, gewachsen an dem vornehmlich bürgerlichen und seinerseits wachsenden Lesepublikum, wurde, nachdem man sich von Religion und Politik emanzipiert hatte, zur neuen Macht, doch ist diese insofern von den beiden anderen Bereichen zu unterscheiden, als der literarische Markt nachgerade mit seinen führenden Literaturverlagen und dem Verlagsbuchhandel selbst zu den festen Bestandteilen der autonomen Institution Literatur gezählt werden muss. Cotta, um bei dem Beispiel zu bleiben, suchte gezielt den Kontakt zu den damals schon populären Klassikern – und die Klassiker profitierten von der Zusammenarbeit mit Cotta, schließlich hätte es ohne diese nicht ihre um 1800 einschlägigen Literaturzeitschriften oder auch Gesamtausgaben gegeben. Wenn sich die Autoren gleichwohl über die Abhängigkeit von Verlag und Markt beklagten, so sind auch diese Klagen zu relativieren. Schließlich konnte man schon damals, erinnert sei an einen Akteur wie Heinrich von Kleist, ganz auf Eigenverlage setzen und mit ihnen auch den eigenen Ruin riskieren. Dass dieser, tatsächlich eingetreten, dem literarischen Nachruhm nicht im Wege stand, unterstreicht nur einmal mehr die spezifische Logik einer Literatur, die spätestens seit dem Beginn des 19. Jahrhunderts ihren eigenen Gesetzen folgt. Trotzdem ist festzustellen, dass die Frage der Autonomie bis heute die Literatur- und Kulturwissenschaften beschäftigt, ja ist zuweilen gar von einem Autonomieverlust der Literatur und Kunst die Rede.

Illustrieren lässt sich die aktuelle Diskussion, und erneut soll das Theater als Beispiel dienen, am Fall des Stücks *Terror* von Ferdinand von Schirach. Schirach, selbst Jurist, schreibt ein interaktives, eine Rechtsfrage verhandelndes Stück, das von Kritik und Publikum begeistert aufgenommen wird. Der vielleicht heftigste Widerspruch findet sich im Feuilleton der Wochenzeitung *Die Zeit* und schließt mit den Worten, dass eine Kunst, die aus Lüge, Denkfaulheit und Inkompetenz bestehe, nicht mehr sei als die Imitation ihrer selbst. Formuliert wurde die Kritik nicht etwa von einem Literaturkritiker, sondern von einem Bundesrichter in Karlsruhe, der regelmäßig selbst Kolumnen und eigene Bücher schreibt. Wenn sich nun aber Theaterintendanten, Fernsehredakteure und ein breites Publikum an den rechtsgelehrten Unstimmigkeiten des Stücks nicht stören, vielmehr das Stück regelrecht feiern, wer will dann über den Dramatiker, Bestseller-Autor und

Kleist-Preisträger von Schirach richten, und nach welchen Regeln? Fest steht, dass von Schirach mit seinen Büchern vom Recht in die Literatur gewechselt und damit einen Bereich betreten hat, in dem andere Gesetze herrschen als im Rechtsraum (siehe auch Abschn. 5.3). Im Raum der Literatur kann der Autor entscheiden, ob er dokumentarisch, fiktional oder semifiktional verfahren will. Auch sind Aktualität und literarischer Erfolg nicht strafbar. Literaturintern angreifbar wäre allein die Qualität des Stücks, und zwar gemessen an dem, was im Bereich der politisch engagierten Dramenliteratur bereits vorliegt. Doch überwog in den Kritiken der einschlägigen Tageszeitungen eine un-literarische, dem Recht oder der Politik entstammende Perspektive.

Bedeutet dies nun, dass es mit der Autonomie der Kunst zu Ende ist oder, dass es Texte gibt, die vom autonomen Bereich der Literatur ausgehend thematisch eben diesen Bereich überschreiten? Der Literatursoziologie kann es nicht darum gehen, diese Frage zu beantworten und, gewissermaßen selbst aus dem Raum der Wissenschaft heraus, normativ in die Institution Literatur einzugreifen. Was Literatursoziologie aber kann und sollte, ist, neue Tendenzen in der Literatur einschließlich der sich um sie entspannenden Deutungs- und Legitimationskämpfe zu beobachten, und dies insbesondere, wenn es um die Wechselwirkung der Literatur mit anderen sozialen Bereichen wie dem Recht, der Politik oder auch der Wissenschaft selbst geht.

Auch von daher steht der Begriff der *Wechselwirkung* hier als dritter zentraler Baustein der Beobachtung der Literatur als Institution. Im Sinne unserer Einleitungsgeschichte vom kleinen Tiger ließe sich für die Literatur sagen, dass sie überhaupt erst dank einer Wechselwirkung zustande kam, meint dies in der Soziologie doch ein wechselseitig aufeinander bezogenes Handeln, wie es am Beginn jeder Form von Kommunikation steht. Im engeren Sinne kann Wechselwirkung mit dem bereits mehrfach aufgerufenen Kultursoziologen Simmel als die gegenseitige dynamische Beziehung zwischen Individuen, Gruppen und sozialen Einheiten verstanden werden. Folgt man Simmel, so entsteht Gesellschaft überhaupt erst dort, wo Individuen dauerhaft aufeinander einwirken, sich wechselseitig beeinflussen und damit vergesellschaften. Aus dieser konsequent relationalen Perspektive betrachtet, erscheint Literatur als Resultat einer Erwartungskette, in der sich die Wechselwirkung daran zeigt, dass das, was ein literarischer Akteur schreibt und erwartet, Auswirkungen auf das hat, was der Leser (oder lesende Schreiber) erwartet. Erst die wechselseitigen Erwartungen (Erwartungserwartungen) lassen bestimmte Begriffe und auf Differenzen beruhende Strukturen wie hohe Literatur, Unterhaltungs- oder auch Trivialliteratur, aber auch Gattungskonzepte als „kognitive Orinetierungsschemata" (Barsch 2000, S. 5) entstehen.

7.2 Grundbegriffe: Institutionalisierung, Autonomie, Wechselwirkung

Die literarischen Strukturen selbst sind, wie die gesamte literarische Ordnung und die Institution Literatur, aufgrund der Tatsache, dass sie sich der Wechselwirkung und damit dynamischen Beziehungen verdanken, nicht endgültig, sondern in ständiger Bewegung und Modifikation. Dies gilt, wie oben bereits angesprochen, auch und gerade für die literarischen Formen, in diesem Zusammenhang zu verstehen als Institutionalisierungen im Raum des Symbolischen. Es ist das Verdienst des Simmel-Schülers Georg Lukács, die von Simmel zentrierten Begriff der Form und der Wechselwirkung auf die Literatur übertragen zu haben. (siehe Abschn. 2.3 sowie Magerski 2004, S. 125–164). Dieser transdisziplinäre Akt soll an dieser Stelle noch einmal aufgerufen und das Konzept der Wechselwirkung am Beispiel der Dramenform kurz illustriert werden. Folgt man Lukács, so verliert das Drama im bürgerlichen Zeitalter seine Spitzenposition innerhalb der Gattungshierarchie, weil das bürgerliche Lesepublikum die tragische Weltanschauung, auf der die Form beruht, nicht mehr zu teilen vermag. Der Bürger als aufstrebende soziale Formation ist, vereinfacht gesagt, zu optimistisch, um sich dem Tragischen zu öffnen. Zu viele Alternativen und Möglichkeiten stehen ihm zur Verfügung, als dass er sich auf ein literarisches Konzept einlassen würde, das wesentlich auf der Akzeptanz eines unausweichlichen Schicksals beruht. Was das Drama aufgrund seiner geschlossenen Form nicht zu leisten vermag, nämlich eine grundsätzlich offene und (von klugen und arbeitsamen Bürgern) zu formende Zukunft literarisch zu gestalten, verhilft dem Roman (insb. dem Bildungsroman) zum Aufstieg. Oder, anders formuliert, weil der Bürger grundsätzlich davon ausgeht, dass er sein Schicksal selbst in den Händen hält, funktioniert die Form des Dramas nicht mehr und muss den Spitzenplatz zugunsten einer wirkungsmächtigeren Gattung räumen, die in der Moderne zur favorisierten Form wird und mithin stilbildend wirkt.

Der besondere, an dieser Stelle noch einmal zu unterstreichende Beitrag von Lukács für die Literatursoziologie besteht folglich darin, dass er den kultursoziologischen, auf Vergesellschaftung, Objektivierung und Formbildung abstellenden Ansatz in den Bereich der literarischen Formen und damit des Symbolischen verlängert. Hergestellt und theoretisch verarbeitet wird die Verbindung zwischen ästhetischen und soziologischen Anschauungen über die Begriffskette Form, Stil und Wirkung (Magerski 2004, S. 133–139). Die so entwickelte und am Beispiel der Genese des modernen Dramas von Lukács illustrierte synthetische Methode kann auch heute für weitere Untersuchungen des Zusammenspiels von symbolischen und sozialen Formen sinnvoll angewandt werden. Ziel jeder dieser Untersuchungen sollte es sein, den Nachweis zu erbringen, dass sich in literarischen Formen bestimmte Wechselwirkungen verdichten, die sich aufzeigen und – im Sinne eines Verständnisses sozio-kultureller Prozesse insgesamt – in ihrem Funktionieren begreifen lassen.

7.3 Weiterentwicklung: Institutionstheorie

Die Produktion und die Aufnahme eines literarischen Werks findet immer unter schon vorgegebenen institutionellen Rahmenbedingungen statt; ein Rahmen, der die reale Wirkung entscheidend bestimmt. Dies hat die Literatursoziologie bereits in ihren Anfängen am Beginn des 20. Jahrhunderts herausgestellt, doch rückt Literatur als Institution erst in den 1960er und 70er Jahren in den Fokus der Literatursoziologie. Eine Zäsur markiert hier Peter Bürgers *Theorie der Avantgarde* (Bürger 1974; Magerski 2017, S. 857–886) In ihr wird der Status der modernen Kunst und Literatur konsequent über die Institution definiert, unter deren Rahmenbedingungen die Einzelwerke produziert und rezipiert werden. Im Modell einer kritischen Literaturwissenschaft, wie sie Bürger zu konstituieren beabsichtigte, nimmt das institutionelle Moment dann auch eine Schlüsselstellung ein. Der Begriff der Institution wird definiert als Vermittlungsebene zwischen der Funktion des Einzelwerks und der Gesellschaft oder auch als geschichtliche Variable, deren Veränderungen viel langsamer stattfinden als die Abfolge der einzelnen Werke. Mit dem Institutionsbegriff, so Bürger, soll die starre Gegenüberstellung von Kunst und Gesellschaft aufgehoben und das Kunstwerk selbst als ein Teil der Gesellschaft begriffen werden.

Mit Sicht auf die geschichtliche Herausbildung der Institution verweist auch Bürger auf das 18. Jahrhundert, das heißt auf jene Zeit, in der sich ein neuer Begriff von autonomer Kunst und eine systematische Ästhetik als philosophische Disziplin entwickelten. Doch erst die Avantgarde, nachgerade der Dadaismus, hat laut Bürger die Institution als solche kenntlich gemacht. Indem die radikalste Bewegung nicht mehr nur allein Kritik an den ihr vorausgegangenen Kunstrichtungen übte, sondern die Institution selbst zu stürzen versuchte, dieser Versuch einer forcierten Zusammenführung von Kunst und Leben jedoch misslang, hat die Avantgarde gerade aufgrund ihres Scheiterns die Institution der modernen Kunst und Literatur in ihrer ganzen Stärke sichtbar werden lassen.

Wie der Versuch selbst, so verlief der Emanzipationsprozess der Literatur keineswegs gradlinig. Auch handelt es sich bei der Institutionalisierung der Kunst und Literatur zu einer eigenen Wertsphäre (neben anderen) um einen außerordentlich widersprüchlichen Prozess. Immer aber wird die Institution selbst als eine Praxis mit folgenden Merkmalen verstanden: Sie muss bestimmte Funktionen für das Gesellschaftssystem als ganzes übernehmen, einen ästhetischen Kodex als Legitimationsgrundlage für die Ausgrenzung anderer literarischer Praxen ausbilden und den Anspruch auf Geltung bezüglich der Definition dessen erheben, was in einer bestimmten Epoche als Literatur gilt (und was nicht). Der Kodex selbst wird verstanden als eine ständig neu auszuhandelnde, innerhalb der Institution selbst umkämpfte Norm.

7.3 Weiterentwicklung: Institutionstheorie

Im Zentrum eines theoretisch so gefassten Institutionsbegriffs steht also die normative Ebene. Sie ist es, die die Verhaltensweise der Produzenten, Distribuierenden und Rezipienten bestimmt. Der eingangs bereits behandelten Literaturkritik, wie allen Kontroversen um die Literatur, kommt dabei eine besondere Bedeutung zu, weil erst in der Auseinandersetzung beziehungsweise im Kampf um die Normen die Macht der Institution als einer sich selbst die Gesetze gebenden Instanz zum Ausdruck kommt. Gleichwohl aber, und damit verweist Bürger auf ein generelles Problem jeder auf den Institutionsbegriff abstellenden Theoriebildung, gebe es keine einfache Analogie zwischen der Institution Literatur und anderen gesellschaftlichen Teilbereichen. Sie der Institution Recht gegenüberstellend, kommt Bürger zu dem Schluss, dass das Recht uns als geschriebenes Recht, das heißt als Corpus von Texten, die unmittelbar das Funktionieren der Institution regeln, gegenüberstehe, während es für die Institution Literatur nichts Vergleichbares gäbe. Sie ist, und wir erinnern uns hier an den enttäuschten Krimi-Leser, nicht in Statuten festgelegt.

Der Soziologe Pierre Bourdieu wird mit seiner Theorie des literarischen Feldes an diesen Punkt anknüpfen und Bürgers Sicht in Teilen revidieren. Bevor wir uns jedoch die von Bourdieu aufgedeckten Regeln der Literatur näher ansehen, soll mit Arnold Gehlen ein weiterer Institutionstheoretiker vorgestellt werden. Dabei operiert Gehlen weniger mit dem Begriff der Institution als vielmehr mit dem der Institutionalisierung und stellt diesen an das Ende der methodologisch verknüpften Begriffskette von Kristallisation, Ritualisierung und Institutionalisierung (Gehlen 2016; Magerski 2011, S. 25–44). Kristallisation meint dabei die Aufspaltung der Kunst und Literatur in divergierende, sich zueinander in einem Konkurrenzverhältnis befindenden Positionen (bspw. Naturalismus contra Symbolismus). Gehlen bezeichnet dies auch als „Ausbau auf der Stelle", womit gemeint ist, dass alle der Kunst und Literatur zur Verfügung stehenden Möglichkeiten ausprobiert und entfaltet werden; ein Prozess, der Entwicklung und Spezialisierung einschließt und damit einer Konzentration auf den eigenen Bereich gleichkommt. Zusammengenommen bildet diese Ausfaltung oder Kristallisation die Voraussetzung der Ritualisierung und Institutionalisierung. Ebenso wie bei Bürger ist es bei Gehlen die Avantgarde, mit der der Gipfel des Möglichen beziehungsweise die Grenze der Kristallisation erreicht ist. Die avantgardistische Revolte gegen die Kunst und damit gegen ihren eigenen Bereich markiert die Grenze der internen Entwicklung. Mit ihr endet gewissermaßen die Geschichte der Kunst und Literatur (Stichwort: posthistoire).

Dass Kunst und Literatur nach ihrem Ende nicht aufhörten, sondern weiter existierten und regelrecht aufblühten, verdankt sich laut Gehlen einem Paradox: der Ritualisierung der Revolte (Stichwort: Neo-Avantgarde der 1960er Jahre). Kunst, und dies ist gewissermaßen die kritische Wende innerhalb der auf die moderne

Kunst und Literatur bezogenen Institutionslehre Gehlens, hätte aufhören können und kann dies theoretisch bis heute, doch läuft dem ein mächtiger, selbst noch das vermeintliche Ende auffangender Ritualisierungs- und Institutionalisierungsprozess zuwider (Magerski 2011, S. 138–152). Vorstellen kann man sich das Gemeinte anhand der Zeitschrift *Kursbuch*. In ihr rief der Herausgeber, Hans Magnus Enzensberger, im Jahr 1968 den Tod der Literatur aus, doch starben weder die Literatur noch die Zeitschrift, vielmehr wurde letztere von Enzensberger selbst noch sieben weitere Jahre herausgegeben, ja existiert das *Kursbuch* (eine bewegte Verlags- und Herausgebergeschichte hinter sich) bis heute.

Gehlen ging es mit dem Begriff der Ritualisierung jedoch nicht in erster Linie um die Kritik an einer Avantgarde, die spätestens in den 1960er Jahren begann, selbst zum Teil des Establishments zu werden, sondern vielmehr – und dies ist für eine Theoretisierung der Literatur als Institution wichtig – um die begriffliche Erfassung eines Prozesses, dem es gelingt, selbst noch die regelwidrigste Aktion einzuregeln. Der Begriff der Ritualisierung setzt die Normierung auch der normwidrigsten künstlerischen Stile mit der Normierung künstlerischen Denkens und Handelns in Verbindung. Ritualisierung meint mehr als nur die Wiederholung einer bestimmten Praxis. Sie wird von Gehlen definiert als Verhaltensweisen, welche, wie religiöse, selbst wieder zugleich stereotypisiert, stabilisiert und einwandsimmun werden.

So habe der Expressionismus gezeigt, wie Erlebnisse sich zur Haltung verfestigen und zu einer „Innen-Institutionalisierung" werden können. Mit dieser Innen-Institutionalisierung korrespondiert bei Gehlen eine „sekundäre Institutionalisierung", die über die einzelnen Köpfe hinausgeht und ein sichtbares Netzwerk hinterlässt. Erst die sekundäre Institutionalisierung gibt der Literatur und Kunst den nötigen Halt. Zu denken wäre in diesem Zusammenhang sowohl an den Sturm-Kreis oder auch die Gruppe 47 als auch an den kommerziellen Literatur- und Kunstmarkt sowie an den gesamten Literatur- und Kulturbetrieb, wie er von der Kulturpolitik und mithin von der öffentlichen Hand am Laufen gehalten wird. Innerhalb dieser sekundären Institutionen gilt als Literatur, was die Interessenten als solche dazu erklären, bis hin zu Peter Handkes Gedicht „Die Aufstellung des 1. FC Nürnberg vom 27.01.1968".

Die Erklärungen selbst werden dabei immer umfangreicher. Um jedes literarische oder künstlerische Werk stricken sich immer weitere Maschen von Kommentaren und Interpretationen; Maschen, von denen eine selbstverständlich auch der literatursoziologische Kommentar selbst ist. Mit Gehlen lässt sich die wachsende Rezeption bestimmter Werke unter dem Begriff der Kommentarbedürftigkeit fassen und als ein konstitutives Moment der Ritualisierung und Institutionalisierung, das heißt der allmählichen Sinn- und Bedeutungsstiftung einer seit den historischen Avantgarden autonomen, in die eigene Freiheit verstrickten

Literatur und Kunst verstehen. Als Reflexionskunst hat es der Rezipient mehr und mehr mit Rätselbildern zu tun (beispielsweise denen von Franz Kafka oder, zeitnäher, von Thomas Pynchon), die des Kommentars beziehungsweise der Kommunikation bedürfen, wobei sich diese Kommentare laut Gehlen durch die Kunstkritik, aber auch durch das Publikum, zu einem endlosen geselligen Gespräch über Bedeutungen verdichten – ein Gespräch, das von der Literatur selbst kaum mehr zu trennen und somit integraler Bestandteil der Institution ist.

In ihrem Funktionieren unterstützt wird die Institution im theoretischen Konzept Gehlens durch den Glauben an den Wert der Kunst und Literatur, vergleichbar dem Glauben an eine symbolische Form wie die des Geldes. Sie zählt zu jenen institutionellen Fiktionen, welche nötig sind, um Kontinuität, Erwartbarkeit und Verlässlichkeit zu sichern. Der Mensch ist laut Gehlen eben ein nicht festgestelltes Mängelwesen, das ohne institutionellen Halt in und mit der Welt nicht zurechtkommen könnte. Von daher fokussiert Gehlen die institutionelle Verfestigung bis ins Innere der Person und nimmt, wie wir jetzt sehen werden, mit den Konzepten der fortlaufenden immanenten Kunstrevolution, der Kristallisation, der Ritualisierung, der Institutionalisierung sowie der Kommentarbedürftigkeit wesentliche Bausteine der nachfolgenden Theorieentwicklung in der Literatur- und Kultursoziologie vorweg.

7.4 Weiterentwicklung: Feld- und Systemtheorie

Bourdieu bietet statt einer Reihe locker verknüpfter Konzepte ein dichtes und komplexes Modell von ineinander verschränkten Räumen, um den weiten, gleichwohl aber begrenzten Erwartungsspielraum, in dem Literatur produziert und rezipiert wird, theoretisch abzustecken (Bourdieu 1999). Um mit Bourdieu überhaupt von einem Feld sprechen zu können, bedarf es der beschriebenen Ausdifferenzierung des literarischen Produktionsbereiches, das heißt der gleichzeitigen Existenz voneinander abweichender Positionen hinsichtlich der Funktion und Form der Literatur. Die Pluralität der Positionen (bspw. die Koexistenz bürgerlicher und experimenteller Literatur) verdankt sich einer Ausdifferenzierung des Machtfeldes, die aus der Feldperspektive einer Ausdifferenzierung des Publikums gleichkommt. An der gleichzeitigen Existenz eines bildungsbürgerlichen und kleinbürgerlichen Lesepublikums etwa können sich die divergierenden Positionen im Feld ausrichten. Auch hier spielt der Begriff der Wechselwirkung eine entscheidende Rolle, was deutlich wird, wenn Bourdieu die ursprüngliche Differenzierung, ohne die ein Produktionsraum nicht als Feld funktionieren kann, auf die Diversität des Publikums zurückführt. Die Ausdifferenzierung der Produktion im Feld trägt dabei selbst wiederum zur Diversifizierung des Publikums bei.

Die im Feld befindlichen Positionen stehen dabei ebenso wie ihre jeweilige Entsprechung im sozialen Feld der Macht in einem ständigen Konkurrenzkampf um die Durchsetzung und Vorherrschaft der jeweils eingenommenen Position, wobei jede Verschiebung der Machtverhältnisse im literarischen Feld durch externe Entwicklungen begünstigt wird. Das bedeutet, dass jede gelungene Revolution im Bereich der Literatur (bspw. der Erfolg des literarischen Naturalismus) mit Unterstützung externer Veränderungen verläuft. Befördert wird die vor allem für die Konstituierungsphase des Feldes nicht kausal zu denkende Wechselwirkung zwischen internen und externen Entwicklungen durch bestimmte Dispositionen, zu verstehen als außerhalb des Feldes erworbene Eigenschaften der Akteure, mit deren sie ins Feld eintreten und in ihm den Sinn für Platzierungen bestimmen. Zu denken ist hier an die soziale und geografische Herkunft der Akteure wie auch an das damit zumeist korrelierende soziale Kapital.

Gleichwohl aber sind diese externen Faktoren nicht zu überschätzen, handelt es sich doch auch hier um eine Wechselwirkung interner und externer Faktoren, was wiederum heißt, dass ebenso wie die jeweilige Herkunft der Akteure deren Wahrnehmung des Raumes der Positionen und der in ihm für sie liegenden Möglichkeiten beeinflusst, der Raum der Positionen zur Produktion bestimmter Dispositionen beiträgt, da jede in ihm befindliche Position nur bestimmte Akteure zu berücksichtigen vermag. Mit anderen Worten, der jeweilige Habitus, von Bourdieu definiert als das System der unbewussten Denk-, Wahrnehmungs- und Handlungsschemata, über das jeder Akteur verfügt, kann sich immer nur in Relation zu einer bestimmten, bereits existierenden Struktur von Positionen realisieren, das heißt objektivieren, während umgekehrt jede einer Position inhärente Möglichkeit nur durch einen bestimmten Habitus verwirklicht werden kann.

Die Positionen im Feld sind, und dies gilt es bei jeder Feldanalyse in Erinnerung zu behalten, schwach institutionalisiert und juristisch niemals garantiert. Sie sind angreifbar und lassen sich nur bedingt vererben (Stichwort: Epigonentum). Mit anderen Worten: die eigentliche Konfrontation zwischen dem für das literarische Feld konstitutiven Gegensatz zwischen Orthodoxie und Häresie lässt sich nur an den Werken selbst ablesen. Die Werke sind es, die die symbolische Ordnung ausmachen. Der Bruch erfolgt im Bereich der Formen und muss in ihm aufgewiesen werden. Die symbolische Ordnung wird von Bourdieu als Raum der Positionierungen bezeichnet: ein Raum, der die literarischen Werke ebenso einschließt wie politische Handlungen, Reden, Manifeste oder politische Schriften. Alles, womit sich ein Akteur im symbolischen Raum positioniert, muss zur Analyse hinzugezogen werden. Will man beispielsweise das Feld bestimmen, in dem ein Autor wie Gottfried Benn als expressionistischer Lyriker hervortrat, so kann eine Gedichtinterpretation nicht genügen. Gleiches gilt für jenes Feld, in dem Benn nach 1945 wirkte. Immer müssen alle Positionierungen des Autors hinzugezogen und in Relation zu den zeitgleich im Feld befindlichen Positionierungen und Möglichkeiten betrachtet werden (Joch 2017).

In diesem Zusammenhang muss unterstrichen werden, dass es laut Bourdieu vor allem Krisenzeiten sind, in denen der Raum der Positionen und Positionierungen besonders deutlich zutage tritt. In diesen Zeiten sehen sich die Akteure gezwungen, Stellung zu beziehen und hinterlassen programmatische Schriften, die, wie die oben genannten Kommentare, zum Verständnis der Werke selbst maßgeblich beitragen. Immer aber müssen die Werke beziehungsweise Positionierungen entgegen ihrer eigenen Bestimmung in ihrer strukturellen Gemeinsamkeit mit dem Raum der Positionen erfasst werden, was wiederum bedeutet, dass auch die Werke in einem System von Gegensätzen angesiedelt sind und entsprechend behandelt werden müssen. Zwischen die Positionen und die Positionierungen schiebt Bourdieu den Raum des Möglichen. Als ein sich zwischen den existierenden Positionen und den mit ihnen korrelierenden Positionierungen auftuender Leerraum ist er der Ort des Bruchs und des Wandels. Die jeweilige Konstitution des Feldes, das heißt die Stärke der bereits vorhandenen Positionen entscheidet über das Schicksal jener, die mit neuen Vorstellungen das Feld zu betreten versuchen. Gibt es strukturelle Lücken, so stehen die Chancen gut, dass sich Neues durchsetzt. Geschieht dies, wie etwa mit den historischen Avantgarden, so müssen alle bisherigen Positionen und Positionierungen mit Sicht auf die Normen der neuen Position und deren Positionierungen geprüft werden, was erneut eine Verdichtung und Vereinheitlichung des Raumes der Positionierungen beziehungsweise der symbolischen Ordnung zur Folge hat.

Strukturiert ist die symbolische Ordnung nach Bourdieu durch eine Gattungshierarchie, innerhalb derer zwischen einer kommerziellen und einer gezielt anti-ökonomischen, allein auf symbolisches Prestige setzenden Hierarchie zu unterscheiden ist. So rangierte im 19. Jahrhunderts im kommerziellen Sektor das Drama (nicht zuletzt aufgrund seiner institutionellen Gebundenheit an das Theater und mithin einem zahlungskräftigen bürgerlichen Publikum) auf dem ersten Platz, gefolgt von Roman und Dichtung, während in der allein auf symbolisches Kapital setzenden Ordnung eine exakt gegenläufige Tendenz beobachtet werden kann (mit der Lyrik auf der Spitzenposition). Diese Hierarchie beruht nicht auf Zufall, sondern wurde, so zeigt Bourdieu, in den 1880er Jahren von den literarischen Akteuren teilweise gezielt aufgebaut. Hinter der als Koinzidenz erscheinenden Übereinstimmung oder auch Harmonie zwischen angebotenen Werken und Publikumserwartungen steckt, folgt man Bourdieu, eine gezielt entwickelte Homologie, die es für jede Phase der Genese eines Feldes aufzudecken gilt.

Zu betonen ist dabei, dass, entscheidet man sich für eine Untersuchung im Rahmen der Feldtheorie, die Entwicklung des Feldes und mithin die der literarischen Formen als unendliche Fortsetzung von Lösungsversuchen einer Konfliktsituation begriffen werden muss, in der interessierte Akteure auf eine vorgegebene Ordnung stoßen, zu der sie sich verhalten müssen, und die sie selbst, so sie sich in ihm positionieren, festigen und ausbauen. Die Dialektik der Positionen, Dispositionen und Positionierungen muss bei Anwendung des Feld-Modells durchgehalten werden, auch wenn dies in der Lehr- und Forschungspraxis sehr aufwendig ist und umfangreiche Kenntnisse voraussetzt, da nur so die Logik des Feldes und mit ihr jene Regeln sichtbar werden, nach denen der feldinterne Kampf um die Durchsetzung der jeweiligen Vorstellung von der wahren Literatur als generierendes und vereinheitlichendes Prinzip des Feldes verläuft. Der Kampf selbst hat dabei eine Art spielerischen Charakter. Das nämlich, was Bourdieu den Kreislauf der Konsekration nennt, kann sich nur schließen, wenn unter allen Beteiligten ein Einverständnis hinsichtlich der Grundregeln des Spiels herrscht. Dies gilt für alle sozialen Felder, doch sind die Regeln der Kunst (anders als im Recht oder in der Wirtschaft) nicht explizit, sondern bleiben *per definitionem* vor der Definition geschützt.

Wenn es eine Instanz gibt, die dem Feld der Literatur seine Regeln aufzeigt, so wäre dies die Literatursoziologie, wenngleich man selbstredend auch Bourdieus Werk *Die Regeln der Kunst* als eine Positionierung verstehen kann. Nur ist diese im Wissenschaftsfeld platziert und weniger vom Glauben an den Wert der Literatur als vielmehr an die aufklärerische Funktion der Wissenschaft und Theoriebildung getragen. Stellt man sich auf diese Position innerhalb der Literatursoziolgie, so erscheinen die sozialen Felder als Glaubensuniversen, das heißt als soziale und symbolische Räume, die (und Bourdieu beruft sich hier auf Durkheim) auf ‚wohlbegründeten Illusionen' fußen. Geprägt durch Elternhaus und Schule, prädestiniert der Habitus seine Träger für einen Eintritt ins Feld. In ihm wird der Habitus weiter gefestigt und es formt sich eine Gruppe Gleichgesinnter, in der der Glaube an den Wert der Literatur (Bourdieu spricht von einer symbolischen Alchimie) verankert wird.

Tatsächlich bliebe, so lässt sich Bourdieu verstehen, die magische, durch Glaube und Habitus zusammengehaltene Gruppe und damit letztlich das Feld selbst als solches beinahe unsichtbar, gäbe es nicht den Markt. Erst die unübersehbare Existenz eines wachsenden Marktes symbolischer Güter, zu denken wäre hier erneut an KulturKaufhäuser wie Dussmann, zeugt von der unablässigen Produktion und Reproduktion der Literatur als kollektivem Unternehmen. Bourdieu verfolgt das Aufkommen dieses Marktes im ausgehenden 19. Jahrhundert und attestiert eine spezifische, die Logik von Angebot und Nachfrage gewissermaßen auf den Kopf stellende Logik. Anders als bei den literarisch-künstlerischen Industrien nämlich handelt es sich beim Markt der symbolischen Güter um einen Markt der eingeschränkten Produktion. Ein solcher Markt setzt auf kleine Zahlen

7.4 Weiterentwicklung: Feld- und Systemtheorie

und lange Produktionszyklen und erhebt die Zeitspanne zwischen Investition aufseiten der Produzenten und Akzeptanz aufseiten des Publikums zum eigenen Markenzeichen. Anders als der kommerzielle Markt, der auf schnelle, breite aber kurze Wirkung zielt (Bestseller), setzt der Markt der symbolischen Güter auf eine spätere Kanonisierung, insbesondere durch das Bildungswesen (Longseller). Für diese Bestseller mit Langzeitperspektive bedarf es des Marktes der symbolischen Güter, der, gestützt auf das Bildungswesen, den Kreislauf der Konsekration um das Werk als lesenswertes und wertvolles schließt (Siehe Kap. 3).

Wie gesagt: Bourdieu hat die Feldtheorie am Beispiel der französischen Literatur des 19. Jahrhunderts entwickelt. Ob und inwiefern sie sich auf andere Räume und Zeiten übertragen lässt, kann nur im Einzelfall durch genaue Analyse geklärt werden (Magerski 2004; Tommek 2015). Mit Sicherheit aber lässt sich sagen, dass am Ende des 20. Jahrhunderts Autoren wie Daniel Kehlmann oder auch Juli Zeh die von Bourdieu scharf eingezogene Grenze spielerisch nicht nur zwischen den Positionen und Positionierungen, sondern auch zwischen den Märkten überschreiten. Nichtsdestoweniger aber dürfte sich auch heute, würde man etwa die Produktions- und Rezeptionswege von Durs Grünbein und Dora Heldt vergleichend untersuchen, eine polarisierte Struktur zeigen, die sich mithilfe der Feldtheorie und mit Sicht auf die Frage, ob wir es heute noch mit einem relativ autonomen Feld der literarischen Produktion zu tun haben (oder auch nicht), analysieren ließe, und dies gewinnbringend für ein Verständnis der Gegenwartsgesellschaft und ihrer literarischen Kultur insgesamt. Die Feldtheorie jedenfalls liefert sowohl für Untersuchungen der Literatur zurückliegender Jahrhunderte wie auch für die Gegenwartsliteratur ein weitreichendes begrifflich-methodologisches Instrumentarium, in das einzuarbeiten sich lohnt, wenn man das Funktionieren der Literatur als symbolisches Universum und als Institution verstehen will.

Gleiches gilt für die von dem Soziologen Niklas Luhmann entworfene Systemtheorie. Dabei ist bewusst von einem Entwurf die Rede, da Luhmann – im deutlichen Unterschied zu Bourdieu – seine Theorie nicht auf umfangreiche empirische Studien gründet, sondern weitaus stärker auf theoretische Grundannahmen. Mit Luhmann läßt sich überhaupt nur von einem System Literatur sprechen, wenn der Bereich eindeutig eine Selbstorganisation aufweist, das heißt wenn die Produktion von Literatur die Strukturebenen der Codierung und der Programmierung umfasst. Unter Code ist dabei die Unterscheidung von Literatur und Nicht-Literatur zu verstehen, was wiederum heißt, dass es Regeln gibt, nach denen sich ermessen lässt, ob es sich um einen literarischen Text oder einen nicht-literarischen Text (zum Beispiel einen Gebrauchstext) handelt. Der Code selbst ist das historische Produkt der Ausdifferenzierung eines relativ autonomen literarischen Produktionsbereichs, also eines Systems, das, ganz wie bei Bourdieu, nach eigenen Regeln verfährt (Joch 2009).

Die Regeln selbst jedoch sucht Luhmann, und dies unterscheidet ihn von Bourdieu, nicht im Zusammenspiel von Produktions- und Rezeptionsebene, sondern allein im Raum der Werke beziehungsweise der literarischen Form (Luhmann 1995; Magerski 2011, S. 99–122). Als besonderer Beobachtungsbereich, so ließe sich vereinfacht sagen, unterscheidet sich das literarische Kunstwerk allein durch seine Form. Weil aber bei einer derartigen Verwendung des Formbegriffs zunächst einmal nur einzelne literarische Kunstwerke eben als jeweils spezifische Formen nebeneinander stehen würden, führt Luhmann einen weiteren Begriff ein, der es ihm erlaubt, den Zusammenhang verschiedener literarischer Kunstwerke und damit Literatur als System her- und darzustellen. Dieser Begriff ist der Stilbegriff, welcher von Luhmann temporalisiert und pluralisiert wird (siehe auch Kap. 2, Kasten).

Nicht divergierende Positionen, sondern unterschiedliche Stile machen die symbolische Ordnung der Literatur aus, wobei innerhalb der Systemtheorie die Zuordnungsmöglichkeit auf soziale Schichten keine Rolle spielt. Grundsätzlich kommen alle Stile für alle in Betracht, die sich für Literatur interessieren. Ebenso wie für das Kunstsystem gilt für das System der Literatur, dass es sich auf der Seite der Rezipienten von einer vorgegebenen Stratifikation unabhängig macht, auch wenn, wie Luhmann es formuliert, im Alltag sehr wohl Korrelationen feststellbar sein können. Soziologische Annäherungen an den Stilbegriff (bspw. Bourdieus statistisch sichtbar gemachte ‚feine Unterschiede') gibt es in der Systemtheorie nicht. Stattdessen konzentriert sich die Systemtheorie ganz auf die literarischen Kunstwerke und den Beobachter. Im literarischen Werk allein liegen die Regeln der Literatur. Das Wesen der Literatur ist die Selbstprogrammierung der literarischen Werke. Kein institutioneller Rahmen stützt hier die Konstruktion des Literatursystems, sondern allein die Form des Werkes selbst.

Wenn aber der Werkbegriff derart im Zentrum steht, wo bleibt dann die Soziologie? Im Formbegriff selbst, und zwar insofern, als die Selbstgesetzgebung beziehungsweise die Eigengesetzlichkeit des literarischen Kunstwerks – zu verstehen als ein tatsächliches „Sich-selbst-die-Form-Geben" – auf etwas verweist, das genuin sozial ist, nämlich die Formfestlegung. Um dies zu verstehen, muss man sich klar machen, dass Formen bei Luhmann nicht etwa Gattungen meint, die sich, wie bei Bourdieu, über Hierarchien zu einem Raum des Symbolischen verdichten und in Korrelation mit dem sozialen Raum bringen ließen, sondern ganz allgemein wahrnehmbare, und das heißt beobachtbare Markierungen als Differenzziehungen. Nicht die Institutionalisierung sichert die Autonomie der Literatur, sondern die eigengesetzliche Formfestlegung beziehungsweise die Selbstprogrammierung und damit die Autonomie des literarischen Werks. Die Form ist es, die wahrgenommen und kommuniziert wird.

7.4 Weiterentwicklung: Feld- und Systemtheorie

Mit anderen Worten: Das soziale Moment steckt bei Luhmann in der an die Form gekoppelten Operationen der Beobachtung und der Kommunikation. Wahrnehmung, Beobachtung und Kommunikation lauten dann auch die Grundbegriffe der Systemtheorie, wobei Luhmann zwischen Beobachtungen erster und zweiter Ordnung unterscheidet. Erst mit der Differenzierung des Beobachterbegriffs gelangt man von der Objektebene auf die Ebene des Vergleichs und kann Differenzen (und das heißt hier immer auch Möglichkeiten der Formfestlegung) erkennen. Während die Beobachtung erster Ordnung nur das einzelne Ding erfasst, bedarf es für die Beobachtung zweiter Ordnung der Pluralität, sodass sich ein Raum der Wahl, des Vergleichs und der Kritik öffnet. Entscheidend ist dabei, dass zwar jede Kommunikation grundsätzlich Formbildung voraussetzt, das literarische Werk aber, betrachtet man es aus systemtheoretischer Perspektive, Wahrnehmung nur benutzt, um Beobachter an der Kommunikation von Formerfindungen teilnehmen zu lassen. Die Besonderheit – und Funktion – des Literatur- und des Kunstsystems liegt in dieser Ausschließlichkeit: Literatur leistet eben als Werk nichts anderes, als die Herstellung der Beobachtung zweiter Ordnung im Bereich des Wahrnehmbaren. Indem sich das Werk als beliebig Gemachtes zu erkennen gibt, erzwingt es die Wahrnehmung des Gemachten als Formentscheidung und erbringt den „Nachweis von Ordnungszwängen im Bereich des nur Möglichen" (Luhamnn 1989, S. 418).

Das klingt sehr theoretisch und vielleicht auch etwas trocken, ist aber, für den Literatursoziologen überaus interessant. Warum? Zum einen, weil uns die Kunst und Literatur die Kontingenz und mithin die Ordnungsmöglichkeiten der Welt vor Augen führen. Die ästhetischen, aber auch die sozialen, die politischen, die juristischen oder die biologischen Formen und Ordnungen könnten anders sein; eine Einsicht, die einen faszinierenden Möglichkeitsraum voller Ideen, Fantasien, Utopien (und Theorien) entstehen läßt. Und doch, und dies ist der zweite Grund dafür, warum sich gerade Literatursoziologen für die Systemtheorie Luhmanns interessieren sollten, zeigen Kunst und Literatur nicht nur die Kontingenz und mithin die Ordnungmöglichkeiten, sondern eben auch die Ordnungszwänge. Formgebung, und das heißt immer auch Selektion und Selektionsbeschränkungen, sind unverzichtbar für das Funktionieren nicht nur des Ästhetischen, sondern auch des Sozialen. Indem Kunst und Literatur dem Beobachter diese Einsicht vorführen, erfüllen sie eine Funktion, die sich als soziologische Aufklärung im besten Sinne verstehen läßt, klären sie uns doch auf über das Spiel einer Gesellschaft, die sich selbst in allen Bereichen ihre Regeln bestimmt.

Die Literatur kann diese aufklärerische Funktion erfüllen, indem sie selbst präparierte Wahrnehmung in Anspruch nimmt. Anders als andere Kommunikationssysteme realisiert sie so spezifische, die Differenz von Selbst- und Fremdwahrnehmung reflektierende Formen struktureller Kopplung von Bewusstsein und Gesellschaft und zeigt die Ordnung als eine mögliche. Dabei steht das literarische Werk selbst an der Schnittstelle psychischer und sozialer Systeme. Als Form stellt es Beobachtungsmöglichkeiten bereit, die angenommen oder abgelehnt werden können. Literatur ist, so verstanden, ein symbolisch generalisiertes Kommunikationssystem, das heißt ein Spielraum, in dem die Grenzen und Möglichkeiten von Grenzziehungen thematisiert und erprobt werden können. Luhmann spricht in diesem Zusammenhang von der Liberalisierung des Urteils bei festgehaltenem Dingbezug und betont, dass Kunst (und, so wäre zu ergänzen, Literatur) ein gleichsam spielerisches Verhältnis zu Fragen des vernünftigen Konsenses oder Dissenses hat und folglich eine von Konsens befreite Kommunikation ermöglicht. Dieses Entlastungsmoment macht gewissermaßen den Reiz der Literatur aus.

Denken wir zurück an von Schirachs Erfolgsstück *Terror*, so wird das Gemeinte anschaulich. Literarische Werke, und diese systemtheoretische Annahme hat der Karlsruher Bundesrichter offenbar nicht geteilt, werden ausschließlich als Mittel zur Kommunikation hergestellt. Die Kunst sucht das irritierende Verhältnis von Wahrnehmung und Kommunikation und ermöglicht Kompaktkommunikation, indem sie mittels der Form Wahrnehmung für Kommunikation verfügbar macht. Sie tut nichts anderes, als über die Vorführung von Unterscheidungen Kommunikation freizusetzen; eine anschwellende Kommunikation, an der sich ja auch der Bundesrichter beteiligte. In der Form – hier einem Gegenwartsdrama, das von Schirach ausdrücklich als „Versuchsanordnung" verstanden wissen wollte – liegt die Bedingung der Möglichkeit der Literatur als System. Seine Besonderheit liegt nicht in den spezifischen Formen der Werke (bspw. realistisch oder surreal, experimentell oder trivial), sondern in der mit jedem Werk als Form vollzogenen Festlegung als einer, die auch anders hätte ausfallen können. Literarische Werke wie etwa die offen willkürlichen Formbildungen der Surrealisten, aber auch ein Stück, dass, wie im Fall von Terror, die Verfassungsbeschwerde eines Flugkapitäns gegen die Abschussermächtigung im deutschen Luftsicherheitsgesetz zum Thema macht, spielen eine als asymmetrisch und kontingent wahrgenommene Welt provokativ in die literarische Kommunikation ein und zeigen der Gesellschaft so, was Literatur zu leisten imstande ist. Kurz: Mit Luhmann läßt sich die Semantik der modernen Kunst und Literatur als eine Semantik der modernen Gesellschaft insgesamt lesen.

Höher kann die Soziologie die moderne Literatur und Kunst kaum hängen. Was Luhmann – aus der Perspektive der Theorie und damit einer Beobachtung dritter Ordnung – sieht, ist die grundsätzliche, von der Kunst und der Literatur vorgeführte Kontingenz der Welt. Die Selbstprogrammierung des Werks ist die Form, in der zum Ausdruck kommt, dass es anders möglich wäre, dass eine Auswahl getroffen wurde, die anders hätte ausfallen können. Der radikale, von Luhmann aus der Beobachtung der Kunst und Literatur gezogene Schluss einer

7.4 Weiterentwicklung: Feld- und Systemtheorie

Unbeobachtbarkeit der Welt unterscheidet ihn von anderen Sozial- und Literaturtheoretikern und mag den Leser fragen lassen, ob dieser radikale Konstruktivismus überhaupt noch in den Rahmen der Literatursoziologie fällt. Wir denken Ja, und dies nicht nur wegen der ausführlich dargelegten aufklärerischen Funktion der Literatur für die Gesellschaft beziehungsweise wegen der von der Literatur aufgrund dieser Funktion erbrachten Leistung für andere soziale Teilbereiche (auch ihre Ordnungen sind nötig, aber anders möglich), sondern auch, weil Luhmann seine theoretischen Annahmen historisch stützt. So gibt es durchaus Literatur- als Sozialgeschichte, nur spricht Luhmann von Evolution.

Die Evolution des autonomen literarischen KOmmunikationssystems nimmt ihren Beginn um 1800 und stellt auf jenes Moment ab, in dem sich die Literatur für Selbstgesetzgebung entschied. Auf die Frage ‚Selbstreferenz oder Fremdreferenz?' reagiert sie, indem sie beide Optionen auf zwei verschiedene Stilrichtungen verteilt und damit für das System neutralisiert, mit Differenzierung: Die ästhetizistische Richtung steht für ein Primat der Selbstreferenz und die Betonung der Formentscheidungen, während der Realismus in affirmativer oder kritischer Intention auf Fremdreferenz setzt. Diese Differenz wurde kunstintern entfaltet. Bourdieu vergleichbar, wird die Geschichte der modernen Literatur von Luhmann folglich als Radikalisierung einer mit der Romantik einsetzenden internen Blockierung externer Referenzen verstanden. Die Folge sind die Behauptung einer Eigenwelt des Ästhetischen und damit die Abspaltung vom Gesamtbereich gesellschaftlicher Kommunikation. Vollzogen wird diese Abspaltung einerseits durch ein Formprogramm, das es erlaubt, Realien einzig als Mittel der Inszenierung von Literatur zu betrachten, und andererseits durch ein neues Verständnis der Kritik als weiterer Arbeit am Werk selbst. Auch spielt für die Evolution des Systems der quantitative Zuwachs der Akteure als Voraussetzung jeder Differenzierung eine große Rolle.

Vollendet aber wird die Selbstgesetzgebung und damit Autonomie der Kunst – bei Luhmann ebenso wie bei Bürger, Gehlen oder Bourdieu – mit der Avantgarde (Magerski 2011). Sie stützt die Luhmannsche Theoriearchitektur und stellt sie auf zwei Beine: eine konstruktivistisch motivierte Formtheorie einerseits und eine historisch informierte Evolutionstheorie andererseits. Beide Grundpfeiler müssen, ebenso wie die drei Räume bei Bourdieu, zusammengehalten werden, will man eine systemtheoretische Untersuchung durchführen. Bei ihr gilt es sich vor Augen zu halten, dass es bei Luhmann, ebenso wie bei Bürger, das Scheitern des avantgardistischen Versuchs ist, Kunst und Leben wieder zu versöhnen, das als Evidenz der Existenz eines autonomen gesellschaftlichen Bereichs verstanden wird. Systemtheoretische Untersuchungen können zwar hinter die historische Avantgarde zurück, dies aber nicht, ohne zu vergessen, wohin die Evolution der Literatur führte. Werk wie das Sprechstück *Publikumsbeschimpfung* von Peter Handke oder auch von Schirachs interaktives Theaterstück *Terror* wären, mit

Luhmann betrachtet, zweierlei: Formentscheidungen (die anders hätte ausfallen können) und Grenzspiele der Literatur, die zwar provokant, aber zum Zeitpunkt der Aufführung doch eher ungefährlich (gewesen) sind, weil hinter ihnen die mächtige, weit zurückreichende und von den Akteuren gern vergessene Evolution eines sich selbst die Gesetze gebenden Kommunikationssystems steht.

Sie wird als letzte Konsequenz der Ausdifferenzierung des Systems verstanden; eine Bewegung, durch die sich, von den programmatischen Schriften bis zu den Kunstwerken, das Bemühen um Differenz zieht. Um diese spezifisch moderne Bewegung wie auch das auf ihr gründende Sozial- und Kommunikationssystem Literatur literatursoziologisch besser zu verstehen, empfiehlt es sich, die Lektüre der Schriften Luhmanns durch die weiterer, die systemtheoretischen Annahmen in den Raum der Literatur- und Kommunikationswissenschaft hinein verlängernder Arbeiten zu ergänzen. Ausdrücklich genannt seien hier für ein Verständnis der Genese des Literatursystems Siegfried J. Schmidt (1989), für ein Verständnis des Funktionierens dieses Systems Oliver Sill (2001), für die Möglichkeiten einer kommunikationstheoretischen Erweiterung Niels Werber (1992) sowie einer gattungstheoretischen Erweiterung Dietrich Schwanitz (1990), für Ansätze systemtheoretischer Neuordnungen der Literaturgeschichtsschreibung Gerhard Plumpe (1995), für die konkrete Anleitung einer systemtheoretisch informierten Erforschung des Buchhandels oder des Verlagswesen als Organisation Georg Jäger und Claus-Michael Ort (2012) sowie, ‚last but not least', zur Systemtheorie als Steilvorlage ästhetischer Praxis Martin Jörg Schäfer (2007).

7.5 Anwendungsbeispiel: Lesegesellschaften

Wenn hier als Anwendungsbeispiel die Lesegesellschaften gewählt werden, so weil die bisherigen Ausführungen zur Literatur als gesellschaftlicher Institution doch ganz überwiegend die literarische Moderne und in ihr wiederum die Produktions- und Werkebene fokussierten. Gleichwohl aber kommt dem Leser bei der Institutionalisierung der Literatur eine gewichtige Rolle zu, und dies nicht nur, weil der Leser am Ende der literarischen Verwertungskette steht, sondern weil das Lesen selbst von Beginn an ein sozialer, Kommunikationsverhalten und Gruppenbildung exemplarisch veranschaulichender Akt ist. Die literarische Vereinigung, dies hat die Literatursoziologie bereits mit Levin L. Schücking festgehalten, ist eine der Hauptformen der geselligen Vereinigung schlechthin (siehe Kap. 6). Das Aufkommen der Lesegesellschaften am Ende des 18. Jahrhunderts war dabei unmittelbar an die Entstehung einer bürgerlichen Geselligkeit und Öffentlichkeit und an die Tendenz der freien bürgerlichen Bildung gebunden. Definieren lässt sich die Lesegesellschaft als eine sich selbst verwaltende Mitgliedergesellschaft, konkret als

7.5 Anwendungsbeispiel: Lesegesellschaften

geregelter Zusammenschluss von Lesern, gegründet zur Beschaffung und Bereitstellung von Lesestoff. So verstanden, handelt es sich bei den frühen Lesegesellschaften um gesellschaftliche Kristallisationspunkte am Schnittpunkt von neuen Entwicklungstendenzen in mehreren Bereichen des gesellschaftlichen Wandels; ein Wandel, der als Gruppenbildung unter den Lesern in allen europäischen Gesellschaften beobachtet werden kann. Die Erforschung der Lesegesellschaften dient daher auch als exemplarisches Beispiel für Fragen des soziokulturellen Wandels und operiert selbst an der Schnittstelle von Literatur-, Buch- und historischen Sozialwissenschaften. Als erste massenhaft verbreitete Organisationsform der bürgerlich geprägten Bildungsgesellschaft kreist die Erforschung von Lesegesellschaften um die Frage nach der Funktion von Gruppenbildung im bürgerlichen Emanzipationsprozess insgesamt. Otto Dann (1981), einer der namhaftesten Vertreter der wissenschaftlichen Beschäftigung mit Lesegesellschaften, spricht von der konstitutiven Bedeutung der Lesekultur in Verbindung mit neuen Formen gesellschaftlicher Organisierung, weil mit ihnen:

- erstmalig in der Geschichte der freien gesellschaftlichen Organisationen das moderne Vereinsprinzip der Assoziation in einer massenhaften Verbreitung auftritt
- ein wichtiges Medium des sozialen Aufstiegs für bürgerliche Schichten entsteht (zentral für das Selbstverständnis als soziale Elite)
- zum Ausdruck kommt, in welchem Maße die Durchsetzung der Schriftkultur im neuzeitlichen Europa die Entwicklung der modernen Gesellschaft geprägt hat
- ein erwachendes gesellschaftliches Interesse und Engagement (im Sinne einer soziokulturellen Bewegung) zum Ausdruck kommt.

In der Forschungsliteratur ist daher für die 1790er Jahre sogar von einer literarischen Revolution die Rede, die die politische Revolution ersetzte. Das Bürgertum, so argumentiert etwa Rolf Engelsing (1974), geriet in einen regelrechten Bann der Literatur und des Bildungsideals, und dies so weitgehend, dass im geselligen öffentlichen Leben nicht der politische und gemeinnützig-patriotische, sondern der literarische Bürger die Oberhand gewann. Die Lesegesellschaften führten zur Entstehung der öffentlichen Meinung als Gegengewicht zu Kirche und Hausherrnschaft und öffneten so überhaupt erst den Freiraum für ein von Staat und Familie freies öffentliches Leben. Literatur wurde laut Engelsing zur sozialisierenden Macht, weil sie die äußerlichen Merkmale gesellschaftlicher Gemeinschaft zugunsten innerer entwertete und die Maßstäbe hinfällig machte, nach denen man sich bisher getrennt und verbunden hatte.

Wichtig ist dabei, dass geistig-literarische Bildung von einer berufs- und standesspezifischen Angelegenheit zu einer sozialen Bewegung wurde, die ganze Bevölkerungsschichten erfasste. Die Teilhabe an der Schriftkultur ließ alte Schranken fallen und wurde gleichzeitig zum Kriterium für die Aufrichtung neuer sozialer Schranken. Das Bildungsbürgertum und die Intelligenz zeichneten sich durch ausgreifende kulturelle, gesellschaftliche und politische Interessen und das Verlangen nach Informationen aus allen Bereichen des Wissens und des gesellschaftlichen Lebens aus. Gekoppelt war dieses Verlangen an das Bedürfnis nach Meinungsaustausch und Diskussion, und das wiederum bedeutet: nach gesellschaftlicher Kommunikation und Gruppenbildung. Neue Entwicklungen im Bereich der literarischen Produktion, Distribution und Rezeption trugen dazu bei, dass das Lesen ins Zentrum gesellschaftlicher Gruppenbildung rücken konnte. Wie in der Flusslandschaft des kleinen Tigers wird Schrift zum zentralen Kommunikations- und Bildungsmedium, nur müssen in der real-historischen Welt neben den am Fluss ausufernden Briefverkehr noch der Boom von Zeitschriften und Zeitungen, ein sich sprunghaft entwickelnder Buchmarkt und ein neues, nicht allein an persönlichem Austausch interessiertes Publikum gestellt werden.

Für die Institutionalisierung und den Autonomiezuwachs der Literatur ist dabei zentral, dass die unterhaltende Literatur und die allgemeine Wissensvermittlung nun an die vorderste Stelle, also vor die Theologie, rückten. Lesen wird zur täglichen Gewohnheit breiter Bevölkerungsschichten, und zwar nicht mehr als Wiederholungslektüre (kanonisierter Texte wie der Bibel), sondern als extensive, einmalige Informationslektüre. Zwar lag die Analphabetenrate auch in den fortgeschrittensten Ländern am Ende des 18. Jahrhunderts noch bei 60 % der Gesamtbevölkerung, doch wird in dieser Zeit eine Entwicklung angestoßen, die sich nahezu lückenlos bis in die Konzeption unserer Gegenwart als Wissens-, Kommunikations- und Mediengesellschaft weiter verfolgen lässt. Die Dynamik der Entwicklung selbst kann erneut nur mithilfe relationaler Konzepte wie dem der Wechselwirkung eingefangen werden. Denn mit dem zunehmenden Informationsbedürfnis wuchs auch der Bedarf an Lesestoff und bewirkte einen Aufschwung aufseiten der Produktion, der wiederum nur bewältigt werden konnte, indem sich aufseiten der Rezeption der lesende Bürger zur Beschaffung der Produkte in Lesegesellschaften organisierte.

Sehen wir uns abschließend eine Lesegesellschaft genauer an. Nehmen wir Bremen, wo 1797 die „Literarische Gesellschaft" vom Bremer Senator gegründet wurde. Die Mitglieder waren anfangs zwei Senatoren, zwei Prediger, zwei Juristen, vier Lehrer und ein Kaufmann; alles Männer, allerdings etablierte die Frau des Senators bereits wenige Zeit später im eigenen Haus einen schöngeistigen Zirkel in der Art der literarischen Salons. Der erklärte Zweck der Gesellschaft war die nützliche und angenehme Unterhaltung über interessante Gegenstände durch Lektüre und Meinungsaustausch, wobei man, sich selbst als Bildungsanstalt der Humanität und des Gemeinwesens verstehend, mit einem hohen Anspruch auftrat. Um dem Zweck gerecht zu werden, traf man sich einmal im Monat und las neben Philosophen wie Kant oder Fichte und Theologen wie Lavater auch Philologen, Historiker, Essayisten, sowie Goethe und Jean Paul. Vor allem las man Zeitschriften beziehungsweise Texte der genannten Autoren, die in Zeitschriften erschienen waren. Bald kamen weitere Kreise dazu, darunter literarische Vereine, in denen vor 200 Besuchern Vorlesungen über die neuere schöne Literatur stattfanden und denen Gelder für eine kleine belletristische Bibliothek zur Verfügung gestellt wurden. Um 1800, so zeigt sich, hatten die belletristischen den kirchlichen Vereinigungen den Rang abgelaufen und eine Entwicklung angestoßen, die von einer an der Institutionalisierung des Kommunikationsraums Literatur interessierten Forschung über die Arbeitervereinsbewegung bis hin zur Eventisierung der Literatur in Poetry-Slams oder Lesungen von Star-Autoren verfolgt und immer wieder gefragt werden kann, in welchen Formen die Literatur der modernen Gesellschaft in Erscheinung tritt.

Literatur

Barsch, Achim. 2000. *Ein integrativer Blick auf literarische Konventionen*. LUMIS-Schriften 59. Siegen: LUMIS Publications.
Bourdieu, Pierre. 1999. *Die Regeln der Kunst*. Frankfurt a. M.: Suhrkamp.
Bürger, Peter. 1974. *Theorie der Avantgarde*. Frankfurt a. M.: Suhrkamp.
Dann, Otto. 1981. *Lesegesellschaften und bürgerliche Emanzipation, ein europäischer Vergleich*. München: Beck.
Engelsing, Rolf. 1974. *Der Bürger als Leser, Lesergeschichte in Deutschland 1500–1800*. Stuttgart: Metzler.
Enzensberger, Hans Magnus. 1968. *Kursbuch*. Berlin: Suhrkamp 2008.
Gehlen, Arnold. 2016. *Zeitbilder und weitere kultursoziologische Schriften*. Frankfurt a. M.: Klostermann. 1960.
Jäger, Georg und Claus-Michael Ort. 2012. *Beobachtungsleitende Fragen bei der Rekonstruktion des Buchhandels als System bzw. des Verlages als Organisation. Ein Beitrag zur Heuristik*. In *IASL online*.
Joch. Markus. 2009. Literatursoziologie / Feldtheorie. In *Methodengeschichte der Germanistik*. Hrsg. Jost Schneider, 385–420. Berlin u. a.: de Gruyter.
Joch, Markus. 2017. Märchenstunde im Radio Gottfried Benn präsentiert sich als ‚Innerer Emigrant' (1950). In: *Literaturkritik*. 27. Februar 2017.
Luhmann, Niklas. 1995. *Die Kunst der Gesellschaft*. Frankfurt a. M.: Suhrkamp.

Magerski, Christine. 2004. *Die Konstituierung des literarischen Feldes in Deutschland nach 1871. Berliner Moderne, Literaturkritik und die Anfänge der Literatursoziologie.* Berlin: de Gruyter.
Magerski. Christine. 2011. *Theorien der Avantgarde. Gehlen – Bürger – Bourdieu – Luhmann.* Wiesbaden: Springer VS.
Magerski, Christine. 2016. Peter Bürger. In *Klassiker der Soziologie der Künste*, Hrsg. V. Christian Steuerwald, 79–92. Wiesbaden: Springer VS.
Neuhaus, Stefan. 2004. *Literaturkritik. Eine Einführung.* Göttingen: Vandenhoeck & Ruprecht.
Plumpe, Gerhard. 1995. *Epochen moderner Literatur. Ein systemtheoretischer Entwurf.* Opladen: Westdeutscher Verlag.
Schäfer, Martin Jörg. 2007. Luhmann als ‚Pop' Zum ‚ästhetischen System' Rainald Goetz. In *Das Populäre der Gesellschaft.* Wiesbaden: Springer VS.
Schmidt, Siegfried. J. 1989. *Die Selbstorganisation des Sozialsystems Literatur im 18. Jahrhundert.* Frankfurt a. M.: Suhrkamp.
Sill, Oliver. 2001. *Literatur in der differenzierten Gesellschaft. Systemtheoretische Perspektiven auf ein komplexes Phänomen.* Opladen: Westdeutscher Verlag.
Tommek, Heribert. 2015. *Der lange Weg in die Gegenwartsliteratur. Studien zur Geschichte des literarischen Feldes in Deutschland von 1960 bis 2000.* Berlin, Boston: De Gruyter 2015 (Studien und Texte zur Sozialgeschichte der Literatur, Bd. 140).
Werber, Niels. 1992. *Literatur als System. Zur Ausdifferenzierung literarischer Kommunikation.* Opladen: Westdeutscher Verlag.

Theoriebildung IV: Literatursoziologie als Gesellschaftskritik

8

In diesem Kapitel geht es um ein eigentümliches Phänomen: Wir haben es hier mit einer literatursoziologischen Perspektive zu tun, in der Literatur nicht nur Objekt wissenschaftlicher Beobachtung ist, sondern gezielt zum Medium von Gesellschaftskritik gemacht wird. Wie wir wissen, kommt es dem literatursoziologischen Denken darauf an, die vielfältigen Beziehungen zwischen den Verfasstheiten einer Gesellschaft und den Verfasstheiten der Literatur und ihren Ausdrucksformen zu erforschen, zu erklären und bisweilen auch zu interpretieren. Hier gibt es große Resonanzen zwischen den beiden Polen gesellschaftlicher Empirizitäten und dem, was sich im Gebiet der Literatur findet – eine Art Passungsverhältnis. Aber es scheint so zu sein, dass das literatursoziologische Denken zuweilen angesteckt wird davon, dass das Objekt, worauf es sich richtet: die Literatur beziehungsweise die literarischen Werke, von einem eigentümlichen Leiden an Gesellschaft erzählen und diesem Leiden durchaus auch in den wildesten Formen und abseitigsten Themen Ausdruck verleihen. Wir können nicht entscheiden, ob die Literatur generell im Verhältnis zu der Gesellschaft, in der sie angesiedelt ist, unter Affirmation oder Kritik an ihr fällt. Zweifellos aber hat das mögliche gesellschaftskritische Potenzial von Literatur das literatursoziologische Denken auf eine Weise inspiriert, dass sich auch die Literatursoziologie gesellschaftskritisch verstehen kann. Darum geht es in diesem Kapitel.

Nach einem Überblick über die historischen Voraussetzungen, unter denen das Verhältnis von Literatur, Gesellschaft und Kritik problematisiert wird, werden unterschiedliche Facetten gesellschaftskritischer Literatursoziologie, deren theoretische Prämissen und die Zielpunkte ihrer Kritik auseinandergefaltet. Es ist vornehmlich die hohe Literatur, verbunden mit einem gewissen normativen Literaturbegriff, die hier im Zentrum steht. Aber uns interessiert im Folgenden, wie eine Literatursoziologie als Gesellschaftskritik betrieben werden kann, die nicht allein Literatur als Kunst, sondern auch Massenliteratur zu ihrem Gegenstand macht und die Grenze zwischen Hoch- und Trivialliteratur reflektiert. Am Beispiel zweier Utopien skizzieren wir abschließend, wie die beiden Ebenen literarischer und literatursoziologischer Gesellschaftskritik miteinander vermittelt werden können.

8.1 Entstehung und Grundlagen

Es gehört mit zur Tätigkeit von Soziologen, dass sie sich über die historischen Bedingungen und Kontexte der Begriffe, die sie verwenden, Klarheit verschaffen. Begriffe sind über ihre Nützlichkeit als Instrumente und Werkzeuge für Untersuchungen hinaus immer auch Antworten auf Fragen und Probleme, die irgendwann einmal auf die Tagesordnung kamen. Dies gilt auch für die Kombination Literatur – Gesellschaft – Kritik. Sie signalisiert nicht nur, dass Literatur und Gesellschaft auseinandergetreten sind und dass nach ihrem Verhältnis zu fragen ist, sondern dass das Moment der Kritik in die Beziehungen zwischen ihnen hineinspielt. Der historische Ort, an dem diese Fragen aufbrechen, liegt in der Entbindung der Literatur aus ihrer Einbindung in die religiösen und politischen Zusammenhänge von Kirche, Feudalherrschaft und Fürstenhöfen, wo sie der Illustration und Vermittlung religiöser Inhalte und der Stärkung des Glaubens ebenso diente wie der Huldigung des Herrschers, fürstlicher Repräsentation und höfischer Geselligkeit. Versehen mit solchen Aufgaben war die Stellung der Literatur gesichert, sie hatte ihre Funktion in sie stützenden Institutionen, die dafür sorgten, dass ihr Wert heteronom, also fremdgesetzlich, garantiert wurde. Wenn Literatur – wie auch andere Künste – sich mit dem Ende feudaler Gesellschaften und dem Aufstieg des Bürgertums aus diesen Kraftquellen ihrer gesellschaftlichen Legitimation emanzipiert, haben wir den Fall der Autonomie der Literatur, bei der nun infrage steht, wofür sie gut sein kann oder soll und was sie einer Gesellschaft zu bieten hat. Die Frage nach dem Verhältnis von Gesellschaft und Literatur ist eine Erbschaft der bürgerlichen Gesellschaft, die mit der in ihr geborenen Autonomie der Literatur auch das ganze Spektrum der Spielarten hervorgebracht hat, in denen der Eigenwert der Literatur hervorgehoben, beschworen oder auch dementiert wird (Karstein und Zahner 2017). Mit der Verschiebung von heteronomer Funktionssicherung zu autonomer Selbstwertsetzung entsteht zugleich jener Freiraum, in dem nach dem Ort einer Kritik gesucht werden kann, die Literatur und Gesellschaft in einen neuen Zusammenhang bringen könnte. Die Literatursoziologie hat darauf verschiedene Antworten gefunden.

8.1 Entstehung und Grundlagen

Zunächst aber ist an Konzepte und Ausarbeitungen einer kritischen Bestimmung des Verhältnisses zwischen Literatur und Gesellschaft zu erinnern, die weit vor der Entstehung der Literatursoziologie als einer eigenen Disziplin liegen. In seiner *Kritik der Urteilskraft* hat Immanuel Kant das Gebiet des Schönen deutlich von dem des der Moral zugehörigen Guten und dem des Wahren als einer Angelegenheit der Erkenntnis getrennt, um den jeder Nützlichkeit baren Gegenständen des Schönen ein eigenes Statut zu geben. Indem dieses Schöne autonomisiert wird, werden die Bande gesellschaftlicher Funktionsbestimmung zerrissen – und Kant knüpft sie neu. Zwar gilt für die Schönheit, dass sie in der „Zweckmäßigkeit ohne Zweck" besteht (Kant 1995, S. 105), aber Kant gibt ihr in dieser Qualität eine gesellschaftliche Bestimmung, die sich von jeder isolierten Rezeption, verbunden etwa mit der Empfindung des Angenehmen, markant unterscheidet. Denn das „Geschmacksurteil", das etwas in seiner „Zweckmäßigkeit ohne Zweck" beurteilt, ist eine Angelegenheit der Öffentlichkeit und Allgemeinheit (siehe auch Abschn. 6.1). Kant geht es dabei um das Erkenntnisvermögen des Menschen, und das Wort Kritik meint hier die philosophische Reflexion auf und die Aufklärung über die Eigenheiten und Bedingungen der verschiedenen Erkenntnisvermögen. Kritik ist hier der Name für die Rückwendung des Verstandes auf diese seine eigene Tätigkeit unter der Voraussetzung des Gebrauchs der Vernunft, damit der Mensch über seine Urteilskraft Bescheid weiß. Mit Kritik ist bei Kant nicht gemeint, dass ich einem Sachverhalt oder einem Geschehen außerhalb von mir dort draußen in der Welt von einem bestimmten Standpunkt aus kritisch gegenüberstehe.

Das Geschmacksurteil im speziellen, um das es hier geht, zielt darauf, einen „Gemeinsinn" herzustellen, indem man im Geschmacksurteil „um jedes andern Beistimmung (wirbt), weil man dazu einen Grund hat, der allen gemein ist" (Kant 1995, S. 122 f.), was eben deshalb möglich ist, weil es hier um etwas ohne Zweck geht, das nicht mit dem Spaltpilz eines besonderen Interesses meinerseits oder anderer verbunden ist. Mit Kant kommen autonom gewordene Literatur und Gesellschaft auf neue Weise miteinander in Berührung, indem sie über den Begriff des Öffentlichen miteinander vermittelt werden. Wenn Kant – wie auch andere Aufklärer – von Öffentlichkeit spricht, dann zielt dies auf eine Kernvorstellung von moderner offener Gesellschaft im Unterschied zu traditionalen, eher geschlossenen Gemeinschaften.

Dies gilt auch für Friedrich Schiller. In seiner Vorlesung von 1784, die der Frage nachgeht „Was kann eine gute stehende Schaubühne eigentlich wirken?", ist es das auf Öffentlichkeit verpflichtete Theater, das das Band zwischen Gesellschaft und Literatur stiftet. „Mehr als jede andere öffentliche Anstalt des Staats eine Schule praktischer Weisheit", sorgt die Schaubühne für „die ganze Aufklärung des Verstandes", sie „ist der gemeinschaftliche Kanal", der „Übereinstimmung in einem hohen Grad zu bewirken (ermöglicht), weil sie das ganze Gebiet des menschlichen Wissens durchwandert, alle Situationen des Lebens erschöpft und in alle Winkel des Herzens hinunterleuchtet" (Schiller 1967, S. 826 ff.). Das Proprium dieser öffentlichen Anstalt, in der Literatur und Gesellschaft zusammenkommen und „alle Stände und Klassen in sich vereinigt" werden (S. 830), trägt bei Schiller den Namen Aufklärung, zu verstehen im Kantschen Sinne, wonach es um das allen Menschen eingeborene Vermögen zur Vernunft geht. Auch hier ist der Unterschied zum uns heute geläufigen Verständnis von Kritik zu bemerken, wonach Kritik einen bestimmten Standpunkt oder auch ein Interesse voraussetzt, von dem aus etwas als falsch bestimmt werden kann, während Aufklärung das Licht der Vernunft auf Richtiges und Falsches gleichermaßen fallen lässt. Bei allen Unterschieden zwischen Aufklärung und Kritik ist beiden jedoch gemeinsam, dass sie aus der Notwendigkeit hervorgehen, die Gesellschaftlichkeit von Literatur auf der Basis ihrer Autonomisierung neu zu begründen (siehe auch Abschn. 7.2). Man wird Kant und Schiller nicht kurzerhand zu Literatursoziologen avant la lettre machen können, aber Literatursoziologinnen sollten sie kennen um des Wissens von den historischen Voraussetzungen des eigenen Tuns willen.

Kant und Schiller haben einen sich über Literatur und Öffentlichkeit herstellenden „Gemeinsinn", eine „Übereinstimmung" ins Zentrum ihrer Überlegungen gestellt, Schiller insbesondere mit seiner Wertschätzung des Theaters, und natürlich spielt bei dem großen Wirkungstheoretiker auch das Mitgefühl seine wichtige Rolle. Beide haben der Literatur ein neues Statut gegeben, indem sie sie in den Rahmen von Erkenntniskritik einrückten. Daran ist zu erinnern, um die Denkbewegung von der Erkenntniskritik hin zur Gesellschaftskritik zu verstehen. Es ist ein Unterschied, ob einer autonom gewordenen Literatur ihre Bedeutung für die Förderung von Erkenntnis- und Urteilskraft attestiert wird, oder ob sie – ebenfalls als autonom gewordene – in die Auseinandersetzungen um die Beschaffenheit gesellschaftlicher Ordnungen eingerückt wird. Während zum Denken der Aufklärung der Glaube an die Perfektibilität des Menschen gehörte, bricht mit den Erfahrungen von Revolutionen und sozio-politischen Umbrüchen das Problem von Gesellschaft auf, entfaltet sich das Bewusstsein von ihrer Veränderbarkeit und von gesellschaftlichen Konflikten. Damit rückt Literatur in den Horizont von Gesellschaftskritik ein und kann in Distanz bis hin zur Opposition gegenüber der Gesellschaft positioniert werden.

Geht man mit guten Gründen von einem Hiatus zwischen Literatur und Gesellschaft aus, der die Distanz der Kritik allererst ermöglicht, dann wird es nötig, den Ort der Kritik genauer zu bestimmen. Dafür gibt es im Prinzip zwei Möglichkeiten für die Literatursoziologie. Man kann die gesellschaftskritische Kraft der Literatur selbst zuschreiben, weil sie, emanzipiert von heteronomen gesellschaftlichen Funktionszusammenhängen, sich mit diesen nicht mehr gemein machen muss, sondern wegen ihrer Autonomie widerständig ist. Verlieren würde sie diese Kraft in dem Moment, in dem sie sich in den Dienst anderer Aufgaben stellt. Die andere Möglichkeit liegt darin, das Moment der Gesellschaftskritik nicht in der Literatur, sondern in der Literatursoziologie zu verorten. Dann kommt dem kritischen Literatursoziologen die Aufgabe zu, den gesellschaftlichen Gehalten der Literatur und der Stellung der einzelnen Werke zu ihrer jeweiligen Gegenwart nachzugehen. Im ersten Fall kommt die hervorgehobene Position der Literatur, im zweiten der Literatursoziologie zu. Literatursoziologie mit gesellschaftskritischem Impuls wird in beiden Fällen betrieben, allerdings mit einem Unterschied in der Lokalisierung der Kritik, der für das, was jeweils zum Gegenstandsbereich des literatursoziologischen Geschäfts gehört, und für die Maßstäbe, von denen aus dieses Geschäft als kritisches betrieben wird, wichtige Folgen hat. Wer vor allem auf die Literatur als autonome setzt, wird Werke entsprechender Qualität heranziehen und sich auf sie beschränken, während derjenige, der eher von der Literatursoziologie als dem Ort der Kritik aus startet, jener Beschränkung nicht unbedingt folgen muss, sondern sein Augenmerk auch auf solche Werke richtet, die nicht zum kanonisierten Höhenkamm gehören.

8.2 Facetten der Gesellschaftskritik

Man kann Gesellschaft beobachten, beschreiben oder kritisieren. Wenn Gesellschaft kritisiert wird, dann richtet sich dies nicht gegen Gesellschaft überhaupt. Gesellschaftskritik ist immer auf eine konkrete bestehende Gesellschaft in ihrer elementaren Beschaffenheit bezogen. In diesem Sinn formuliert hat sie zum ersten Mal das Bürgertum, als es sich gegen die feudale Gesellschaftsordnung stellte, eine andere Gesellschaft wollte und damit zugleich deutlich machte, dass es nicht um einzelne Teilbereiche gesellschaftlichen Lebens oder nur um eine bestimmte politische Herrschaft, sondern um die Struktur der Gesellschaft selbst geht, die ihre bestehende Verfasstheit insgesamt prägt. Eine solche Kritik ist immer auch Bewertung, sie kommt ohne Werte oder Ideale, die sie tragen, nicht aus; ein utopisches Moment ist ihr häufig beigemischt, sodass sie über eine reflexive Selbstbezüglichkeit einer Gesellschaft immer auch hinausreicht.

Literatursoziologie kann sich eine solche gesellschaftskritische Perspektive auf die Strukturen einer konkreten Gesellschaft zu eigen machen, sei es, dass sie in den literarischen Werken nach deren gesellschaftskritischen Implikationen sucht, sei es, dass sie eine gesellschaftskritische Perspektive an die Werke heranträgt. Zweifellos ist es insbesondere die Kritische Theorie der Frankfurter Schule, die eine repräsentative Stellung als Vertreterin gesellschaftskritischer

Literaturtheorie und -analyse erlangt hat. Wir wollen hier eine solch kompakte Vorstellung von der Kritischen Theorie nicht erneuern, sondern vielmehr die unterschiedlichen Spielarten gesellschaftskritischer Literatursoziologie mit ihren theoretischen Prämissen, den Impulsen und Zielpunkten ihrer Kritik bis hin zur Wahl ihrer literatursoziologischen Gegenstände auseinanderfalten. Mit den Schriften von Theodor W. Adorno, Georg Lukács und Leo Löwenthal lassen sich eine Reihe wichtiger Unterschiede erkennbar machen. Alle drei sind wesentlich inspiriert vom Marxschen Denken und gewinnen in der Auseinandersetzung mit ihm ihr unterschiedliches literatursoziologisches Instrumentarium.

Einem viel und so auch hier zitierten Satz Adornos zufolge wird Kunst „zum Gesellschaftlichen durch ihre Gegenposition zur Gesellschaft, und jene Position bezieht sie erst als autonome. Indem sie sich als Eigenes in sich kristallisiert, anstatt bestehenden gesellschaftlichen Normen zu willfahren und als ‚gesellschaftlich nützlich' sich zu qualifizieren, kritisiert sie die Gesellschaft, durch ihr bloßes Dasein, so wie es von Puritanern aller Bekenntnisse mißbilligt wird" (Adorno 1970, S. 335). Für Literatur und Kunst gilt also zweierlei zugleich: sie verkörpern die Absage an Gesellschaft, markieren zwischen sich und ihr einen tiefen Riss – und sie sind zugleich von einer eminenten Gesellschaftlichkeit, in sie eingebunden und ihr verhaftet, machen sich mit ihr gemein und sind es zugleich nicht. Nun könnte man sich die Auflösung einer solch widersprüchlichen Lage so vorstellen, dass beispielsweise ein literarisches Werk das Elend der Studenten an durchrationalisierten Universitäten schildert, um dagegen Position für eine bessere Universität zu beziehen, sodass in dieser kritischen Gegenposition der gesellschaftliche Gehalt oder die gesellschaftliche Sache, um die es geht, zum Ausdruck käme. So naheliegend – so weit gefehlt für Adorno. Adorno plädiert nicht nur nicht für eine engagierte Literatur wie sie bei Brecht oder Sartre zu finden ist, sondern weist sie vehement zurück. „Jedes Engagement für die Welt muß gekündigt sein", heißt es im Essay über „Engagement" (Adorno 1965, S. 129). Die Fortsetzung des Satzes lautet nun aber: „… muß gekündigt sein, damit der Idee eines engagierten Kunstwerks genügt werde, der polemischen Verfremdung, die der Theoretiker Brecht dachte und die er umso weniger praktizierte, je geselliger er dem Menschlichen sich verschrieb." Jeder Leserin der Schriften Adornos werden immer wieder solche gedanklichen Volten und Paradoxa begegnen, und der Leser mag sich zu Recht fragen, wie es kommt, dass das eine gelten kann und das andere auch, oder das eine, wie der Dialektiker sagen würde, ins andere „umschlagen" kann. Deshalb kann der Adornitische Sprachstil auch so berauschend sein, dass die eigene Sprache sich in ihm verliert.

Die Gesellschaftlichkeit der antigesellschaftlichen Gesellschaftskritik von Literatur – wenn man denn so formulieren will – hat mit Engagement nichts zu tun.

8.2 Facetten der Gesellschaftskritik

Jedes Engagement ist Engagement für etwas anderes, für das es steht. Nun ist aber gerade der Sachverhalt, dass etwas für etwas anderes steht, das Basisprinzip einer Gesellschaft des Marktes und des Warentauschs. Damit Dinge auf dem Markt überhaupt getauscht werden können, müssen sie in ihrer Besonderheit, in ihrem – mit Marx gesprochen – Gebrauchswert vergleichgültigt und dadurch kommensurabel gemacht werden, dass sie in der Tauschabstraktion eins für das andere gelten können. In der „totalen Tauschgesellschaft (...) ist alles nur für anderes". (Adorno 1970, S. 335) Literatur droht deshalb, wenn sie sich für etwas engagiert, höchste Kontaminationsgefahr vonseiten der Warengesellschaft. Dagegen hilft, so Adorno, nur jene Autonomie, die Literatur von der Gesellschaft trennt.

Die mit der bürgerlichen Gesellschaft entstandene Autonomie der Literatur wird bei Adorno noch einmal weiter radikalisiert. Was jemand wie Kant oder Schiller mit ihr verknüpft hatte, gewinnt ein anderes Gesicht. Dass, weil, wenn, indem und obwohl Literatur autonom ist, ist sie gesellschaftskritisch, nicht aber, weil sie sich auf einer inhaltlichen Ebene für etwas engagiert. Woher aber kommt angesichts dieser Gegenpoligkeit ihre Gesellschaftlichkeit? Adorno schreibt: „Soweit von Kunstwerken eine gesellschaftliche Funktion sich prädizieren läßt, ist es ihre Funktionslosigkeit." (Adorno 1970, S. 336 f.) Im deutlichen Unterschied zu geschmackssoziologischen, auf den Distinktionswert abstellenden Ansätzen oder auch den Cultural Studies, werden Kunstwerke hier als nutzlos in dem Sinne betrachtet, als man sie nicht gebrauchen kann wie Ratgeberliteratur oder Äpfel für gesundheitliche Zwecke. Weil sie keinen Gebrauchswert haben, zeigt sich an ihnen das, was gesellschaftlich der Fall ist: dass nämlich in Warengesellschaften der Gebrauchswert der Dinge hinter ihrem Tauschwert zurücktritt. Auge in Auge mit dieser Gesellschaft steht „für den verkümmerten Gebrauchswert das Nutzlose", die Literatur, der „Statthalter der nicht länger vom Tausch verunstalteten Dinge" (S. 337).

Eben diese Gesellschaftlichkeit von Literatur, die der Warengesellschaft den Spiegel vorhält, „hat ihren Fetischcharakter zur Bedingung" (S. 337). Adorno bezieht sich auf den Abschnitt zum „Fetischcharakter der Ware" im ersten Kapitel von *Das Kapital*. Karl Marx erläutert dort, dass dieser Fetischcharakter entsteht, weil die gesellschaftliche Form der Arbeit der Menschen die Warenform angenommen hat.

> Das Geheimnisvolle der Warenform besteht also einfach darin, daß sie den Menschen die gesellschaftlichen Charaktere ihrer eignen Arbeit als gegenständliche Charaktere der Arbeitsprodukte selbst, als gesellschaftliche Natureigenschaften dieser Dinge zurückspiegelt, daher auch das gesellschaftliche Verhältnis der Produzenten zur Gesamtarbeit als ein außer ihnen existierendes gesellschaftliches Verhältnis von Gegenständen. (...) das bestimmte gesellschaftliche Verhältnis der Menschen selbst (...) (nimmt) für sie die phantasmagorische Form eines Verhältnisses von Dingen (an) (Marx 1970, S. 86).

Fetisch zu sein heißt, dass die sozialen Beziehungen der Menschen in den Dingen versteckt und deshalb nicht so recht erkennbar sind. Aber im Unterschied zu Butter, Nähmaschinen oder Autos, in deren stummer Warenform auch Verhältnisse zwischen Menschen stecken, ist Literatur ein Ding, das sich, weil Sprache, selber reflektieren und auf seinen Warencharakter in einer Warengesellschaft rückbeziehen kann. Manchmal scheint die Literatur selbst für Adorno ein Aktant zu sein, der trotzig sagt: „Ich bin und bleibe ein Fetisch, so sehr ihr mir auch ansinnt, ich solle ein wirklich nützliches Ding sein. Ich will – obwohl ich es bin – keine Ware sein, die so tut, als sei sie ein für seine Nützlichkeit geschaffenes Ding. So bequem sollt ihr es bei mir nicht haben, ich gehöre nicht zur Kulturindustrie, die euch solche Gefälligkeiten verkauft." Indem sie sich selber fetischisiert, kommuniziert Literatur mit eben jener Gesellschaft, die vom Warenfetischismus, wie Marx ihn beschrieben hatte, durchdrungen ist. Insofern antwortet der „Fetisch" auf die „Ware", an deren Logik er teilhat. Adornos Radikalisierung der Autonomie räumt der Literatur eine primordiale Position ein, von der aus eine Gesellschaft über sich Bescheid zu wissen lernen könnte. Aber anders als bei Kant oder Schiller geht es hier nicht mehr um den Gemeinsinn einer disputierenden Öffentlichkeit, sondern um eine Autonomie, in deren Zentrum das „Asoziale der Kunst" (Adorno 1970, S. 335) und die Absage an jedes „Engagement für die Welt" (Adorno 1965, S. 129) steht. Es ist dieses Asoziale der Kunst und Literatur, in dem Adorno deren kritische Gesellschaftlichkeit verortet.

Dieses literatursoziologische Denken lebt von einer kritisch-marxistisch inspirierten Philosophisierung der Literatur, für die gesellschaftstheoretisch gesehen der Begriff der Entfremdung wesentlich ist. Entfremdung ist ein umfassendes Phänomen, das aus der Ökonomisierung der ganzen Gesellschaft, aus den psychischen Deformationen der Individuen und ihrer Bedürfnisse, einer totalen Vergesellschaftung und Standardisierung des einzelnen und einem Rationalisierungsprozess hin zur Herrschaft der instrumentellen Vernunft erwächst. (Horkheimer und Adorno 1968; Adorno und Horkheimer 1956) Entfremdung heißt, dass das eigene Leben wie ein fremdes geführt wird. Mit *Minima Moralia*, seinem vielleicht schönsten Buch, hat Adorno über dieses „beschädigte Leben" seine philosophischen Aphorismen geschrieben. Von Entfremdung ist keiner ausgenommen. Der Aufsatz über Becketts *Endspiel* – für Adorno eines der avanciertesten Werke autonomer Literatur auf der Höhe der Zeit – legt dar, wie dieses Theaterstück des Absurden „als menschlich Typisches einzig die Deformationen vorzeigt, die den Menschen von der Form ihrer Gesellschaft angetan werden. Kein Raum bleibt für anderes. Die Unarten und Ticks des normalen Charakters, die das Endspiel unausdenkbar steigert, sind längst alle Klassen und Individuen prägende Allgemeinheit eines Ganzen" (Adorno 1961b, S. 201). Eingebunden in einen umfassenden Entfremdungs- und Verblendungszusammenhang, der weder im Lachen noch in der Distanz der Ironie aufgelockert werden könnte, gibt es „kein richtiges Leben im falschen" – so ein ebenfalls viel zitierter Satz Adornos (Adorno 1964, S. 42).

So asozial die Literatur – insbesondere in ihren avancierten Werken wie etwa bei Beckett oder Kafka – auch ist, sie hat eine in gewissem Sinne pädagogische Kraft, zwar nicht im Blick auf einen „Gemeinsinn", sondern auf das Subjekt selbst. Im Zustand der Entfremdung sein beschädigtes Leben lebend, kann das Individuum an der autonomen Literatur lernen, wie es um seine Autonomie steht – nämlich schlecht. Immer wieder umkreisen Adornos Interpretationen literarischer Werke – seien es Dramen, Romane oder die Lyrik – das prekäre Verhältnis von Individuum und Gesellschaft. In seiner „Rede über Lyrik und Gesellschaft" begegnet er dem Vorbehalt, wonach eine „soziologische Betrachtung" von Lyrik darauf hinauslaufe: das „Zarteste, Zerbrechlichste soll angetastet, mit eben dem Getriebe zusammengebracht werden, von dem unberührt sich zu halten im Ideal zumindest des traditionellen Sinnes von Lyrik liegt" (Adorno 1961a, S. 73 f.). Dagegen erläutert er seinen Zuhörern am Beispiel zweier Gedichte von Eduard Mörike und Stefan George, dass und wie Lyrik „den Protest gegen einen gesellschaftlichen Zustand (impliziert), den jeder Einzelne als sich feindlich, fremd, kalt, bedrückend erfährt, und negativ prägt der Zustand dem Gebilde sich ein (…) Sein Abstand vom bloßen Dasein wird zum Maß von dessen Falschem und Schlechtem" (S. 78). Poetische, nicht aber kommunikative Sprache ist der Träger einer solchen literarischen Verstörungserfahrung, die es dem Subjekt durch seine „Identifikation" mit dieser Sprache ermöglicht, „sein bloßes Funktionieren innerhalb der vergesellschafteten Gesellschaft (zu negieren)". (Adorno 1961a, S. 87) Darin liegt ein utopisches Moment, zu dessen Statthalter Literatur wird. Dazu gehört für Adorno ein normativer Literaturbegriff. Die radikalisierte Autonomie der Literatur, ihr besonderer Fetischcharakter, der keine Rücksicht auf Kommunikation nimmt, haftet an Werken besonderer Qualität – sei es der formal avancierten Literatur, sei es jener des Höhenkamms des Kanons. Sie sind der Gegenstand der literatursoziologischen Interpretationen. Massenliteratur mit ihren Marktaffinitäten bleibt davon ausgeschlossen. Deshalb gilt hier: keine Gesellschaftskritik ohne normativen Literaturbegriff.

Nun war Adorno nicht nur ein Literatursoziologe. Seine Schriften gehören auch in die Gebiete von Gesellschaftstheorie, Philosophie, Ästhetik, Subjekt- und Kulturtheorie bis hin zu Analysen der Kulturindustrie. Dieses breite Spektrum teilt er mit Lukács ebenso wie eine beiden gemeinsame Fundierung im Marxschen Denken, die wir auch bei Leo Löwenthal wiederfinden werden. Aber auf ganz andere Weise ist Lukács' intellektuelles und politisch engagiertes Leben an die dramatischen politischen und ideologischen Umwälzungen des 20. Jahrhunderts gebunden, die sich in seinen Wandlungen geradezu paradigmatisch intellektuellensoziologisch studieren lassen. Es bereitet Schwierigkeiten, die unterschiedlichen Phasen seines Werks zu harmonisieren. Die frühen Schriften sind u. a. geprägt von der Lebensphilosophie Henri Bergsons, der Phänomenologie, von Georg Simmel, Hegel-Lektüren und den Diskussionen im Heidelberger Kreis um Max Weber; in den Schriften zur Literatur stehen Fragen der Form im Zentrum, genauer: die Beziehungen zwischen Lebens-/Gesellschaftsformen und Kunstformen (siehe auch Abschn. 2.3). Die Lektüre von Marx führt in den Jahren 1917 bis 1919 zur Hinwendung zum Marxismus, Lukács tritt in die Kommunistische Partei Ungarns ein und ist nicht mehr nur ein öffentlicher Intellektueller, sondern ein Revolutionär im existenziellen Sinne, beteiligt an der ungarischen Revolution von 1919 und auch spät noch an dem Budapester Aufstand von 1956. Er war Zeit seines Lebens verwickelt in die parteiinternen Auseinandersetzungen und harten Fraktionskämpfe um die jeweils richtige Linie der Partei mit den dazugehörigen Verdächtigungen auf Verrat, die Prozeduren der Selbstkritik bis hin zur Gefahr für Leib und Leben. Unser literatursoziologisches Interesse richtet sich in diesem Kapitel auf den Lukács, der von Hegel zu Marx übergegangen war. Bei allen in Sachen Fundierung im Marxschen Denken bestehenden Gemeinsamkeiten von Adorno und Lukács sind die Kraftquellen, aus denen sie ihre literatursoziologische Gesellschaftskritik beziehen, höchst verschieden.

Auch für Lukács ist die Autonomie der Literatur eine wesentliche Frage, aber anders als Adorno sieht er in ihrer Radikalisierung keine Lösung, sondern ein Problem, das einen historischen Index hat, weil es ganz und gar an die bürgerliche Gesellschaft gebunden ist. Auf ihrer Basis entsteht die Idee einer „reinen Kunst", und das heißt: „die Isolierung des Kunstwerks von der gesellschaftlichen Praxis" (Lukács 1963, S. 114). Für Lukács handelt es sich hier um eine ideologische Verkennung, der die historisch-gesellschaftlichen Voraussetzungen dieser Auffassung ebenso entgehen wie die der Literatur selbst. Zwar konzediert Lukács: „Die geistige Tätigkeit des Menschen hat also auf jedem ihrer Gebiete eine bestimmte relative Selbstständigkeit; dies bezieht sich vor allem auf die Kunst und die Literatur." Aber er insistiert mit Marx und Engels darauf, „daß diese Selbständigkeit relativ ist, daß sie keineswegs das Leugnen der Priorität des wirtschaftlichen Unterbaus bedeutet" (Lukács 1956, S. 195). Ob es die Theorien der Ästhetik oder die literarischen Werke selbst sind – sie sind grundsätzlich in geschichtliche Entwicklungen eingebunden, die jeweils konkrete Analysen des konkreten historischen Prozesses erfordern, um ihre Stellung zum je gegenwärtigen Stand dieser Entwicklung bestimmen zu können. Dann erscheint auch das Problem der Autonomie in einer doppelten Perspektive. Zum einen wird die Autonomie der Literatur nicht radikalisiert, sondern historisiert. Zum anderen ist

8.2 Facetten der Gesellschaftskritik

die autonome Literatur ein Gegenstand, dessen Verwicklungen in den Stand der gesellschaftlichen Verhältnisse, wie sie sich in der Literatur widerspiegeln, in den Focus rücken.

Wenn Lukács denn auch in seinen Schriften zur Literatur vornehmlich eine literatursoziologische Literaturgeschichte betreibt, so wird dies getragen von einer Geschichtsphilosophie, die mit Marx von einer den tatsächlichen gesellschaftlichen Verhältnissen inhärenten Dynamik ausgeht. Es gibt „eine der Wirklichkeit selbst innewohnende treibende Kraft", eine „Parteilichkeit der Objektivität" (Lukács 1955, S. 19), weil die gesellschaftlichen Verhältnisse nicht nur je historisch sind, sondern angesichts der Widersprüche, die in ihnen liegen, auch immer schon dialektisch über sich hinaustreiben, indem die Entwicklung der Produktivkräfte (das sind alle Mittel zur Produktion) bestehende Produktionsverhältnisse (das sind die Eigentumsverhältnisse) sprengt. Gegen jeden Idealismus und – so ist zu ergänzen – gegen jeden Konstruktivismus insistiert Lukács auf Ontologie, die die geschichtliche Dynamik absichert. Dies ist die eine, in der Wirklichkeit verbürgte objektive Seite des geschichtlichen Prozesses. Die andere liegt darin, daß – mit Marx gesagt – die Geschichte aller bisherigen Gesellschaften die Geschichte von Klassenkämpfen ist, so der erste Satz des *Kommunistischen Manifests* von 1848. Im Unterschied zu vorangegangenen Gesellschaften, die wie die feudale vielfältig in sich gegliedert waren, tendiert die bürgerliche Gesellschaft dazu, die Klassengegensätze zum Dualismus von Bourgeoisie und Proletariat zu vereinfachen, die sich als Unterdrücker und Unterdrückte, die einen die Produktionsmittel, die anderen nichts als ihre zu verkaufende Arbeitskraft besitzend, gegenüberstehen. Die Fronten zwischen beiden sind klar, nicht aber ihre je konkreten Stellungen im historischen Prozess. Für Lukács ist der Unterschied zwischen einer aufsteigenden und einer absteigenden Klasse unverzichtbar, liegt er doch darin, ob sie der historischen Dynamik förderlich sind oder nicht. Eben dies hat Konsequenzen für die gesellschaftskritische Perspektive auf Literatur.

Eine Vielzahl der historischen Literaturstudien von Lukács gilt der bürgerlichen Literatur des Zeitraumes, in dem das Bürgertum eine aufsteigende, revolutionäre Klasse gewesen ist. Dieses Bürgertum hat zugleich eine Literatur hervorgebracht, die die gesellschaftliche Wirklichkeit dieser Dynamik darstellt. Das ist vorzugsweise die Literatur des „großen Realismus" von Balzac und Tolstoi, Stendhal und Tschechow. Diese Realisten wissen, „daß jede Handlung, jeder Gedanke und jedes Gefühl des Menschen – mag er es wollen oder nicht, mag es wissen wollen oder sich davor verstecken – unzertrennlich mit dem Leben der Gesellschaft, mit ihren Kämpfen, ihrer Politik verwoben ist; hier entspringen sie objektiv, und hier münden sie objektiv ein" (Lukács 1952, S. 12). Eine solche Literatur ist ein Mittel zur

Erkenntnis gesellschaftlicher Wirklichkeit. Über Balzacs Roman *Verlorene Illusionen,* einen „Desillusions-Roman", heißt es: hier wird gestaltet, „wie die falschen, aber notwendig entstandenen Vorstellungen der Menschen über die Welt an der brutalen Macht des kapitalistischen Lebens notwendig zerschellen" und sich „die von der bürgerlichen Gesellschaft selbst notwendig produzierten Vorstellungen über Mensch, Gesellschaft, Kunst usw., die höchsten ideologischen Produkte der revolutionären bürgerlichen Entwicklung, an der Realität der kapitalistischen Ökonomie gemessen, als bloße Illusionen erweisen" (Lukács 1952, S. 46). Lukács stört sich nicht daran, dass Balzac in seinen politischen Überzeugungen ein Royalist war. Wichtig sind für ihn seine Romane. Weil sie so überaus wirklichkeitsgesättigt sind, kann in ihnen die ganze Widersprüchlichkeit einer gesellschaftlichen Lage und Entwicklung in ihrer konkreten Totalität dargestellt werden. Literatur muss sich – und darin ist Lukács auf seine Weise normativ – auf den objektiven Gesamtprozess des Lebens einlassen und im Besonderen, das die Literatur gestaltet, das wesentliche Allgemeine einer konkreten gesellschaftlichen Struktur darstellen.

Die gesellschaftskritische Kraft der Literatur liegt für Lukács hier in ihrem Gehalt, vor dem Fragen der Form zurücktreten. Freilich ist es eine bestimmte Literatur, nämlich die des Realismus, die diese Kraft besitzt und die herauszuarbeiten die Aufgabe des historisch informierten Literatursoziologen ist. Dabei orientiert sich jede Kritik am Gedanken des Fortschritts als einer Emanzipation der Erniedrigten und Beleidigten (Marx). Deren Träger war für Lukács das Proletariat. Heute, in Zeiten globaler Ungleichheit, wird man nach anderen Trägern suchen müssen. Anders als bei Adorno, für den der Begriff einer klassenübergreifenden Entfremdung und Verblendung die Literatursoziologie prägt, sind bei Lukács Geschichtsphilosophie und Klassenkampf die Kraftquellen einer Gesellschaftskritik im Gebiet der Literatur. Dabei ist dieser Fortschritt keineswegs gemütlich. Spätestens seit dem 20. Jahrhundert nun ist es für Lukács evident, dass das Bürgertum keine fortschrittliche Klasse mehr und auch seine Literatur in die Phase des Verfalls bis hin zur Dekadenz eingetreten ist. An die Fortschrittsstelle im Klassenkampf rückt das Proletariat, und um die neue Kunst und Literatur der neuen Klasse wurde immer wieder intensiv gestritten, u. a. im „Bund proletarisch-revolutionärer Schriftsteller", in der Zeitschrift *Die Linkskurve* bis hin zu den Debatten um den Sozialistischen Realismus, an denen Lukács jeweils beteiligt war (Karpenstein-Eßbach 2013a, b). Das kann hier nicht weiter ausgeführt werden. Wichtig ist etwas anderes. Obwohl sich die Besetzung der Position Fortschritt als Emanzipation vom Bürgertum zum Proletariat geschichtsphilosophisch und klassenanalytisch verschoben hat, bleibt der „große Realismus" der bürgerlichen Schriftsteller à la Balzac für Lukács der ästhetische Maßstab auch für die Kunst der neuen Klasse. 1951 schreibt er im Vorwort zu

8.2 Facetten der Gesellschaftskritik

seinen fünfzehn Jahre zuvor geschriebenen Balzac-Studien: „Noch nie brauchte die Welt eine realistische Literatur so nötig wie heute. Und vielleicht waren die Traditionen des großen Realismus noch nie unter so vielen gesellschaftlichen und künstlerischen Vorurteilen begraben." (Lukács 1952, S. 17) Das Proletariat als Klasse tritt das Erbe des Bürgertums an, und der proletarisch-revolutionäre Schriftsteller gibt, wie zuvor der bürgerliche, „eine Darstellung der objektiven Wirklichkeit mit ihren wirklichen treibenden Kräften (…) seine Wirklichkeitsgestaltung selbst muß das Schicksal jener Forderungen, die konkret und real aus dem Klassenkampf herauswachsen, als integrierende Momente der objektiven Wirklichkeit (…) mitenthalten". (Lukács 1963, S. 118) Während Adorno jedes Engagement verworfen hatte, weil sich der Schriftsteller damit in eine korrumpierende Nähe zur Wirklichkeit begibt, liegt bei Lukács die kritische Kraft in der Wirklichkeitsnähe selbst, weil diese Wirklichkeit – sofern sie dialektisch in ihrer Objektivität erfasst wird – in ihrer Prozesshaftigkeit schon die Parteilichkeit birgt.

Das ist geschrieben gegen die Revolutionierung literarischer Formen, die um 1900 und nicht zuletzt mit den Avantgardebewegungen einsetzte – von Lukács verbucht unter der Dekadenz des Bürgertums. Es ist aber auch geschrieben gegen den „ehrlichen Revolutionär" Franz Mehring, der um 1900 konstatierte: „wenn die absteigende Bürgerklasse keine große Kunst *mehr* schaffen kann, so kann die aufsteigende Arbeiterklasse *noch* keine große Kunst schaffen (…) Je unmöglicher sich aber aus dem proletarischen Klassenkampfe ein neues Zeitalter der Kunst entwickeln kann, um so sicherer ist es, daß der Sieg des Proletariats eine neue Weltwende der Kunst herbeiführen wird". (Mehring 1961, S. 225 f.) Anders als um 1900 und in den Jahren danach, in die die frühen Schriften von Lukács fallen, gibt es allerdings für den Lukács der späteren Schriften, die hier interessierten, den literatursoziologisch wichtigen Sachverhalt, daß sich inzwischen proletarisch-revolutionäre Schriftsteller an die Seite der neuen Klasse gestellt haben und man nicht mehr nur, wie Mehring, nach den kritisch-revolutionären „Tendenzen" in der Literatur etwa eines Gerhart Hauptmann suchen muss. Unter diesen veränderten Bedingungen macht Lukács den „großen Realismus" stark. Er ist ein ästhetisches Regulativ für die Produktion von Literatur – und er ist zugleich das Modell, an dem Literatursoziologie als Gesellschaftsanalyse und -kritik entfaltet wird.

Wollte man für die gesellschaftskritische Literatursoziologie Löwenthals einen vergleichbar zentralen Begriff wie den der Entfremdung bei Adorno und den der Klasse bei Lukács finden, so wäre hier wohl von der Bedeutung von Erkenntnis und Ideologiekritik zu sprechen, wobei Ideologiekritik bei Löwenthal eine spezifische Kontur hat. Sie ist nicht kognitivistisch auf propositionale Wahrheit bezogen; vielmehr sind damit die Denkweisen, Ausdrucksformen des Gefühls, die

Selbstverständnisse von Menschen in einer bestimmten Gesellschaft und die Weisen ihrer Erfahrungsverarbeitungen gemeint. Ein Stück weit erinnert die Literatursoziologie Löwenthals an die von Kant und Schiller stark gemachte Beziehung von Kunst und Literatur zum Erkenntnisvermögen und zum Gemeinsinn, allerdings mit dem Unterschied, dass die Lage inzwischen komplizierter geworden ist, denn Erkenntnis wie Gemeinsinn können durch ideologische Vorstellungen beeinträchtigt werden. Eben dies findet auch in literarischen Werken seinen Ausdruck. Was und wie Menschen von sich, ihren sozialen Beziehungen, von Natur, Kunst, Arbeit oder Liebe denken, wie sie handeln und an welchen Werten sie sich orientieren – das alles nimmt in literarischen Werken eine konkrete Gestalt an, die ihrer jeweiligen Gegenwart verbunden ist. Dabei geht es nicht darum, ob ein Werk eine richtige Erkenntnis gesellschaftlicher Wirklichkeit zum Ausdruck bringt beziehungsweise die Wirklichkeit richtig widerspiegelt – das wäre für Lukács der entscheidende Punkt. Vielmehr sind alle diese Vorstellungen soziale Sachverhalte und Literatur selbst ein fait social. Gerade die Literatur „zeigt nicht nur das Verhalten von Menschen in der Gesellschaft, sondern auch den Prozess der Vergesellschaftung; sie berichtet nicht nur von individueller Erfahrung, sondern auch von der Bedeutung dieser Erfahrung" (Löwenthal 1964, S. 14). Ob dem Literatursoziologen die literarisierten Handlungsweisen, Vorstellungen und Wertorientierungen gefallen oder von ihm für richtig befunden werden oder nicht, ist sekundär gegenüber seinem wesentlichen Geschäft, sie – nicht zuletzt auch sozialpsychologisch informiert – zu analysieren, weil sie soziologisch relevante Quellen für gesellschaftliche Erkenntnis sind. Löwenthal insistiert darauf: es ist der „Künstler, der das darstellt, was wirklicher ist als die Wirklichkeit selbst". „Jedes literarische Werk (…) gewinnt deshalb Bedeutung für das Verständnis der Gesellschaft" (Löwenthal 1966, S. 12, 17). Während Lukács' literatursoziologische Vorliebe den großen Realisten und die Adornos den avancierten Werken galt, gibt es bei Löwenthal keine solchen Präferenzen, weshalb denn auch die Produkte der Massenkultur mit zu seinem Gegenstandsbereich gehören. Wir kommen darauf zurück.

Wo liegt für Löwenthal, dessen Literatursoziologie in den Rahmen der vom Marxschen Denken geprägten Kritischen Theorie der Frankfurter Schule gehört und die sich ebenfalls gesellschaftskritisch versteht, der Ort der Kritik? Keineswegs wird dieser Ort ohne weiteres von der Literatur besetzt. Zwar wecke Literatur „immer wieder das Bewußtsein für den unüberbrückbaren Abgrund zwischen den Kontrollansprüchen der gesellschaftlichen Institutionen und den wahren Interessen der Mehrheit der Menschen", indem sie die verschiedensten Konflikte darstellt, aber es wäre mehr als naiv, daraus den Schluss zu ziehen, Literatur verkörpere deshalb schon Protest und Widerstand (Löwenthal 1966, S. 12). Vielmehr

8.2 Facetten der Gesellschaftskritik

„sind in der Literatur zwei Haltungen gegenüber den herrschenden Mächten miteinander verflochten: *Widerstand* und *Unterwerfung*" (S. 14). Im Großen und Ganzen schließt sie „in irgendeiner Weise mit der Welt Frieden" (S. 15). Aber eben nicht ganz, denn „Kummer und Trauer sind wesentliche Elemente der bürgerlichen Literatur" (S. 15). Im Unterschied etwa zu politischen Theorien mit ihren eindeutigen Positionen, Tendenzen und Konzepten steckt in literarischen Werken eine Spannungs- und Diskrepanzerfahrung, die insbesondere in ihren pathischen Dimensionen zum Ausdruck kommt. Für sie hat der dem klassischen und aufgeklärten Humanismus verbundene Löwenthal ein ausgeprägtes Sensorium. Dass Literatur nicht nur Ideologie und Anpassung ist, verdankt sich der Kraft des Pathischen, die in die Illusionen der Harmonie störend interveniert.

Angesichts der Verflechtung von Anpassung und Widerstand in der Literatur erscheint denn auch das Autonomieproblem in einem anderen Licht. Während Adorno auf eine verschärfte Autonomie und Lukács auf ihre Historisierung setzen, handelt es sich bei Löwenthal um eine geschwächte Autonomie. Damit ist die wichtige Frage aufgeworfen, „wie zu entscheiden sei, ob ein bestimmtes literarisches Werk seinem Wesen nach konformistisch oder nonkonformistisch ist" (Löwenthal 1966, S. 13). Das mit den Mitteln einer werkimmanenten Analyse zu entscheiden, ist unmöglich. Löwenthal zeigt, dass zum Beispiel Schillers *Die Räuber* seinerzeit als Ausdruck einer radikalen Opposition verstanden, in späteren Zeiten aber ganz andere Aspekte wie zum Beispiel ein neuer Gebrauch der dramatischen Form hervorgehoben wurden und das, was einmal Widerstand war, zum bloßen Kulturinhalt bis hin zur interessanten Zerstreuung entschärft werden kann. Weil Widerstand oder Anpassung keine ontologischen Attribute von Werken sind, gehört es zum Geschäft des Literatursoziologen, auch nach den Beziehungen zwischen dem Werk und seiner Rezeption zu suchen; das heißt die kritische Kraft eines Werkes hat selbst immer schon einen historischen Index und kann sich verändern, weshalb der Ort der Kritik nicht von vornherein im Werk allein liegen kann. Es ist vielmehr die „Aufgabe des Literatursoziologen, die Erfahrungen der von dem Künstler geschaffenen Charaktere und Situationen mit der historischen Umwelt, der sie entstammen, in Beziehung zu bringen. Er muss die privaten Gleichungen von Themen und stilistischen Mitteln in gesellschaftliche Gleichungen übersetzen" (S. 16). Das eigentliche gesellschaftskritische Moment der Literatursoziologie liegt darin, die psychischen, sozialen, politischen und konfliktuösen Gehalte der Werke und die Weisen ihrer Gestaltung auf soziale Tatsachen hin abzubilden und ihre je historischen Indices sozialgeschichtlich wie sozialpsychologisch zu analysieren.

Wie man dies im Einzelnen machen kann, hat Löwenthal in seinen zahlreichen und interpretativ textnahen Studien mit dem ihm eigenen stilistischen Feingefühl gezeigt – so über das Werk Ibsens als einer Auseinandersetzung mit den Dilemmata des Liberalismus oder über Knut Hamsun, in dessen Werk wir „dem nihilistischen Wüten der autoritären Geisteshaltung gegenüber(stehen)" – was Löwenthal herausgefunden hat, bevor sich Hamsun zum Nationalsozialismus bekannte. In den literarischen Spiegel- oder auch Zerrbildern gesellschaftlichen Lebens wird auf besondere Weise deutlich, wie die Ideale von Freiheit und Glück unter den Druck von Gesellschaft, Ökonomie und politischer Geschichte geraten und in ihrem Scheitern die dunkle Seite der bürgerlichen Gesellschaft offenbar wird. Es ist intellektuellensoziologisch gesehen bemerkenswert, dass literatursoziologische Gesellschaftskritiker wie Löwenthal und andere, die für die uneingelösten oder gar verratenen Ideale des Bürgertums einen besonders scharfen Blick haben, gerade aus jenem Bürgertum kommen. Zu Löwenthals Untersuchungsgegenständen gehört allerdings nicht nur jene Literatur als Kunst, die einem bürgerlichen Selbstverständnis und seiner Problematik besonders affin sein mag, sondern auch die Massenliteratur, die Löwenthal ebenfalls daraufhin analysiert, wie hier das Verhalten von Menschen in Gesellschaft und die Prozesse der Vergesellschaftung gezeigt und dargestellt werden. Zwar gibt es qualitative Unterschiede im Problemgehalt zwischen Literatur als Kunst und Massenliteratur – und insofern kommt der Literatursoziologin im Fall der Literatur als Kunst schon eine Fülle an potenziellen Erkenntniswerten entgegen – aber für das Verständnis von Gesellschaft ist jedes Werk relevant. Deshalb gibt es für diese beiden Arten von Literatur ein vergleichbares Instrumentarium.

8.3 Jenseits hoher Literatur: Kulturindustrie und Cultural Studies

Literatur, die nicht unter Kunst fällt oder als solche anerkannt wird, scheint die Literatursoziologin in einfachere Gefilde zu führen. Hier gibt es das große Hauptproblem, das alle Diskurse zur Sache durchzieht: ist Massenliteratur, Trivialliteratur oder populäre Literatur kritisch und kann sie das überhaupt sein? Liegt hier nicht die Aufgabe der Kritik von vornherein beim Soziologen?

In der *Dialektik der Aufklärung* bezeichnen Horkheimer und Adorno die massenhafte Produktion von Kulturwaren im industriellen Stil als „Kulturindustrie". Zu ihr gehört der Schematismus der Produktion, die Stereotypisierung der Produkte, ihre Katalogisierung und Klassifizierung nach Gesichtspunkten der Verkäuflichkeit, die Fabrikation für bestimmte Typen von Konsumenten, ein vororganisiertes und kanalisiertes Vergnügen. Ob Radio, Film, Jazz, Unterhaltungsliteratur, Schlager, Sketch, Reklame, Telefon, Fotografie oder Magazine:

8.3 Jenseits hoher Literatur: Kulturindustrie und Cultural Studies

alles steht unter dem Regime der Kulturindustrie. Einen Medienbegriff freilich sucht der Leser hier vergeblich. Was es mit der Beziehung zwischen Literatur und Medien auf sich hat, wird die Angelegenheit des folgenden Kapitels sein. Das Prinzip der Kulturindustrie besteht darin, dem Konsumenten „zwar alle Bedürfnisse als von der Kulturindustrie erfüllbare vorzustellen, auf der anderen Seite aber diese Bedürfnisse vorweg so einzurichten, daß er in ihnen sich selbst nur noch als ewigen Konsumenten, als Objekt der Kulturindustrie erfährt" (Horkheimer und Adorno 1968, S. 169). Dieser Konsument „soll keiner eigenen Gedanken bedürfen: das Produkt zeichnet jede Reaktion vor" (S. 163). Kulturindustrie ist ein umfassendes Phänomen, weil mit ihr alle die Kultur betreffenden Produktionsmittel der Warenförmigkeit und der ökonomischen Kalkulation in großem Maßstab unterworfen werden. Nichts spricht dagegen, auch das Bildungssystem und die Produktionsbedingungen des Wissens im Rahmen von kulturindustriellen Verfahrens- und Organisationsweisen zu sehen (Martin und Resch 2014). Man kann Kulturindustrie als einen analytischen Begriff zur Untersuchung kapitalisierter Kulturproduktion im weitesten Sinne verstehen, aber auch als einen normativen Begriff, mit dem die große Masse entautonomisierter Kultur der Kritik unterzogen werden kann.

Bei Horkheimer und Adorno liegt der Schwerpunkt auf der normativen Variante des Terminus Kulturindustrie, zu deren umfassendem Reich auch Massenkultur und -literatur gehören. Widerständigkeit oder Kritik sind hier nicht zu erwarten, weil ihre Produkte und Konsumenten in spiegelbildlicher Affirmation gefangen bleiben. Während die Produkte von ihrer warenförmigen Standardisierung durchdrungen sind, entsprechen ihre Konsumenten „bis in die Triebregungen hinein dem von der Kulturindustrie präsentierten Modell" (Horkheimer und Adorno 1968, S. 198). In einer Mischung von Redundanz und stilistischer Eindrücklichkeit wird der Leserin dieser Zirkel vorgeführt. Wer eine Bahnhofsbuchhandlung betritt und sich dort umsieht, dürfte dieser gnadenlosen Kulturindustriekritik dennoch einiges abgewinnen können. Das normative Gegenbild von Kommerz, Schielen nach Verkäuflichkeit und verdummendem Vergnügen bleibt für Horkheimer und Adorno jene Literatur als Kunst, die man allenfalls in den hinteren Ecken findet.

Gegenüber der These, dass es bei der Kulturindustrie vor allem um die Manipulation der Subjekte geht, hat Michael Makropoulos geltend gemacht, dass Massenkultur eine unverzichtbar produktive Funktion gesellschaftlicher Integration erfüllt. Unter den Bedingungen der Kontingenzerfahrung, wie sie zu modernen Gesellschaften gehört und wonach „kontingent ist, was auch anders möglich ist", sorgt Massenkultur dafür, Kontingenztoleranz zu lehren; sie „bewirkt die zureichende soziale Integration kontingenzförmiger Individuen ohne ihre Kontingenzförmigkeit zu reduzieren" (Makropoulos 2008, S. 33, 148). Die Perspektive wird hier modernitätstheoretisch umgekehrt: gerade weil die Produkte von Massenkultur standardisiert sind, eröffnen sie die „Möglichkeit kombinatorischer Verknüpfungen heterogener Elemente" und führen „gerade nicht zur nivellierenden und homogenisierenden Reduktion von Variabilität" (S. 146). Aus dieser Sicht einer kontingenzbasierten „Normalisierungsgesellschaft" erscheint Massenkultur als produktive und notwendige Bedingung von Gesellschaftlichkeit, während sie für das adornitische Verständnis von Kulturindustrie, das nicht zuletzt aus der Erfahrung fordistischer Massenproduktion gespeist wurde, eine Gefahr für Gesellschaft und Individuen darstellt.

Es handelt sich bei dieser schismatischen Perspektive auf das Jenseits voraussetzungsreicher Literatur um ein Phänomen, das älteren Datums als die fordistische Modernisierung oder die Normalisierungsgesellschaft ist. Wie Löwenthal (1964, S. 54 ff.) gezeigt hat, geht es wiederkehrend um die Frage, was man von dem Vergnügen halten soll, das die Leute an der Unterhaltung, dem Trivialen und Populären haben und welche gesellschaftlichen Effekte damit einhergehen. Das Muster der Antworten ist von bestrickender Einfachheit geblieben: Unterhaltung und Zerstreuung gehören zu den unübergehbaren menschlichen Bedürfnissen und sie helfen dabei, sich vor dem Druck und den Zwängen des Gesellschaftlichen ein Stück weit zu retten oder sich an sie anzupassen. Im Gegenzug dazu werden die Gefahren der Zerstreuung, ihr Fluchtcharakter und ihre Verführung zur Preisgabe jeder Selbstbesinnung zugunsten eines vor allem sinnlichen Genusses hervorgehoben (siehe auch Kap. 6). Diese beiden Positionen durchziehen den Streit um die Massenkultur und lassen sich ihrerseits soziologisch aufklären. Wer sich darauf einlässt, kann die Entdeckung machen, dass beide – das Plädoyer für das Bedürfnis nach Zerstreuung wie die Warnungen vor dessen Gefahren – bei politisch links wie bei konservativen bis rechts stehenden Autoren gleichermaßen zu finden sind.

Das Wissen um die schismatische Struktur der Massenkulturtheorien hilft, ihre Fallen zu vermeiden, gibt aber noch kein Instrumentarium für eine Massenkulturanalyse an die Hand. Eine Antwort darauf geben die Cultural Studies, die aus dem Centre for Contemporary Cultural Studies in Birmingham, das in den 1950er Jahren seine Arbeit begann, hervorgegangen sind. Sie bilden den Gegenpol zur Grundsatzkritik an der Kulturindustrie. Der Titel von Richard Hoggarts Buch *The Uses of Literacy* von 1957 ist als Programm zu lesen: was machen diejenigen, die nicht zur Elite gehören, mit der Literatur, die sie lesen? Wer so fragt, geht davon aus, dass solche Leser nicht nur willfährige und passive Konsumenten sind.

Cultural Studies verstehen unter Kultur nicht ein abgrenzbares Segment oder Gebiet einer Gesellschaft, sondern gehen von einem umfassenden, geradezu holistischen Kulturbegriff aus, unter den alle Phänomene fallen, die im Alltagsleben

8.3 Jenseits hoher Literatur: Kulturindustrie und Cultural Studies

zum Tragen kommen, seien es Arbeit, Familie, soziale Beziehungen, ethnische, religiöse oder politische Zugehörigkeiten. Für Raymond Williams, einen ihrer Väter, umfasst Kultur „die Lebensweise als Ganzes" (Williams 1972, S. 335). In ihrem Rahmen finden die Aneignungsprozesse von populären Kulturprodukten statt. Dazu gehört ein radikaler Kontextualismus, der die Verwendungsweisen von Literatur an die alltagskulturellen Zusammenhänge rückbindet, in denen die Rezipienten leben. Nicht das einzelne massenkulturelle Produkt ist hier Gegenstand einer Analyse, die in ihm selbst die Spuren seiner Gesellschaftlichkeit aufsuchen würde, sondern vielmehr die soziale Praxis der Verwendung solcher Produkte.

Eine solche soziale Praxis ist rückgebunden an ihre jeweiligen Träger, an Gruppen, Schichten, Klassen. So ganzheitlich Kultur auch verstanden wird, weil sie die ganze Lebensweise umfasst, so sehr gehen die Cultural Studies von einer Vielfalt von je für sich ganzheitlichen Kulturen aus, die in einer Gesellschaft zu finden sind. In diesem Rahmen ist das Hegemoniekonzept Antonio Gramscis wieder aufgenommen worden, wonach einer hegemonialen oder repräsentativen Kultur die der marginalisierten oder minoritären Gruppen gegenübersteht. Die Cultural Studies interessieren sich denn auch, darin der Bourdieuschen Geschmackssoziologie ein Stück weit vergleichbar, vornehmlich für die kulturellen Praxen jenseits kultureller Hegemonie und deren Kampf um Bedeutung, zunächst für die der Arbeiterklasse und zunehmend für die mit Ethnie, Geschlecht, Alter oder sozialer Stellung einhergehenden Spezialkulturen und deren Eigensinn. Ein nicht zu unterschätzender Katalysator der kulturalistischen Differenzmarkierungen in den Cultural Studies dürfte die in den 1960/70er Jahren zunehmende Öffnung des Bildungssystems für breite Schichten unterschiedlicher Herkunft sein, die, um mit Bourdieu zu sprechen, ein anderes kulturelles Kapital mitbrachten als das von der repräsentativen Kultur belegte und die auf der Anerkennung ihrer mitgebrachten Kulturinhalte insistierten – was in der Institutionalisierung von Minority Studies Gestalt angenommen hat. Ihrem Selbstverständnis nach sind Cultural Studies ein politisches Unternehmen, sie stellen, so Lawrence Grossberg, „für mich eine bestimmte Weise der Kontextualisierung und Politisierung intellektueller Praxis dar" (Grossberg 1999, S. 45).

Man darf die Cultural Studies als in der Tradition der Volkskunde stehend ansehen, mit dem Unterschied, daß die Forschungen im Gebiet der Populärkultur jetzt Ethnologie oder Ethnografie heißen (Winter 2001; Niekisch 2001) und dass mit ihnen die politisierende Umwendung von populärer Kultur in die Repräsentativkultur einer bestimmten sozialen Gruppe einhergeht (Göttlich et al. 2002). Während voraussetzungsvolle Literatur vonseiten der Cultural Studies hegemonialitäts- und machterhaltend wirkt und in diesem Sinne nun die Affirmation auf ihrer Seite verbucht wird, ermöglichen die Produkte des Populären eine Artikulation, in der sich der soziale Wert minoritärer Eigensinnproduktion repräsentiert findet (siehe auch Abschn. 4.5). Das Vergnügen, das politisch gedeutet werden kann, wird rehabilitiert. Für die Verwendungsweisen von Populärliteratur heißt dies beispielsweise, dass die „Texte für verschiedenartigste Lektüren offen sind"; sie stellen ein „Reservoir von Ressourcen" bereit, das man „als einen Supermarkt (kennzeichnen kann), aus dem sich die Leser diejenigen Artikel herausgreifen, die sie wollen, sie mit denjenigen aus ihrer kulturellen ‚Speisekammer' zu Hause kombinieren und daraus neue Gerichte kochen oder neue Lektüren zubereiten, die ihren eigenen Bedürfnissen und kreativen Fähigkeiten entsprechen" (Fiske 2000, S. 59). *Politik des Vergnügens* (Göttlich und Winter 2000): damit ist das Vermögen von Populärkultur bezeichnet, kulturelle Gemeinschaftlichkeiten herzustellen, die heute „Szenen" genannt werden (Hitzler und Niederbacher 2010), und ihnen eine soziale und politische Kraft zu verleihen. Man mag sich hier an Jean Marie Guyaus Abhandlung *Die Kunst als soziologisches Phänomen,* die 1889 erschienen ist, erinnert fühlen, in der Guyau die grundsätzliche Sozialbindung der Künste darin sieht, dass sie – als eine künstlerische Erregungskunst – der Stärkung der sozialen Solidarität von Menschen dienen (Guyau 1987). Guyau hatte darin eine Art gesamtgesellschaftlicher Aufgabe der Künste gesehen. Im Fall der Cultural Studies ist es hingegen gerade das umfassende Phänomen der Populärkultur, das es erlaubt, diese Gesamtgesellschaftlichkeit aufzuspalten in eine Pluralität minoritärer Kulturen, „Echoräume" oder „Blasen", die sich über sie ihrer selbst vergewissern.

Während wir es bislang mit den Facetten literatursoziologischer Auseinandersetzungen mit dem Jenseits der hohen Literatur zu tun hatten, ist schließlich auf eine Intervention aufmerksam zu machen, die die Dichotomie von hoher und populärer Literatur unterläuft. In dem seinerzeit eine heftige Debatte auslösenden Aufsatz von Leslie A. Fiedler von 1968 mit dem programmatischen Titel „Überquert die Grenze, schließt den Graben!" erklärt Fiedler: „es ist höchste Zeit fürs Sakrileg!" (Fiedler 1994, S. 59) Damit wird keineswegs zum Angriff der populären oder Massenkultur auf die hohe und anerkannte Literatur geblasen, damit jene diese kurzerhand besiege. Fiedler verlangt vielmehr von der „seriösen" Literatur, dass sie die Elemente, Spielarten und Genres der Massenkultur wie etwa Western, Science Fiction und Pornografie in sich aufnimmt, um aus den buchstäblich verknöcherten Konventionen moderner Literatur in die Gegenwart einer erneuerten Literatur einzutreten. Dazu, sich nicht mehr im Jenseits von Massen- oder Populärkultur zu bewegen, zwingt die Literatur auch der neue medientechnische Stand der Dinge (siehe Kap. 9). Es sind nicht zuletzt das Obszöne, Hässliche oder die geächteten Helden, die in die neue Literatur Einzug halten sollen – also das Schmutzige oder Verfemte, das im Gebiet der Massenliteratur bevorzugt der Zensur zum Opfer fällt, eben weil sie nicht die Freiheit der Kunst für sich in Anspruch nehmen kann (Eßbach 1974). Dieses Populäre bei Fiedler ist weder kulturindustriell zugerichtet noch probates Mittel minoritärer Selbstvergewisserung, sondern ein subversives Potenzial für die „autonome" Literatur, die die gefährlichen und wilden Seiten der Massenkultur in sich aufnehmen kann.

8.4 Anwendungsbeispiel: Utopien

Literarische Utopien mit ihren Entwürfen alternativer Gesellschaften formulieren immer auch Kritik an einer bestehenden Gesellschaft – sei es implizit oder explizit. Für die Literatursoziologin könnte dies heißen, dass sie hier arbeitslos wird, weil das Geschäft der Gesellschaftskritik von ihnen schon übernommen wurde. Aber die Literatursoziologin wird deshalb nicht kurzerhand zu den Utopikern überlaufen. So sehr sich literarische Utopien räumlich oder zeitlich von einer bestehenden Gesellschaft entfernen – die Literatursoziologin wird ihre Fragen in zweierlei Richtungen stellen: Wie ist die neue, andere Gesellschaft ihrer Struktur nach beschaffen? Und: Auf welche Zeiterfahrungen in einer wie beschaffenen gegenwärtigen Gesellschaft antwortet eine literarische Utopie? Die geläufige Unterscheidung zwischen einer positiven Utopie, die vom Glück aller zu erzählen weiß, und einer negativen, in der das Paradies zur Hölle wird, reicht hier nicht aus, weil es darauf ankommt, die utopische Fantasie künftiger Vergesellschaftung mit der Erfahrung gegenwärtiger Vergesellschaftung zu vermitteln.

Wir wollen dies holzschnittartig am Beispiel zweier Utopien skizzieren: Francis Bacons *Neu-Atlantis,* 1627 erstmals erschienen, und Stanislaw Lems *Der futurologische Kongreß* von 1974. In Bacons Utopie werden Seefahrer auf den Inselstaat Bensalem verschlagen, über dessen Verfasstheit sie so umfassend informiert werden, dass der Ich-Erzähler mit der Erlaubnis des bensalesischen Regenten eben jenen Bericht schreiben kann, den der Leser in Händen hält. Die politischen Einrichtungen sind das Ergebnis der umsichtigen Tätigkeit eines weisen und aufgeklärten Monarchen, dem ein Senat, eine umfangreiche Verwaltung, die Kirche und ein Zentrum für Wissenschaften, das „Haus Salomon", zur Seite stehen. Die Gesellschaft beruht auf Privateigentum, es gibt soziale und Vermögensunterschiede klassenähnlicher Art, die sich auch wesentlich der Herkunft verdanken, aber keine gesellschaftlich destabilisierenden Konflikte. Bei Unstimmigkeiten oder materieller Not greift die Familie in Anwesenheit eines Vertreters des Staates regulierend und helfend ein. Auch hier zeigt sich, wie der Erzähler feststellt, dass „dieses Volk voller Güte ist" und sein Land ein „Spiegel", der weniger gut verfassten Gesellschaften vorgehalten werden sollte. (Bacon 1959, S. 77 f.) Dass Bensalem so wohl eingerichtet ist, verdankt sich dem hohen Stand technischer Entwicklung und der wissenschaftlich aufgeklärten Naturbeherrschung, für die das „Haus Salomon"

Sorge trägt. In Bacons Utopie ist Technik das Mittel, eine Gesellschaft so zu gestalten, dass sie das Glück aller herbeiführt; basiert auf technisch-wissenschaftlicher Erkenntnis, werden ideologische Legitimationen von Macht und Herrschaft ebenso überflüssig wie die Frage nach einer Reform sozialer Verhältnisse. Diesen Gesellschaftsentwurf schreibt Bacon zu einer Zeit, in der die englische Gesellschaft von den beachtlichen Umbrüchen einer zunehmenden Protoindustrialisierung geprägt ist und die Bedeutung technischer Vervollkommnungen immer offensichtlicher wird, um die Wissenschaft mit den praktischen Bedürfnissen des Lebens und der Produktion zu verbinden. All die Produktionszweige der bensalesischen Gesellschaft sind auch diejenigen, die zu Bacons Zeit in England zunehmend wichtig werden. Bacons *Neu-Atlantis* formuliert – obwohl es sich um eine Utopie handelt – keine radikale Gegenposition zur Gesellschaft seiner Zeit und entwirft auch keine Skizze einer anderen sozial-politischen Gesellschaft. Ihr Ideal ist die Vervollkommnung der Gesellschaft mit den Mitteln der Technik und kommuniziert gerade darin mit den Umbrüchen seiner Zeit.

Auch bei Lems *Der futurologische Kongreß* handelt es sich um eine Utopie im Zeichen der Technik. Der Ich-Erzähler reist wie viele seiner Futuristen-Kollegen zu einem futurologischen Kongress in ein Land, das in heftige, bürgerkriegsähnliche Kämpfe verwickelt ist, aber über technische und medizinisch-chemische Mittel einer Sicherheitsproduktion und Menschenführung verfügt, die eine soziale Befriedung und eine individuelle Bedürfnisbefriedigung in großem Maßstab herbeiführen, sodass es gar keine Diskrepanzerfahrung zwischen der Wirklichkeit und einem möglichen besseren Zustand mehr gibt, weil alle alles den bedienten Vorlieben und Bedürfnissen entsprechend als perfekt erleben beziehungsweise halluzinieren können. Die für Utopien charakteristische Spannung zwischen unvollkommener und besserer Welt ist annulliert – so der vordergründige literarische Plot. Aber unser Erzähler ist einer, der diese – mit Adorno gesprochen – totale Entfremdung durch Narkotika und Scheinbilder selber halluziniert. Die Glaubwürdigkeit unseres Futurologen-Erzählers nimmt mit dem Fortgang des Romans allmählich ab, sodass der Leser an die fiktive Realität der technisch durchherrschten Gesellschaft nicht mehr recht glauben kann. Am Ende des Romans bricht der Erzähler in ein gewaltiges Lachen aus, dem die eigenen halluzinierten Zukunftsvisionen zum Opfer fallen, und der Leser muss sich fragen, warum ihm diese Visionen einer totalitären Gesellschaft über viele Seiten hinweg plausibel erscheinen konnten. Lems Roman ist nicht technikkritisch – und darin trifft er sich über einige Jahrhunderte hinweg mit Bacons *Neu-Atlantis* – er ist technikfantasie-kritisch. Er verschiebt damit den Schwerpunkt utopischer Gesellschaftskritik von der Schilderung einer künftigen Gesellschaft hin zur Verfasstheit der Fantasien von einer künftigen Gesellschaft. Eine Literatursoziologie als Gesellschaftskritik kann auch über solche Veränderungen utopischen Bewusstseins aufklären.

Literatur

Adorno, Theodor W. und Horkheimer, Max. Hrsg. 1956. *Soziologische Exkurse. Nach Vorträgen und Diskussionen.* Frankfurt am Main: Suhrkamp.
Adorno, Theodor W. 1961a. Rede über Lyrik und Gesellschaft. In: Ders. *Noten zur Literatur I,* 73–104. Frankfurt a. M.: Suhrkamp.
Adorno, Theodor W. 1961b. Versuch, das Endspiel zu verstehen. In: Ders. *Noten zur Literatur II,* 188–236. Frankfurt a. M.: Suhrkamp.
Adorno, Theodor W. 1964. *Minima Moralia. Reflexionen aus dem beschädigten Leben.* Frankfurt a. M.: Suhrkamp.
Adorno, Theodor W. 1965. Engagement. In *Noten zur Literatur III,* 109–135. Frankfurt a. M.: Suhrkamp.
Adorno, Theodor W. 1970. *Ästhetische Theorie.* Gesammelte Schriften, Bd. 7. Frankfurt a. M.: Suhrkamp.
Bacon, Francis. 1959. *Neu-Atlantis.* Berlin: Akademie.
Eßbach, Wolfgang. 1974. Der schmutzige Kampf gegen Schmutz und Schund. Massenkultur und Literaturpädagogik. In *Die heimlichen Erzieher. Kinderbücher und politisches Lernen,* Hrsg. Dieter Richter, Jochen Vogt, 108–128. Reinbek: Rowohlt.
Fiedler, Leslie A. 1994. Überquert die Grenze, schließt den Graben! Über die Postmoderne. In *Wege aus der Moderne. Schlüsseltexte der Postmoderne-Diskussion,* Hrsg. Wolfgang Welsch, 57–74. Berlin: Akademie.
Fiske, John. 2000. Populäre Urteilskraft. In *Politik des Vergnügens. Zur Diskussion der Populärkultur in den Cultural Studies,* Hrsg. Udo Göttlich, Rainer Winter, 53–74. Köln: Halem.
Göttlich et al., Hrsg. 2001. *Die Werkzeugkiste der Cultural Studies. Perspektiven, Anschlüsse und Interventionen.* Bielefeld: transcript.
Göttlich et al., Hrsg. 2002. *Populäre Kultur als repräsentative Kultur. Die Herausforderung der Cultural Studies.* Köln: Halem.
Göttlich, Udo und Winter, Rainer, Hrsg. 2000. *Politik des Vergnügens. Zur Diskussion der Populärkultur in den Cultural Studies.* Köln: Halem.
Grossberg, Lawrence. 1999. Was sind Cultural Studies? In *Widerspenstige Kulturen. Cultural Studies als Herausforderung,* Hrsg. Rainer Winter und Karl H. Hörning, 43–83. Frankfurt a. M.: Suhrkamp.
Guyau, Jean Marie. 1987. *Die Kunst als soziologisches Phänomen* (In neuer Übersetzung herausgegeben von Alphons Silbermann). Berlin: Spiess.
Hitzler, Ronald und Niederbacher, Arne 2010. *Leben in Szenen. Formen juveniler Vergemeinschaftung heute.* Wiesbaden: Springer VS.
Horkheimer, Max und Adorno, Theodor W. 1968. *Dialektik der Aufklärung. Philosophische Fragmente.* Amsterdam: De Munter.
Kant, Immanuel. 1995. *Kritik der Urteilskraft.* Stuttgart: Reclam.
Karpenstein-Eßbach, Christa. 2013a. *Deutsche Literaturgeschichte des 20. Jahrhunderts.* München: Fink.
Karpenstein-Eßbach, Christa. 2013b. Ist literarischer Realismus entpolitisierbar? Historische Stationen eines Begriffs. In *Entsagung und Routines. Aporien des Spätrealismus und Verfahren der frühen Moderne,* Hrsg. Moritz Baßler, 387–411. Boston: De Gruyter.

Karstein, Uta und Zahner, Tessa, Hrsg. 2017. *Autonomie der Kunst? Zur Aktualität eines gesellschaftlichen Leitbildes*. Wiesbaden: Springer VS.
Löwenthal, Leo. 1964. *Literatur und Gesellschaft. Das Buch in der Massenkultur*. Berlin: Luchterhand.
Löwenthal, Leo. 1966. *Das Bild des Menschen in der Literatur*. Berlin: Luchterhand.
Lukács, Georg. 1952. *Balzac und der französische Realismus*. Berlin: Aufbau.
Lukács, Georg. 1955. Kunst und objektive Wahrheit. In *Probleme des Realismus*, Hrsg. Georg Lukács, 5–46. Berlin: Aufbau.
Lukács, Georg. 1956. Einführung in die ästhetischen Schriften von Marx und Engels. In *Beiträge zur Geschichte der Ästhetik*, Hrsg. Georg Lukács, 191–216. Berlin: Aufbau.
Lukács, Georg. 1963. Tendenz oder Parteilichkeit? In *Georg Lukács: Schriften zur Literatursoziologie*, Hrsg. v. Peter Ludz, Neuwied, 109–121. Berlin: Luchterhand.
Makropoulos, Michael. 2008. *Theorie der Massenkultur*. München: Fink.
Martin, Susanne, und Resch, Christine, Hrsg. 2014. *Kulturindustrie und Sozialwissenschaften*. Münster: Westfälisches Dampfboot.
Marx, Karl. 1970. *Das Kapital*. Marx Engels Werke, Bd. 23. Berlin: Dietz.
Mehring, Franz. 1961. Ästhetische Streifzüge. In *Aufsätze zur deutschen Literatur von Hebbel bis Schweichel. Gesammelte Werke*, Bd. 11, Hrsg. Franz Mehring, 141–226. Berlin: Dietz.
Niekisch, Sibylle. 2001. Cultural Studies und Ethnologie. Zu einem schwierigen Verhältnis, In *Die Werkzeugkiste der Cultural Studies. Perspektiven, Anschlüsse und Interventionen*, Hrsg. Udo Göttlich, Lothar Mikos, und Rainer Winter, 131–158. Bielefeld: transcript.
Schiller, Friedrich. 1967. Was kann eine gute stehende Schaubühne eigentlich wirken? In *Sämtliche Werke*, Bd. 5, Hrsg. v. Gerhard Fricke und Herbert G. Göpfert, 818–831. München: Hanser.
Williams, Raymond. 1972. *Gesellschaftstheorie als Begriffsgeschichte. Studien zur historischen Semantik von „Kultur"*. München: Rogner und Bernhard.

Literatur und Medien 9

Erst allmählich ist der Komplex Medien über die Spezialdisziplin der Publizistik hinaus auch für die Literatursoziologie und -wissenschaft wichtig geworden. Gegenüber einer um den Begriff der Kommunikation zentrierten Zugangsweise hat sich eine kulturwissenschaftlich informierte Medienwissenschaft entfaltet, für die die Frage nach der Medientechnik und der sozialen Bedeutung der Apparate relevant ist. Damit geht eine aisthetische Perspektive auf Medien als Formgebungen für Wahrnehmungen und Vorstellungswelten einher, unter der die Beziehungen zwischen Medien, Künsten und Literatur in den Blick kommen. Anschließend interessieren zwei Aspekte besonders: die jeweiligen Implikationen von Mündlichkeit, Schrift und Buchdruck als Technologisierung des Wortes und die der Konkurrenz, in die Literatur zu anderen Medien gerät. Am Beispiel von Rainald Goetz' Roman *Abfall für alle* wird skizziert, wie literarische Medienreflexion und -adaption aussehen kann.

9.1 Vorklärungen

Wenn man Literatur, wie im vorhergehenden Kapitel, unter der Perspektive einer Kritik an Gesellschaft und Kultur in den Blick nimmt, dann rücken Fragen nach ihrer Autonomie – sei es als Ort gesellschaftskritischen Widerstands, sei es als bedrohte Autonomie, die von der Warenförmigkeit massenhaft produzierten Lesestoffs tangiert oder deformiert wird – in den Blick. Die allen kapitalistischen Klassengesellschaften eigene Spaltung von Elitenkultur und populärer Kultur bildet in dieser literatursoziologischen Perspektive das Problemzentrum. Deshalb führt – vom Markt her gedacht – an der Unterscheidung zwischen anspruchsvoller und trivialer, zwischen hoher Literatur und Massenliteratur kaum ein Weg vorbei, unabhängig davon, ob diese Unterscheidung stark gemacht oder kritisiert wird.

Demgegenüber ist mit den Fragen nach Beziehungen zwischen Literatur und Medien eine wesentliche Verschiebung verbunden. Nicht der Komplex Markt steht hier im Zentrum, sondern der Komplex Technik, genauer: die spezifische technische Verfasstheit von Medien. Diese Verschiebung betrifft zwei Bereiche, die für die Fragerichtung Literatur als Gesellschaftskritik (siehe Kap. 8) wichtig waren: die Verschärfung der Vorstellung von der Autonomie der Literatur und die Rede von Massenmedien.

Autonomie der Literatur kann als ein eigenständiges Feld oder System gedacht werden, das mit Medientechniken wenig oder gar nichts zu tun hat, sondern internen Funktionsgesetzen gehorcht (siehe Kap. 7). Man kann Literatur als ein Gebiet auffassen, das – nicht zuletzt wegen seiner Gebundenheit an Schrift und Buch – ohnehin außerhalb anderer technischer Medien angesiedelt ist. Der literatursoziologische Problembereich Medien und Literatur liegt dagegen jenseits eines antimedial verschärften Autonomieproblems, hier *ist* Literatur nicht einfach da, sondern gewinnt ihre Konturen erst in medientechnischen Zusammenhängen. Ob der Eigenwert autonomer Literatur hervorgehoben wird oder nicht, wird zur unwesentlichen theoretischen Geste, wenn es um Zusammenhänge zwischen Literatur und der technischen Verfasstheit von Medien geht.

Ebenso ist die geläufige Rede von Massenmedien in einer auf Technik verschobenen Perspektive wenig tauglich. Der Begriff Massenmedium haftet allzu sehr an der Dichotomie von Hoch- und Massenkultur und den Unterschieden des Anspruchsniveaus von Medienprodukten, ihren Inhalten und formalen Eigenschaften. Medien hingegen auf ihren technischen Charakter hin zu befragen, liegt zu diesen Unterscheidungen quer, weil Medientechnik ohne Rücksicht auf *high* oder *low* funktioniert. „Massenmedium" wurde zum Leitbegriff der aus der Zeitungswissenschaft hervorgegangenen Publizistik, deren Methoden einerseits insbesondere auf Rundfunk und Fernsehen angewandt wurden und andererseits für die Untersuchung des Buchmarktes genutzt werden konnten. Dabei geht es um Fragen des Leseverhaltens, der literarischen Kommunikation, der Öffentlichkeit, wie sie sich über Literatur vermittelt, Produktions-, Distributions- und Rezeptionsprozesse oder die schicht- beziehungsweise klassenspezifischen Geschmacksfragen sowie die Inhalte, die literarisch transportiert werden (siehe Kap. 6).

Die medialen Implikationen von Literatur und ihre Stellung zur jeweiligen medientechnischen Lage einer Gesellschaft sind der stumme Untergrund, der erst mit der Erfahrung medienhistorischer Umbrüche dazu provozierte, diesen Untergrund zur Sprache zu bringen. In der Literatursoziologie gehörte die Medien-Technik-Literatur-Relation lange Zeit nicht gerade zum Traditionsbestand ihrer Fragestellungen; freilich gab es circa seit den 1950er Jahren Untersuchungen der empirischen Literatursoziologie zum Massenkulturkonsumverhalten und zur Analyse von Mediensozialisation (siehe Abschn. 3.2). Zu einer Auseinandersetzung mit dem Komplex Medien-Technik-Literatur kommt es verstärkt in den 1980er Jahren mit dem Beginn des Siegeszuges des Computers, als Theoretiker und Intellektuelle aus verschiedenen wissenschaftlichen Disziplinen die Bedeutung von Medientechnik entdecken. Zwar hatten Günter Anders schon vorher über *Die Antiquiertheit des Menschen* und Marshall McLuhan über *Die magischen Kanäle* geschrieben, aber der eine erschien zu kulturpessimistisch und der andere zu subkulturell, als dass sie mit ihren Büchern auf eine größere wissenschaftliche Resonanz in der Soziologie stießen.

Mit der Erfahrung des digitalen Umbruchs hingegen kommt es nun zu einer neuen Medienwissenschaft, die ihre Aufmerksamkeit auf die Implikationen technischer Medien richtet. Diejenigen, die daran arbeiten – Vilém Flusser, Paul Virilio, Jean Baudrillard, Friedrich Kittler, Jean-Louis Baudry, Jean-François Lyotard, Walter Ong, Harold Innis, K. Ludwig Pfeiffer u. a. – sind nicht unbedingt Literatursoziologen, und ihre Analysen sind auch nicht immer oder vornehmlich auf den Gegenstand Literatur gerichtet. Flusser schreibt über den Film und Geschwindigkeit; Baudrillard über die Implikationen des 0-1-Codes und die Simulation; Kittler über Aufschreibesysteme, Grammophon und Computer; Baudry über das Kino; Lyotard über neue Formationen des Wissens in informatisierten Gesellschaften; Ong über die Technisierung des Wortes; Innis über Kanäle medialer Verbreitungen; Pfeiffer über den Zusammenhang von Medien und Anthropologie. Ihre Gegenstände sind unterschiedliche Medien, aber sie helfen der Literatursoziologie und der Literaturwissenschaft, Zugänge zum Verhältnis von Literatur und technischen Medien zu gewinnen.

9.2 Medien und Kommunikation

Explizit von Medien war lange weder umgangssprachlich noch wissenschaftlich die Rede, sondern von Radio und Rundfunk, Flugblättern, Zeitungen, Illustrierten, Film oder Fernsehen. Der generalisierte Allgemeinbegriff Medien wurde erst seit den 1980er Jahren kurrent, löste die publizistischen Spezialisierungen ab und konnte zum potenziellen *catch-all*-Begriff avancieren. Folgt man der Medientheorie Marshall McLuhans, so fallen unter Medien so unterschiedliche Geräte oder Dinge wie das Rad, die Kleidung, das Telefon oder die Elektrizität und das Buch, denn: „Alle Medien sind Erweiterungen bestimmter menschlicher Anlagen – seien sie psychisch oder physisch." (McLuhan und Fiore 1984, S. 26) Das Rad erweitert den Fuß, die Kleidung die Haut, das Telefon das Ohr, die Elektrizität das Zentralnervensystem, das Buch das Auge – und dies in unterschiedlicher Intensität, die davon abhängt, ob jeweils nur ein Sinn (im Sinne von Organ) verdichtend erweitert wird oder nicht, sodass sich Medien als „heiße Medien" (zum Beispiel Radio und Film) oder „kühle Medien" (zum Beispiel Telefon oder Sprache) unterscheiden ließen. Die Relevanz spezifischer Medieninhalte oder semantischer Bedeutung tritt in dieser Perspektive zurück: „Immer mehr kommen wir von dem Inhalt der Botschaften ab, um ihre Gesamtwirkung zu untersuchen." (McLuhan 1970, S. 35)

In der neuen Begriffsschöpfung von „Medien" sticht ihre Allgegenwärtigkeit hervor, und alles Mögliche kann ein Medium sein – bis hin zum Menschen selbst, gehört doch zur Breite des Medienbegriffs auch seine Herkunft aus Spiritismus und Okkultismus, wonach eine besonders begabte Person als Medium mit den Geistern Verstorbener zu kommunizieren vermag. Die seltsame Koinzidenz, mit der der eine Superbegriff Medien auftaucht und sich zugleich „die Medien" exorbitant vervielfachen, bleibt trotz ihrer die Wissenschaft beflügelnden Faszination ein Stück weit unbefriedigend.

Nicht weniger unbefriedigend ist es, die literatursoziologische Frage nach Literatur und Medien unter dem *catch-all*-Begriff „Kommunikation" zu behandeln, denn damit läuft man Gefahr, die Unterschiede zweier soziologischer Theorie- und Forschungsbereiche zu verwischen: einmal die „Mass Communication Research" in der Tradition von Paul Lazarsfeld (1949) und zum anderen Talcott Parsons Umstellung des Grundbegriffs sozialer Handlung auf Kommunikation. Dem kommunikationswissenschaftlich fundierten Medienbegriff folgend, gelten nur jene Massenkommunikationsmittel als Medien, die Botschaften öffentlich, mittelbar und unidirektional einem Publikum vermitteln. Hilfreicher ist es, unter Medien technische Mittel des Übertragens, Speicherns und Bearbeitens von Informationen zu verstehen, ohne dass diese drei Dimensionen im Begriff der Kommunikation aufgehen. So sehr auch von Massenkommunikationsforschern ein prägnanter und eingegrenzter Medienbegriff gegen seine Ausweitung eingeklagt wird (Maletzke 1998), so schnell ist doch auch hier die Ausweitung bei der Hand. In eine andere Welt führt die Rede von Medien und Kommunikation in Talcott Parsons Theorie symbolisch generalisierter Medien des Austauschs, die er am Modell des Geldes entwickelt hat, als einem Medium, das die ökonomischen Tauschvorgänge zwischen Menschen vermitteln kann (Parsons 2003). Niklas Luhmann hat dann die Reihe von Medien der Kommunikation erweitert. Symbolisch generalisierte Kommunikationsmedien sind Macht, Geld, Liebe, Kunst und Wahrheit (Luhmann 1984a, b). Es sind dies „Erfolgsmedien", weil sie die Unwahrscheinlichkeit von Kommunikation wahrscheinlich machen.

Für die literatursoziologische Frage nach den Verhältnissen zwischen Literatur und Medien sind McLuhans Medienkonglomerat aus Rädern, Kleidern, Fernsehern oder Elektrizität, Paul Lazarsfelds *Mass Communication Research* sowie Parsons und Luhmanns Kommunikationsmedien nur sehr begrenzt hilfreich, weil hier das Problem der Technik weitgehend ausgeklammert wird. Versuche von Techniksoziologen

(Rammert 2000; Halfmann 2003), Technik ganz allgemein als Medium zu verstehen, sind wiederum nur sehr schwer auf eine literatursoziologische Ebene herunterzubrechen, das heißt von medientechnischen Implikationen über eine Soziologie der Künste zur Literatur zu kommen. Dies kann derzeit am besten mit einem medienwissenschaftlichen Medienbegriff gelingen, der zugleich kulturwissenschaftlich informiert ist und die Frage nach der Technik und der sozialen Bedeutung der Apparate nicht ausschließt (Karpenstein-Eßbach 2004).

9.3 Medien, Aisthesis, Künste

Um im Verständnis von Medien weiterzukommen, hilft ein Blick in die Begriffsgeschichte. Wie Stefan Hoffmann in seiner Untersuchung gezeigt hat, sind hier zwei Verwendungsweisen von Medium zu finden, und zwar in der Bedeutung von „Mitte" und „Mittel", die auf völlig verschiedene Aspekte ein und derselben Sache zielen. Bei der einen Seite der „Medienmedaille" ist gemeint, „daß *Mitte* entweder den Zustand der Ausgewogenheit eines Mediums meint, eine Neutralitätseigenschaft, die Voraussetzung für eine reine Vermittlung ist oder aber die Eigenschaft der prägenden Allgegenwart des Mediums beschreibt – der Medienbegriff kommt dann dem soziologischen Milieubegriff nahe. (…) Ein *Mittel* dagegen ist (…) ein *subiect* (sic), ein dem Vermittlungszweck im Idealfall völlig unterworfener Körper oder Artefakt. Hierbei spielt der Handlungsaspekt eine vorrangige Rolle" (Hoffmann 2002, S. 151, 2014, S. 13–20). Als *Mittel* verstanden, haben Medien den Charakter eines Werkzeugs – so, wie zum Beispiel das Radio der Übermittlung von Nachrichten dient. Medium als *Mittel* und *Mitte* verstanden, wird hingegen zum Gegenstand einer doppelten Perspektive, die sich einmal auf seine instrumentelle Seite richtet, zum anderen auf seine Aisthesis im Sinne von Modalitäten der Wahrnehmung, wie sie zum Beispiel durch die Technisierung des Hörens modifiziert wird; einmal auf seine funktionale Leistungskraft im Zusammenhang intentionalen Werkzeuggebrauchs, das andere Mal auf Weisen von Welterzeugungen, die von einem Medien im Sinne von *Mitte* so geprägt werden, dass sie als „Milieu" eines Mediums verstanden werden. Diese Zweiseitigkeit des Medienbegriffs erlaubt es, in die Untersuchung technischer Medien als Instrumente eine aisthetische Perspektive zu inserieren, ohne die die Beziehungen zwischen Medien, Künsten und Literatur unterbelichtet blieben.

Medien affizieren, prägen und intensivieren die Wahrnehmung, modulieren Aufmerksamkeiten und wirken damit auch auf Verhältnisse der Menschen zu sich, zu anderen und zur Welt ein. Eine solche aisthetische Kraft eignet auch den Künsten. Die Dimension eines Mediums, über das Mittel hinaus auch Mitte zu sein, nähert Medien und Künste ein Stück weit einander an. Aber wir müssen zwischen Medien und Künsten unterscheiden. Die Künste sind, so der Medientheoretiker und Literaturwissenschaftler Friedrich Kittler, darauf angewiesen, „mit dem Gitter des Symbolischen zu arbeiten" (Kittler 1986, S. 21), also auf Sinnbildlichkeit im weitesten Sinne. Medien hingegen funktionieren auf der Basis operativer Verfahren mit ihren spezifischen apparativen Implikationen. Deshalb wird man weder das Radio, noch den Film oder den Computer kurzerhand unter die Künste fallen lassen können. Medien und Künste sind Gebiete völlig verschiedener Leistungsfähigkeiten. Dennoch gibt es Beziehungen zwischen ihnen. So verdankt sich der Impuls, Medien und Künste gleichzustellen, zum Beispiel dem einfachen sozialen Sachverhalt des Kampfes um Reputation und Status, dem zufolge dann „die erste Stufe zur Selbsterhebung zum Künstler darin (besteht), das Medium, für das man arbeitet, zur Kunst zu ernennen" (Silbermann 1987, S. 12).

Wichtiger als solche Strategien, Hoheitsrechte zu gewinnen, ist das Phänomen, dass Medien ästhetisiert werden, indem ihre technischen Möglichkeiten in ein innovatorisches Potenzial der Gestaltung transformiert werden. Im Medium Film beispielsweise wird mit Kadrierung, dem Verhältnis von Zeit und Bewegung, mit Tiefenwirkung oder Flächigkeit, mit Lichteffekten, scharfen oder weichen Konturen experimentiert, sodass diese Elemente des Mediums Film zu Kunstmitteln gemacht werden können. Auch hier, im Gebiet der Ästhetisierung, spielt das Medium als Mittel im Sinne von Werkzeug eine wesentliche Rolle, weil seine Mittelhaftigkeit es ist, die eine künstlerisch-experimentelle Arbeit mit der Materialität seiner technischen Beschaffenheit ermöglicht. Als „Kunstmittel" treten sie aber auch aus der unmittelbaren Zweckhaftigkeit ihrer Verwendung heraus, sie werden distanziert und zum Gegenstand vermittelter Aufmerksamkeit. Dadurch wird die andere Seite des Mediums kenntlich, nämlich zugleich eine Mitte zu sein, von der aus Weisen der Wahrnehmungen und Verhältnisse zur Welt in Form gebracht werden.

Eine andere Beziehung zwischen Medien und Künsten liegt vor, wenn traditionelle Künste durch das, was Medien leisten, unter Druck geraten. Ein Beispiel hierfür: nach der Erfindung der Fotografie verliert der Abbildcharakter der Malerei an Terrain und die Impressionisten gehen zur malerischen Visualisierung einer anderen Wahrnehmung über – eine Abgrenzungsstrategie gegenüber einem neuen Medium. Weniger um Abgrenzung, sondern um Strategien produktiver Assimilation handelt es sich, wenn das Theater Radio-, Film- oder Videotechnik heranzieht, um neue Wirkungseffekte hervorzubringen, wie dies Bertolt Brecht schon früh praktizierte. Erst auf der Basis einer Differenzierung zwischen Medien und Künsten lassen sich die beiden Bewegungen der „Verkunstung" technischer Medien auf der einen Seite und der Abgrenzung oder assimilierenden Antworten der Künste auf diese Medien auf der anderen Seite untersuchen. Das ferne Jenseits des jeweils anderen sind sie dabei nicht.

9.3 Medien, Aisthesis, Künste

Die Literatur hat in diesen Gemengelagen eine eigentümliche Stellung. Literatursoziologisch gesehen, ist es sinnvoll, Literatur als schöne Kunst beziehungsweise – gemessen am Ideal der Schönheit – als nicht mehr ganz so schöne Kunst, zu begreifen, nicht aber als Medium. Literatur basiert zwar auf Schrift, und diese ist in technischer Hinsicht ein Medium, freilich eines für viele Zwecke, denen die Schrift als Medium dient: für Aufzeichnungen von Vorstellungen und Beobachtungen. Uns interessiert hier jedoch allein der Kunstcharakter von Geschriebenem. Wenn Schrift als Mitte (Milieu) im aisthetischen Sinne im Hinblick auf die Organisationsmodalitäten von Wahrnehmung gefasst werden soll, ergeben sich gewichtige Unterschiede zu anderen Künsten. Denn Schrift wird gelesen, sie hat mit dem Sehen zu tun, aber auch mit dem Hören, weil sie verschriftlichter Sprachklang ist. Bei den anderen Künsten sind die Beziehungen zu Medien evidenter als im Fall der Literatur. Die Relationen zum Beispiel zwischen Malerei und Fotografie beziehungsweise Film oder zwischen Musik und Radio gewinnen ihre größere Plausibilität daraus, dass eine Kongruenz der jeweils angesprochenen Einzelsinne aisthetisch vorhanden ist – so sehr diese Sinne auch medientechnisch modifiziert werden mögen. Schriftbasierte Literatur hingegen geht sogar noch über das Sehen und Hören hinaus, weil sie wegen der Abwesenheit unmittelbarer Sensorik und der optischen Kargheit der Lettern alle Sinne herausfordern und alle qua Schrift bis hin zum Geruch und Geschmack vorstellbar oder halluzinierbar machen kann. Diese eigentümliche Sinnesbreite auf Schriftbasis mag mit einigen guten Gründen dazu verleiten, der Literatur geradezu die Stellung eines Gegenpols nicht nur zu eher einzelsinnbasierten Künsten zuzusprechen, sondern sie vor allem gegenüber Medien, die Einzelsinne technisieren, in Stellung zu bringen, weil Literatur eben mediale Einzelsinn-Sensationen zurückdrängen und übersteigen kann.

Aber trotz der veritablen aisthetischen Unterschiede in Sachen Wahrnehmungs- und Sinnesdifferenz gilt auch für Literatur, dass sie nicht im Jenseits von technischen Medien angesiedelt ist. Zwei Fragerichtungen sind hier zu unterscheiden. Zum einen benötigt Literatur selbst ein Medium, dem sie aufruht und durch das sie in Erscheinung tritt: Schrift, Druck, Buch. Zweitens geht es darum, wie sich Literatur in der Konkurrenz zu anderen Medien, die nicht ihr genuiner Träger sind, in Stellung bringt und auf sie antwortet. In beiden Fällen fungieren Medien als Produktionsmittel des Geistigen und erzeugen zugleich ein „Milieu" (eine Mitte) mit sozialen Effekten. Im ersten Fall aber steht *ein* Medium als spezifischer Träger von Literatur im Zentrum. Mit der zweiten Fragerichtung erweitert sich die Perspektive noch einmal, weil Literatur im Medium ihrer Schriftlichkeit das „Milieu" anderer technischer Medien zu ihrem Gegenstand machen wie auch in der Auseinandersetzung mit diesen Medien neue literarische Formen, Schreibweisen und Themen ausbilden kann.

9.4 Mündlichkeit, Schrift und Buchdruck

Das erste technische Medium der Literatur ist die Schrift, später der Buchdruck. Um deren soziale Effekte und die Folgen für das, was Literatur heißt, zu verstehen, hilft ein Vergleich zwischen Oralität und Literalität. Mündlichkeit, Schriftlichkeit und Buchdruck mit ihren jeweiligen Eigenheiten und gesellschaftlichen Folgen sind Gegenstand einer allgemeinen Mediengeschichte. Vieles von dem, was im Folgenden darüber gesagt wird, betrifft deshalb nicht allein das Gebiet der Literatur, sondern alle geistigen und kulturellen Manifestationen, sofern es sich um die Weisen der Weitergabe von Wissen durch Sprache, Schrift oder Buchdruck handelt. Mündlichkeit setzt Anwesenheit voraus, einen geteilten Raum und eine geteilte Zeit, ohne die *face-to-face*-Kommunikation unmöglich ist. Das gesprochene Wort macht Menschen einander kenntlich. „Rede, damit ich dich sehe", so zitiert Georg Christoph Lichtenberg den Ausspruch des Sokrates (Meyer-Kalkus 2001, S. 11). Mit der Stimme veräußerlicht sich ein Inneres in einer sozialen Situation, und das „gesprochene Wort verwandelt Menschen in zusammengehörende Gruppen" (Ong 1987, S. 77). Das, was gesagt ist, kann zwar nicht mehr korrigiert werden, weil es mit der Flüchtigkeit der Stimme verklungen ist, aber das Gesagte kann befragt werden, ist anfechtbar im Moment und kann von den Anwesenden verhandelt und diskutiert werden. Gemeinschaft, Gemeinde, Publikum gehören zur Oralität ebenso wie Disputationen bis hin zu der Möglichkeit, einen kämpferischen Ton anzuschlagen. Walter Ong hat in *Oralität und Literalität* die spezifischen Merkmale von beiden Kulturen mit ihren je besonderen Weisen des Denkens und des Ausdrucks untersucht und für eine auf Mündlichkeit basierende Wissensvermittlung u. a. folgende Charakteristika festgestellt: additiv (statt subordinativ), aggregativ (statt analytisch), partizipativ, angewiesen auf Formeln, die Erinnerung und Wiederholbarkeit garantieren, Lebensnähe und Situationsgebundenheit, rhetorische Formularisierung – Elemente insgesamt, die dafür sorgen, Gewusstes bewahren und in sozialen Gruppen weitergeben zu können. Eben diese Elemente geben auch der Literatur, die hier besser als mündliches Erzählen oder als Gesang bezeichnet werden sollte, ihre Form. Wer Märchen oder den Anfang der Genesis liest, hat ein ursprünglich mündliches Erzählen vor sich – eine Oralität, die vor jedem Medium liegt.

Die Schritte von der Mündlichkeit über die Schrift und den Buchdruck zur Literalität markieren historische Umbrüche. Das heißt nicht, dass Mündlichkeit und die mit ihr zusammenhängenden Elemente des Denkens, Ausdrucks und Gefühls kurzerhand verschwänden. Nach wie vor ruht Literatur auf der Mündlichkeit des gesprochenen Wortes auf. Aber der Umbruch, der mit Schrift und

9.4 Mündlichkeit, Schrift und Buchdruck

Buch einhergegangen ist, tritt schärfer ins Bewusstsein als ein Kontrast zur mündlichen Welt. Wenn Ong von einer sekundären Oralität spricht, so bezeichnet dies genau den Sachverhalt, dass es sich um eine Mündlichkeit handelt, die durch Schrift und Druck hindurchgegangen ist, wie man sie bei Dichterlesungen und Rezitationen auch heute noch als eine performative Attraktion erleben kann.

Mit der Schrift entsteht eine kontextfreie Sprache ohne die lebendige Situation der Anwesenheit mit deren mimischen, gestischen und stimmlichen Begleitern der Rede. Wie der Autor eine „Fiktion" für den Leser ist, so das Publikum oder der Leser für den Schreibenden, und beide müssen nicht einmal ihre Zeitgenossenschaft teilen, weil das Geschriebene nach dem Tod seines Verfassers eben weiter existiert. Zur Schrift gehört eine Zeitenthobenheit und Raumentbundenheit, die in unmittelbare Gegenwart einen Aufschub, eine Kluft inserieren. Deshalb gewinnt das Wort ein größeres Gewicht, und das Schreiben erfordert einen höheren Grad an Bewusstheit bei der Wahl der Wörter als das mündliche Sprechen. Weshalb auch Sigmund Freud keine *writing cure,* sondern eine *talking cure* erfunden hat, um den unwillkürlichen Botschaften aus dem Unbewussten auf die Spur zu kommen, die freilich in der *écriture automatique* der Surrealisten im Gegenzug literarisch verwendet wurde (Breton und Soupault 1981). Schrift als Technologie bedarf eines „codierten Systems sichtbarer Zeichen, durch welches ein Schreibender den genauen Wortlaut festlegen konnte, den der Leser aus dem Text würde entstehen lassen". „Schreiben ist kein bloßes Anhängsel des Sprechens" (Ong 1987, S. 87), weil es einen Plan für den textuellen Zusammenhang ebenso benötigt wie eine Introspektion des Schreibenden, der sich in der Schriftlichkeit seiner Äußerungen und diese selbst reflektiert. Im Tagebuch- und Briefe-Schreiben haben diese Dimensionen der Schrift einen besonders augenfälligen Ausdruck gefunden: im einen Fall dient es der Selbstvergewisserung in der Einsamkeit verschriftlichter Selbstdistanz, im zweiten der Selbstmitteilung unter den Bedingungen räumlicher und zeitlicher Distanz zum anderen.

Nicht alle Gesellschaften kennen die Schrift. In illiteralen Gesellschaften werden das Wissen und die kollektiven Mythen mündlich weitergegeben, wofür memorierbare Weisen des Ausdrucks, häufig verbunden mit Gesang, notwendig sind. Dort, wo nur wenige des Schreibens kundig sind, gibt es den mit hohem Ansehen verbundenen Beruf des Schreibers, der seine Dienste für diejenigen anbietet, die zwar ihn gelegentlich brauchen, nicht aber die Schrift selbst. Schrift löst die Gemeinschaftlichkeit oraler Gesellschaften auf, und mit ihr entsteht in stratifizierten Gesellschaften auch die Menge derjenigen, die von ihrem Gebrauch erst einmal ausgeschlossen sind. Solange Geschriebenes nur in der Form seltener und kostbarer Handschriften vorliegt, gibt es keine Möglichkeiten, Schrift unter die Leute zu bringen, weshalb dem Schriftunkundigen auch sein Unvermögen nicht in dem Maße angerechnet wird wie dem späteren Analphabeten, der in einer sich vollends mit dem Buchdruck durchsetzenden literalen Gesellschaft ausgeschlossen bleibt.

Schriftbasierte Literatur kann sich einen differenzierten Satzbau mit langen Satzgefügen leisten, komplizierte Handlungsstränge und Erzählweisen mit Perspektivwechseln entfalten, mit mehreren Erzählerstimmen spielen, ihren Protagonisten einen runden, psychologiegesättigten Charakter verleihen, das schon Geschriebene und das Schreiben selbst zum Gegenstand weiterer Reflexionen machen oder – wie Jean Paul – einen exzessiv digressiven Stil pflegen. Außerdem kann das geschriebene, anders als das gesprochene Wort, korrigiert werden, bis der Verfasser mit dem Ergebnis so zufrieden ist, dass er sein Werk gerundet und gelungen findet. Alle diese Merkmale gelten auch für das Zeitalter des Buchdrucks, doch mit der Technologisierung des Wortes kommen andere wichtige Dimensionen hinzu.

Mit den beweglichen Typen wird ein Produkt aus Einzelteilen verfertigt, und zwar in vielen Exemplaren und in weitaus kürzerer Zeit als dies mit der Handschrift je erreicht werden konnte. Die Bücher werden kleiner, damit handhabbarer und finden ihren Platz zunehmend im privaten Raum, sodass der Sozialtyp des einsamen Lesers entsteht, der seine Zeit in den Welten literarischer Imaginationen verbringen kann. Dass darin auch Gefahren gewittert wurden, zeigt der Kampf gegen die sogenannte Lesesucht, von der vor allem Frauen heimgesucht wurden. Auf jeden Fall bereiten die gedruckten Bücher – vorzugsweise Romane – der Einbildungskraft ein weites Feld, auf dem sie beschäftigt werden kann, wovon die Bücher selbst wieder Zeugnis ablegen, wie zum Beispiel der *Don Quijote* des Cervantes, dessen Held bekanntlich durch die Lektüre von Ritterromanen einbildungskraftbewehrt in die Welt zieht, oder der *Werther* Goethes, in dem die Liebende den Geliebten nicht mit seinem Namen anspricht, sondern den Namen eines Dichters aufruft, um ihre Liebe in der Referenz auf Poesie zu bekunden. Der Druck macht aus Büchern außerordentlich intensivierbare Gefühlsträger und Katalysatoren der Einbildungskraft, weshalb der Literatursoziologe hier sehr viel über die je historischen Formierungen von Emotionen qua Literatur erfahren kann.

Die Technologisierung des Wortes hat das in Büchern verbreitete Wissen und die Literatur buchstäblich neu formatiert. Die Lettern werden auf der gedruckten Seite angeordnet, und erst unter dieser Voraussetzung entstehen Absätze, Überschriften, Seitenzahlen, Inhaltsverzeichnisse bis hin zu Registern und Anmerkungen. Verweise innerhalb des Buches selbst ermöglichen Orientierung auch bei kompliziert angelegten Texten, Verweise auf andere Bücher weisen über die Grenzen des einen Buches hinaus. Während die alten Rhetoriklehren von den Kräften mündlicher Rede zunehmend zurücktreten, entsteht mit dem Schreiben

9.4 Mündlichkeit, Schrift und Buchdruck

und insbesondere mit dem Druck ein lexikalischer Reichtum, der zum Beispiel in Wörterbüchern verzeichnet wird. Die wachsende Menge von gedruckten Büchern findet ihren Platz an einem neuen sozialen Ort. Die Welt der Bibliothek entsteht als ein Vorstellungsraum, der jedes einzelne Buch so affiziert, dass es nicht mehr einzig ist, sondern neben vielen anderen Titeln steht (siehe Abschn. 7.5). Für die Wissenschaft öffnet sich damit eine neue Welt des Denkens, Fragens, Forschens und Erkennens und für die Verfasser von Büchern die Möglichkeit, sich auf andere Bücher zu beziehen, aber nicht, um sie wie mittelalterliche Mönche abzuschreiben, sondern etwas Neues daraus zu machen. So bildet sich für Autoren und Leser das Bewusstsein, an einer literarischen Tradition und einem Wandel der Literatur zu partizipieren.

Die Sprache wird qua Druck komplexer und differenzierter, sodass der Unterschied zwischen Mündlichkeit und Schriftlichkeit deutlich ins Bewusstsein treten und eine literarisierte Mündlichkeit entstehen kann. Der Buchdruck stützt die modernen staatlichen Sprachpolitiken, die es auf eine sprachliche Homogenisierung hin zur Ausbildung einer Nationalsprache als kultureller Grundlage des Nationalstaats abgesehen haben, an deren sprachpolitischer Entfaltung insbesondere die Dichter und die literarischen Intellektuellen einen erheblichen Anteil hatten. Mit der Einführung der allgemeinen Schulpflicht wird die an Rhetorik orientierte Erziehung abgelöst von der Orientierung an Literalität, so wie sie mit den in der Nationalsprache gedruckten Büchern vorliegt. Die Dialekte der Regionen geraten ebenso wie die mundartliche Literatur in eine Randlage. Mit der literarisierten Mündlichkeit der Hochsprache, die Soziolinguisten als elaborierten Code bezeichnet haben, kommt im Bildungssystem der Gebrauch der Sprache klassen- und schichtspezifisch in den Blick.

Für die Welt der Literatur sind damit auch neue Herausforderungen entstanden. Wenn sich das Dichterwort technisch von der Stimme des Erzählers, der den Bestand der Geschichten und Mythen wiederholend bewahrt, ebenso emanzipiert hat wie von der Handschrift mit ihrer Seltenheit und Einmaligkeit, dann muss der Schriftsteller „unter Druck" immer auch Neues schreiben, um seine Leser zu faszinieren. Zum Buchdruck gehört der Gedanke der Originalität des dichterischen Werkes. Aber das Buch ist kein Unikat, Druckereien und Verleger bewerkstelligen seine technische Vervielfältigung, das heißt eben auch Nachdruck beziehungsweise Raubdruck, für die bis heute rechtliche Regelungen vonnöten sind. Dass ein Werk „Originalität" hat, reicht für solche Regelungen nicht aus. Deshalb entsteht in der Folge des Buchdrucks zudem der Begriff des „geistigen Eigentums", womit natürlich nicht das Eigentum an den im Buch befindlichen Buchstaben gemeint sein kann, sondern die in der Verbindung der Lettern liegenden je besonderen Gedanken und Gedankenverbindungen, die der Autor als

Produzent hervorgebracht hat. Die „Menge der Vervielfältigungen (wird) durch den Geist des Verfassers integriert zum Werk" (Bosse 1981, S. 124). Ein solches geistiges Eigentum gab es vor dem Buchdruck nicht; erst mit ihm gibt es das Buch als „*die* persönlichkeitsgeladene Ware" (Bosse 1981, S. 124), und jeder Leser kann nun das Buch so persönlich nehmen, wie es von seinem Autor mit seinen persönlichen Gedankenverbindungen gemeint ist, es also trotz seiner Vervielfältigung und Auflagenhöhe als Unikat lesen.

Das, was Literatur ist, fällt unter den Bedingungen von Mündlichkeit, Schrift und Buchdruck so verschieden aus wie die sozialen Effekte, die mit ihnen jeweils einhergehen. Dennoch ist ihnen eines gemeinsam: die Gebundenheit an Sprache, also das wesentliche Ausdrucksmittel von Literatur. Das bleibt auch so, wenn literarische Werke unter den Bedingungen einer typografischen Gesellschaft die Technologisierung des Wortes zu ihrem literarischen Gegenstand machen, die Schrift selbst in Szene setzen, mit dem Gewicht der Wörter und Zeichen spielen, die Selbstbeobachtung ihrer eigenen Medialität betreiben oder über die Druckerschwärze auf Papier und die unendlichen Kombinationsmöglichkeiten, die das Alphabet bereitstellt, sinnieren – insgesamt Selbststilisierungen der Literatur als gedrucktem Wort, das sich als solches stark macht (Karpenstein-Eßbach 1995, S. 104–118). Die literatursoziologische Perspektive verschiebt sich, wenn es nicht um die der Literatur eigene, sprachlich gebundene Medialität geht, sondern um die Beziehungen zwischen Literatur und anderen technischen Medien.

9.5 Medienkonkurrenzen

Mit dem Aufstieg und der Ausdifferenzierung neuer technischer Medien entsteht ein Geflecht von Medienkonkurrenzen, in dem sich nicht nur die Leistungskraft von Literatur zu behaupten hat, sondern im rivalisierenden „concurrere" auch neue ästhetische Potenziale in der Abgrenzung zu oder der Adaption von anderen Medien erkundet werden (Matejovski und Kittler 1996). Zwei literatursoziologische Fragerichtungen sind hier zu unterscheiden: die eine ist thematisch orientiert, das heißt untersucht die inhaltliche Auseinandersetzung von literarischen Werken mit Phänomenen technischen Medienwandels; die andere betrifft eine eher ästhetische Dimension und versteht technische Medien als Katalysatoren, die die Gestaltungsweisen der Literatur dynamisieren und zu literarischen Innovationen provozieren. Die Unterscheidung ist systematisch wesentlich, auch wenn sich angesichts eines konkreten Untersuchungsgegenstandes beide Perspektiven überschneiden können.

Literatur steht immer unter dem Druck der Verarbeitung gesellschaftlicher Erfahrungen, so auch der des Medienwandels. Ihn zum Thema zu machen, ist

9.5 Medienkonkurrenzen

gattungspoetisch gesehen insbesondere dem Roman gegeben, weil seine epische Breite sowohl alles zum Gegenstand des Erzählens zu machen als auch in der Breite je gesellschaftlicher Aktualität zu reflektieren erlaubt. Ein prominent gewordenes frühes Beispiel hierfür ist Alfred Döblins Roman *Berlin Alexanderplatz*. Film, Radio, Computer, E-Mails, Netzkommunikation, virtuelle Welten, Fernsehen, Telefon, Smartphones, Kopier- oder Scanapparate – mit all diesen Geräten können die Protagonisten eines Romans versehen und von ihren Erfahrungen mit ihnen ausufernd erzählt werden. Dies ist weder dem Drama noch der Lyrik in diesem Maße möglich, auch wenn es Telefon- und Fernsehgedichte gibt oder auf der Bühne eine SMS verlesen werden mag. Romane ermöglichen die Verknüpfung von medientechnisch vermittelten Erfahrungen und Wirklichkeitsverhältnissen mit der Psychologie ihrer Protagonisten und ihrer medienmäßigen Affizierung. Was machen literarische Figuren mit technischen Medien, was diese mit ihnen, welche Veränderungen in sozialen Beziehungen und solchen zu sich selbst und zur Welt gehen damit einher, welche Stellung nimmt das literarische Werk dazu ein – das sind die Fragen, in die sich das Thema Medien in der Literatur auffächern lässt. Ob sich die literarischen Werke dabei im konventionellen Rahmen bewegen, eher avantgardistische Mittel bevorzugen oder in eine mehr oder minder große Nähe zur Trivialliteratur rücken, ist hier nicht unbedingt ein wesentliches Kriterium für den Literatursoziologen, geht es doch in erster Linie um Facetten der Medienthematisierung.

Wie die inhaltlichen Bezüge von Literatur auf technische Medien ausfallen können, ist an einigen Beispielen zu erläutern. Wenn für den Protagonisten eines Romans wesentliche persönliche Nachrichten nicht mehr wie ehedem nur zu bestimmten Zeiten per Postzustellung eintreffen, sondern rund um die Uhr auf dem Smartphone erscheinen, entsteht eine Psychologie des Tempos und der permanenten Gegenwärtigkeit, die sich von der eines Briefromans markant unterscheidet. Zu technischen Medien gehören Zeitstrukturen, die das Zeiterleben affizieren und zwischen Realzeit und Medienzeit eine Differenz aufspringen oder beide ineinander aufgehen lassen können. Wenn Schriftsteller *Die Entdeckung der Langsamkeit* stark machen (Nadolny 1983), ist das als romaneske Thematisierung von Medienzeiten unter den Bedingungen von Medienkonkurrenzen zu verstehen. Es ist für die Literatursoziologin nicht immer leicht, bei der Suche nach ihrem Untersuchungsmaterial sofort fündig zu werden, denn die literarischen Werke machen ihre Medienthematik nicht unbedingt so im Titel kenntlich, wie dies etwa bei Philippe Toussaints Roman *Fernsehen* der Fall ist (Toussaint 2001). Hier berichtet der Ich-Erzähler – als Kunsthistoriker professionell mit Bildern befasst – von dem Selbstversuch, einen bestimmten Typus von Bildern für sich selbst abzuschaffen, nämlich das Fernsehen, mit dem hier nicht weiter zu kommentierenden Ergebnis, dass fortan zwei Fernsehgeräte in der Wohnung stehen. Besondere Seiten dieses gerade auch angesichts von *public viewing* immer noch privat-affinen Gerätes sind in einer Geschichte mit dem Titel „Reichstag" zu entdecken, in der der Ich-Erzähler angesichts der Übertragung der Feierlichkeiten zur deutschen Vereinigung auf den Bildschirm ejakuliert – eine ebenso gesellschaftliche wie individuelle Erregung, die im und auf dem Bildschirm zusammenkommt und von der Literatur erzählen kann (Langer 1991).

Zu literarischen Thematisierungen von Medienkonkurrenzen gehören auch Absatzbewegungen von anderen Medien, die es erlauben, dem Schriftsteller einen Ort und dem Text eine Stelle zuzuweisen, um die literarischen Konstruktionen von Wirklichkeit zu legitimieren. Je mehr Medien es gibt, die über Ereignisse und die Lage der Gegenwart berichten, umso größer können die Zweifel an der Leistungskraft der Literatur werden, im Raum ihrer Fiktionen den Erfahrungen der Gegenwart einen wesentlichen Ausdruck zu geben. Reportage, Bericht, Feature oder der Dokumentarfilm übernehmen hier längst die Funktion, wichtige Realitätsbereiche der öffentlichen Wahrnehmung zugänglich zu machen, sodass auch Elemente von Reportage und Bericht immer wieder in literarische Werke Eingang finden. Ein Beispiel für die Konkurrenz zwischen Literatur und medialer Berichterstattung ist Nicolas Borns Roman *Die Fälschung*. Sein Protagonist ist ein Reporter, der zusammen mit einem Fotografen in den Libanon reist, um vom dortigen Krieg zu berichten, allseits geschätzte Artikel darüber schreibt, zunehmend die Logik des Medienmarktes mit seinen Strategien der Befriedigung einer „Gier nach dem Schrecken" (Born 1984, S. 218) und einer Entsetzensnachfrage entdeckt und seinen Schreibberuf als Reporter aufgibt, um dem persönlichen Auftrag des Schreibens zu folgen. Wenn der Romanheld vom Reporter zum Literaten wird, so nimmt der Roman selbst die Stelle einer Hyperliteratur ein, von der aus die Logik anderer Medien zum literarischen Objekt gemacht wird. Grundsätzlich können alle technischen Medien zum Thema der Literatur werden, aber dort, wo Schriftlichkeit im Spiel ist, verschärft sich die Konkurrenzlage noch einmal auf besondere Weise, weil dem einen Schreiben ein zusätzlicher Sinn gegenüber einem anderen Schreiben abgewonnen werden muss.

Neben der literarischen Thematisierung technischer Medien gehört zur Medienkonkurrenz die Dynamisierung und Transformation literarischer Gestaltungsweisen auf ästhetischer Ebene. Die Geschichte von Literatur, ihre Veränderungen sind ohne Medien als deren Katalysatoren nur unzureichend zu begreifen. Friedrich Kittler hat gezeigt, wie sich die „Aufschreibesysteme" von einer auf Alphabetisierung gegründeten „Dichtung" hin zu einer „Literatur", durch die technische Medien geradezu hindurchgegangen sind, verändert hat. Einer bloßen Binnenperspektive auf Literatur hält Kittler denn auch – hier beispielhaft für den Fall

9.5 Medienkonkurrenzen

Lyrik – entgegen: „Der Übergang zum modernen freien Vers kann nicht immer nur als innerliterarische Innovation beschrieben werden" (Kittler 1985, S. 225). Daran, dass dieser Übergang zustande kommen konnte, ist das Grammophon mit seiner technischen – und nicht mehr klassisch lyrischen – Stimme ebenso beteiligt wie die Schreibmaschine, die die Schriftsteller zum „Kult der Type" ruft und Gedichte zum Letternkult mit Worten, zu Bildern aus Buchstaben transformiert (S. 257). Vieles, was gemeinhin kurzerhand als literarischer Avantgardismus verbucht wird, verdankt sich den Gemengelagen in Medienkonkurrenzen, aus denen neue literarische Praxen und Kunstmittel entstehen. Auch dies ist an Beispielen zu erläutern.

Nach der Erfindung des Films und der Verbesserung von Aufnahme- und Projektionstechniken rückt das Kino zunehmend in ein Konkurrenzverhältnis zur Literatur, insbesondere zum Theater und Roman ein. Es kommt zu heftigen Diskussionen um die Gefahren des Kinos und die Bedrohung, die der Film für Literatur und Theater darstellt (Kaes 1978). Denn der Film hatte sich, um von seiner plebejischen Herkunft loszukommen und um auf die Vorwürfe seiner fehlenden künstlerischen Eigenschaften zu reagieren, durch die Verfilmung von Romanen und durch die Adaption darstellerischer Praktiken auf dem Theater zunehmend literarisiert. Der Film saugt all die Stoffe, Geschichten und Mythen, die in der Literatur geschrieben stehen, in sich ebenso auf wie die theatrale Präsenz des Schauspieler-Körpers zur Kraftquelle seiner Bildlichkeit wird. Eine Antwort vonseiten der Literatur auf die filmische Adaption beziehungsweise Verwertung literarischer Stoffe liegt in der Aufkündigung konventioneller narrativer Muster, wie dies zum Beispiel in der Literatur des Futurismus zu finden ist. Eine Antwort auf die Theatralisierung des Films besteht darin, ein Theater ohne Menschen zu entwerfen, auf dem – wie es sich zum Beispiel Maurice Maeterlinck vorstellte – nicht Schauspieler zu sehen sind, sondern Masken und Marionetten, oder, wie es die Dadaisten praktizierten, auf der Bühne keine Theaterstücke mehr zu spielen, sondern die häufig als bloßer Unsinn bezeichneten Lautgedichte aufzuführen, kostümiert und oft von verschiedenen Sprechern gleichzeitig vorgetragen.

Zweifellos fallen die aus Medienkonkurrenzen entspringenden neuen ästhetischen Praxen dort besonders ins Auge, wo es sich um avantgardistische Literatur handelt. Dabei können technische Medien auch in der Weise zu Katalysatoren literarischer Innovationen werden, dass sie, wie im Fall des avantgardistischen Hörspiels, zu ganz neuen Ausdrucksmitteln provozieren, um die aisthetischen Eigenschaften der je medial vermittelten Sinnestätigkeiten auszuloten. Zu denken wäre hier etwa an Brechts medientheoretische Überlegungen in seiner *Radio-Theorie* wie auch an sein experimentelles Hörspiel *Der Lindberghflug*. Aber die medien-konkurrenzielle Perspektive auf Literatur lässt sich, wie Nadja Urbani gezeigt hat, auch jenseits des Avantgardismus forschungspraktisch produktiv machen. Dies auf zweifache Weise: wenn Stoffe und Themen zwischen Literatur und Medien wandern, so erhalten sie je nach dem medialen Milieu im Sinne von Medium als Mitte eine je eigene Kontur. Zum zweiten zeigt sich von den Spielformen des Experimentierens bis hin zu denen des Trivialen, dass „Kunstwerke unterschiedliche Medien verbinden und/oder mit ihnen experimentieren, sodass die Künstler selbst oft Grenzgänger zwischen den Medien sind" (Urbani 2015, S. 32). Zusätzlich zum Wandern der Stoffe und Themen mobilisieren technische Medien die Frage nach den besonderen medialen Verkörperungen, in denen sie Gestalt gewinnen.

9.6 Anwendungsbeispiel: *Abfall für alle. Roman eines Jahres* von Rainald Goetz

Ein Beispiel, bei dem stoffliche Wanderung und medientechnisches Milieu, Thema und Form, aisthetisch als zwei Pole der Medienkonkurrenz zusammenkommen, ist Rainald Goetz' *Abfall für alle. Roman eines Jahres*. Das medientechnische Milieu des Romans ist der Computer, und zwar nicht als bessere oder schlechtere Schreibmaschine, sondern als Universalmedium, das es u. a. erlaubt, dem Schreiben eine neue Form der Präsenz vermöge einer netzförmigen Verschaltung von Computern im Internet zu verleihen. *Abfall für alle* ist ein Tagebuch der Zeit vom 04.02.1998 bis zum 10.01.1999, während der Goetz täglich seine Einträge im Internet veröffentlicht: Literatur in Echtzeit, an der jeder Leser sogleich teilhaben kann. „Ausgangspunkt ist die rein formale Vorgabe, dass die Seite sich jeden Tag aktualisieren muss. Es geht um den Kick des Internets, der für mich mehr als in Interaktivität in der Geschwindigkeit, in Gegenwartsmöglichkeit, in der Aktivitätsnähe besteht" (Goetz 1999, S. 357). Dieser Roman hat weder den Charakter eines gerundeten noch eines Fragment gebliebenen Werks, keine Grenze zwischen zwei Buchdeckeln, sondern kann im Prinzip endlos weitergeschrieben werden, sodass „Abfall für alle" tagtäglich wieder anfallen kann. Beendet wird das Tagebuch durch eine Ordnung der Zahlen: sieben römisch nummerierte Kapitel sind in sieben Unterkapitel gegliedert, die wiederum sieben Abschnitte haben, sodass Kapitel VII mit der Zählung 7.7.7. endet, die Anzahl der Gesamtabschnitte von 343 nahe bei der Anzahl der Tage eines Jahres liegt und die durchgängig gliedernde Zahl Sieben die Wochentage umfasst.

1999 wird *Abfall für alle* in Buchform veröffentlicht und zugleich aus dem Netz genommen. Die täglichen Lieferungen im Internet sind als DIN A 4-Ausdruck in Bibliotheken zu finden. Bei gleichbleibendem Wortlaut markiert die Wanderung des Tagebuchs vom Netz zum Druck einen Unterschied ums Ganze. Denn während die täglichen Textstücke so lesbar sind wie die Zeitungen und vielleicht auch Fortsetzungsromane in der Zeitung, sind es die zum Roman zusammengebundenen Textstücke nicht mehr, weil die Zeitstrukturen des Lesens von Internet- und Buch-Schrift, der Momentanismus des einen und das Kontinuum des anderen nicht zusammenpassen. Die Romanlektüre in Buchform grenzt für die Leserin an eine Qual. Dennoch handelt es sich um einen beachtlichen schriftstellerischen Coup. Gerade weil der Wortlaut gleichbleibt, lässt sich die Mediendifferenz herausstellen, die unerkannt bliebe, wenn es nur den Internet-„Abfall" gegeben hätte. Das Buch dokumentiert nun, welches Schreiben wo seinen medialen Ort hat und welche medientechnischen Implikationen mit ihm jeweils einhergehen. Dass *Abfall für alle* überhaupt zu einem Ende gebracht werden konnte, verdankt sich keiner symbolischen Ordnung, sondern einer mathematischen Operation, also dem, was den Computer trägt. Auch unter den Bedingungen dieses Universalmediums bleiben technische Medien Katalysatoren, die Literatur thematisch und formal-ästhetisch dynamisieren, um Medienwandel zu erkunden.

Literatur

Born, Nicolas. 1984. *Die Fälschung. Roman*. Reinbek: Rowohlt.
Bosse, Heinrich. 1981. *Autorschaft ist Werkherrschaft. Über die Entstehung des Urheberrechts aus dem Geist der Goethezeit*. Paderborn: Schöningh.
Breton, André, und Philippe Soupault. 1981. *Die magnetischen Felder*. München: text und kritik.
Goetz, Rainald. 1999. *Abfall für alle. Roman eines Jahres*. Frankfurt a. M.: Suhrkamp.
Halfmann, Jost. 2003. Technik als Medium. Von der anthropologischen zur soziologischen Grundlegung. In *Kunst, Macht, Institution*, Hrsg. Joachim Fischer und Hans Joas, 133–144. Frankfurt a. M.: Campus.
Hoffmann, Stefan. 2002. *Geschichte des Medienbegriffs. Archiv für Begriffsgeschichte*. Hamburg: Meiner (Sonderheft Jg. 2002).
Hoffmann, Stefan. 2014. Medienbegriff. In *Handbuch Medienwissenschaft*, Hrsg. Jens Schröter, 13–20. Stuttgart: Metzler.
Kaes, Anton. 1978. *Kino-Debatte. Texte zum Verhältnis von Literatur und Film 1909–1929*. München: dtv.
Karpenstein-Eßbach, Christa. 1995. *Medien – Wörterwelten – Lebenszusammenhang. Prosa der Bundesrepublik Deutschland 1975–1990 in literatursoziologischer, diskursanalytischer und hermeneutischer Sicht*. München: Fink.
Karpenstein-Eßbach, Christa. 2004. *Einführung in die Kulturwissenschaft der Medien*. Paderborn: Fink.
Kittler, Friedrich. 1985. *Aufschreibesysteme 1800. 1900*. München: Fink.
Kittler, Friedrich. 1986. *Grammophon, film, typewriter*. Berlin: Brinkmann & Bose.

Langer, Jochen. 1991. Reichstag. In *Die Zeit danach. Neue deutsche Literatur*, Hrsg. Helge Malchow und Hubert Winkels. Köln: Kiepenheuer & Witsch.

Lazarsfeld, Paul, und Frank N. Stanton. 1949. *Communications Research 1948–1949*. New York: Harper & Brothers.

Luhmann, Niklas. 1984a. *Soziale Systeme. Grundriß einer allgemeinen Theorie*. Frankfurt a. M.: Suhrkamp.

Luhmann, Niklas. 1984b. *Liebe als Passion. Zur Codierung von Intimität*. Frankfurt a. M.: Suhrkamp.

Maletzke, Gerhard. 1998. *Kommunikationswissenschaften im Überblick*. Opladen: Leske + Budrich.

Matejovsky, Dirk, und Friedrich Kittler. 1996. *Literatur im Informationszeitalter*. Frankfurt a. M.: Campus.

McLuhan, Marshall. 1970. *Die magischen Kanäle. Understanding Media*. Frankfurt a. M.: Fischer.

McLuhan, Marshall, und Quentin Fiore. 1984. *Das Medium ist Massage*. Frankfurt a. M.: Ullstein.

Meyer-Kalkus, Reinhart. 2001. *Stimme und Sprechkünste im 20. Jahrhundert*. Berlin: Akademie.

Nadolny, Sten. 1983. *Die Entdeckung der Langsamkeit. Roman*. München: Piper.

Ong, Walter. 1987. *Oralität und Literalität. Die Technologisierung des Wortes*. Opladen: Leske + Budrich.

Parsons, Talcott. 2003. *Das System moderner Gesellschaften*, 6. Aufl. Weinheim: Juventa.

Rammert, Werner. 2000. *Technik aus soziologischer Perspektive*. Bd. 2 Kultur – Innovation – Virtualität. Opladen: VS Verlag.

Silbermann, Alphons. 1987. Voranstellung: Prinzipielles zum Verhältnis von Kunst und Massenkommunikation. In *Die Rolle der elektronischen Medien in der Entwicklung der Künste*, Hrsg. Alphons Silbermann. Frankfurt a. M.: Peter Lang.

Toussaint, Jean-Philippe. 2001. *Fernsehen*. Frankfurt a. M.: Suhrkamp.

Urbani, Nadja. 2015. *Medienkonkurrenzen um 2000. Affekte, Finanzkrisen und Geschlechtermythen in Roman, Film und Theater*. Bielefeld: transcript.

Literatursoziologie – eine Fragestellung mit Brückenfunktion 10

Literatursoziologie, so wurde am Beginn gesagt, ist keine Disziplin, sondern eine auf das Verhältnis von Literatur und Gesellschaft gerichtete Fragestellung. Wenn aber der Gegenstand der Literatursoziologie die wechselseitige Beziehung zwischen Literatur und Gesellschaft ist, so muss Literatursoziologie auch immer wieder neu bestimmen, was zu einer jeweiligen Zeit in einem bestimmten Raum überhaupt unter Literatur und Gesellschaft verstanden wird. Wir möchten deshalb am Ende unserer Ausführungen noch einmal die transdisziplinäre Ausrichtung der Literatursoziologie als fächerübergreifende Fragestellung betonen und Anschlussstellen zu aktuellen Tendenzen in der Kulturwissenschaft, Literaturwissenschaft und Soziologie herausstellen. Die Anordnung der Disziplinen folgt dabei keiner Hierarchie, sondern der Annahme, dass sich das aus literatursoziologischer Perspektive Eigentliche der Literatur: ihre symbolische und gesellschaftliche Verfasstheit, nur über ihre Verortung an der Schnittstelle von Kultur und Gesellschaft (einschließlich ihrer jeweiligen Wissenschaften) erfassen lässt.

10.1 Literatursoziologie und Kulturwissenschaft(en)

Das Spektrum dessen, was unter Kultur zu verstehen ist, reicht von einem sehr weiten Begriff, wonach darunter die gesamte Menschentätigkeit fällt, über Kultur als einer besonderen Pflegebeziehung bis hin zu einer engen Fassung von Kultur als dem Gebiet der geistigen Objektivationen, die im Gegensatz stehen zur Welt der Wirtschaft und Gesellschaft. Mit dem Kompositum Kulturwissenschaft oder Kulturwissenschaften betritt man das Gebiet der disziplinär verfassten Ordnung der Wissenschaften und der Debatten um ihre Selbstverständnisse. Die Singularisierung der Kulturwissenschaften zu der Kulturwissenschaft gehört in den Zusammenhang der Diskussionen um die Bedeutung der Geisteswissenschaften an Universitäten, die zu Massenausbildungsstätten geworden sind. Als man in aller Deutlichkeit von den „sog. Geisteswissenschaften" zu sprechen begann – so der Titel einer zweibändigen Untersuchung von 1990/1991 zu den Innen- und Außenansichten der unter diese Sogenannten fallenden Fächer –, war damit zugleich die Diagnose einer Krise verbunden, die mindestens seit den 1980er Jahren fast sprichwörtlich geworden war und die sich im Übrigen auch bis in unsere Gegenwart wiederholt. Zu den Geisteswissenschaften zählen die Fächer der Philosophischen Fakultät wie die Philologien, die Geschichtswissenschaft, Philosophie, Kunstgeschichte, Orientalistik, Archäologie, Ur- und Frühgeschichte, Religionswissenschaft. Deren Krise wird wiederkehrend beschworen, nur zu oft, ohne ihre konkreten Gründe zu nennen. Sie liegen in einem Funktionswandel der Universität, die von humboldtscher Prägung auf die Bereitstellung gesellschaftlich funktionaler, betriebsförmig organisierter Ausbildungsgänge umgestellt wurde, womit es zur Aufgabe der Geisteswissenschaften wird, nun ebenfalls gesellschaftlich relevantes Orientierungswissen bereitzustellen. Im Rahmen des Postulats der Gesellschaftsrelevanz und -funktionalität vollzieht sich die Begriffsumstellung von „Geist" zu „Kultur", und mit der wissenschaftlich prominent gewordenen Stellung von „Kultur" (dem gewissermaßen „demokratischeren" Begriff) entsteht auch ein methodologisch-theoretischer Diskurs der Singularisierung *der* Kulturwissenschaft, während die Rede von den Kulturwissenschaften im Plural eher als Ersetzung für den Terminus Geisteswissenschaften fungiert.

So sehr der Begriff Kulturwissenschaft(en) auch an einer gewissen Definitionsschwäche leiden mag (was er mit dem Terminus Kultur durchaus gemein hat), so verspricht er nichtsdestotrotz eine Öffnung für größere Zusammenhänge, in denen über (schrift-)sprachliche Äußerungen und künstlerische Artefakte hinaus kulturelle Manifestationen und Kontexte zum Objekt wissenschaftlicher Neugier gemacht werden können. Eine solche Perspektive, die in den je besonderen Gegenständen eines Faches das aufsucht, was sie mit Kultur im Allgemeinen gemein haben, ist im Prinzip in jeder wissenschaftlichen Disziplin möglich, nicht nur in den „sog. Geisteswissenschaften", sondern auch in der Medizin, der Jurisprudenz oder den Wirtschaftswissenschaften – also als eine sinnvolle und nötige Öffnung fachspezifischer Fragehorizonte für ihre kulturellen Implikationen.

Von der mit der Umbenennung von Geistes- in Kulturwissenschaften einhergehenden beziehungsweise möglichen Auffaltung kulturwissenschaftlicher Perspektiven in unterschiedlichen wissenschaftlichen Disziplinen ist die Rede von Kulturwissenschaft im Singular zu unterscheiden. Zu ihr gehört zum einen eine Totalisierung des Kulturbegriffs, der sich von dem der Gesellschaft kaum noch unterscheiden lässt, und zum anderen – als spiegelbildliches Phänomen – die Ausweitung des Gegenstandsbereichs auf alle möglichen Empirizitäten kultureller

10.1 Literatursoziologie und Kulturwissenschaft(en)

Praktiken, Dokumente oder Phänomene bis hin zu solchen des Alltags, die unter der Supposition eines entgrenzten Textbegriffs („Kultur als Text") in ihrer kulturellen Funktion lesbar werden sollen. Sich als eigenständiges Fach gegenüber anderen Disziplinen zu konstituieren, ist für *die* Kulturwissenschaft deshalb mit großen Schwierigkeiten verbunden, weil sie dies allenfalls über ein methodisch-theoretisches Programm vermag, nicht aber über ein spezifisches Gegenstandsfeld – oder sie ist zu Relevanzbehauptungen genötigt, wonach Kultur generell eben eine wichtige Angelegenheit ist, weil Menschen nun einmal in Kulturen leben und denken, ein Problem im Übrigen, das *die* Kulturwissenschaft mit der Soziologie teilt. Die Kulturwissenschaft hat auf diese Problematik geantwortet, indem sie sich vornehmlich Themen zugewandt hat. Solche Themen können zum Beispiel sein: Gewalt und Feindschaft, das Essen, Erbe, Erbschaft und Vererbung, Liebe und vieles andere mehr; der thematischen Fantasie sind hier keine Grenzen gesetzt.

Die thematologische Ausrichtung in der Kulturwissenschaft hat ein sehr bestimmtes Leistungspotenzial: sie ermöglicht Interdisziplinarität. So könnten sich unter dem Thema Gewalt und Feindschaft Historiker, Anthropologen, Literaturwissenschaftler, Militärhistoriker, Psychologen, Juristen, Ethnologen, Soziologen, Politikwissenschaftler, Kunsthistoriker und Religionswissenschaftler zusammenfinden. Aus der Perspektive eines einzelnen Wissenschaftlers, zum Beispiel einer Literaturwissenschaftlerin, die sich mit dem Thema Essen in Literatur und Kunst befasst, bedeutet dies, dass sie, einer kulturwissenschaftlichen Perspektive verpflichtet, auch ernährungswissenschaftliche Schriften und populäre Ratgeberliteratur heranziehen wird. Kulturwissenschaftliches Denken in diesem Sinne bietet nicht zuletzt die Möglichkeit, disziplinübergreifende Ordnungsbegriffe aufzufinden, die aus dem Schisma einer Ideengeschichte, die ohne Bezug auf Gesellschaft, und einer Sozialgeschichte, die auf Ideengeschichte verzichtet, herausführen. Dies ändert freilich nichts daran, dass die Rede von der Kulturwissenschaft im Singular ebenso problematisch ist wie es eine Rede von Geisteswissenschaft im Singular wäre.

Erstaunlicherweise hat der mit dem *cultural turn* verbundene Aufstieg dessen, was wir hier weiterhin Kulturwissenschaften nennen, trotz aller interdisziplinären Ein- und Vorstellungen der Literatursoziologie nicht nur nicht mehr Aufmerksamkeit zukommen, sondern sie gerade innerhalb der Kulturwissenschaft fast zu einem toten Hund werden lassen. Auf die Frage, was Kulturwissenschaften und Literatursoziologie miteinander zu tun haben, lautet die erste Antwort deshalb: nichts. Ein Grund dafür liegt zweifellos in dem von vielen Literatur- und Geisteswissenschaftlern verspürten Ungenügen, das die Sozialgeschichtsschreibung der Literatur mit ihrer Konjunktur seit den 1960er Jahren hinterlassen hatte. Die zweite Antwort ist ein wenig komplizierter und lautet etwas überspitzt: (fast) alles. Nimmt man die Bezeichnung „Kulturwissenschaften" nicht nur als eine Art Verlegenheitsbegriff für die Geisteswissenschaften, sondern in ihrer intellektuell-wissenschaftlichen Programmatik ernst, dann kann man im literatursoziologischen Denken das kulturwissenschaftliche gleichsam verkapselt sehen. Dies in mindestens zweierlei Hinsicht. Zum einen haben wir es mit einem Kulturbegriff zu tun, der nicht so eng gefasst ist, dass darunter nur jene geistigen Objektivationen normativ geprägter und prägender Art fallen, die ihren Adel aus einer bildungsphilosophischen oder idealistischen Aufwertung als Medien der Persönlichkeitsentfaltung gewinnen. Literatursoziologie und Kulturwissenschaften ist gemeinsam, dass sie diese Neigung zu antisoziologischen Ausgrenzungsstrategien unterlaufen, weil sie ihre Gegenstände nicht „für sich" nehmen, sondern auf ihre sozio-kulturelle Genese und Sinnhaftigkeit, man könnte auch sagen, auf die Bedeutung ihrer Bedeutung hin befragen. Damit hängt der zweite Aspekt zusammen. Für beide, die kulturwissenschaftliche wie die literatursoziologische Perspektive gilt, dass sie in Beziehungen denken, in Relationen zwischen „Text" oder besser: Gegenstand und Kontext. Aber eine differentia spezifica ist bei allen Gemeinsamkeiten nicht zu übersehen: Während die Kulturwissenschaften (im Sinne des *cultural turns*) die verschiedensten Empirizitäten kultureller Phänomene zu ihrem Thema machen können, hat es die Literatursoziologie mit einem bestimmten Bereich im Meer des Kulturellen zu tun, nämlich mit dem Besonderen der Literatur, deren Zusammenhang mit dem Allgemeinen von Kultur immer wieder zu befragen ist.

Darum haben die literatursoziologischen Theorien und Untersuchungen, seit es sie gibt, gewusst. Zu einem besseren Verständnis der Brückenfunktion der Literatursoziologie hinsichtlich der Kulturwissenschaft sei daher an dieser Stelle noch einmal daran erinnert, dass die Anfänge der Literatursoziologie aus dem Kulturdiskurs hervorgingen. *Kultur und Kulturwissenschaften um 1900. Krise der Moderne und Glaube an die Wissenschaft,* so lautet der treffende Titel eines Bandes, in dem der Zusammenhang zwischen der (Krisen)Kultur der Moderne und den aus ihr emergierenden Kulturwissenschaften eingefangen wird. In dieser Zeit ereignete sich gewissermaßen der erste *cultural turn* innerhalb einer Wissenschaftslandschaft, in deren Zentrum bis dahin unangefochten die Philosophie stand; ein *turn,* wie er beispielsweise Ernst Cassirers *Philosophie der symbolischen Formen* geradezu eingeschrieben ist. Wie man zudem an den Schriften Georg Simmels sieht, wurde hier Kultur in einem breiten Spektrum ihrer Phänomene reflektiert – vom Geld über die Bedeutung des Bilderrahmens bis hin zur Analyse der Lyrik Georges –, wobei Literatur *ein* Gegenstand unter anderen war. Dennoch galt die Literatur insofern als symptomatisch, als sich anhand der literarischen Texte und der mit ihnen korrelierenden Ästhetisierung von Lebensformen neue, eben spezifisch moderne Formgebungsprozesse in Kultur- und Lebenswelt beobachten ließen.

10.1 Literatursoziologie und Kulturwissenschaft(en)

Das von den frühen Kulturwissenschaften aus den Beobachtungen der modernen Kultur heraus formulierte Wissen – sei es über die Bedeutung der Mode, des Charismas oder des Dritten – zielt, ganz wie es gegenwärtig wieder gefordert und vom zweiten *cultural turn* einzulösen versucht wird, auf die Bereitstellung gesellschaftlich und kulturell relevanten Orientierungswissens. Die Literatursoziologie kann dies bieten, indem sie, ihre eigene Genese aus dem Kulturdiskurs der Moderne vor Augen, die Literatur sowohl als symbolische Form wie auch als Lebensform einfügt in ihren sozio-kulturellen Kontext und hinsichtlich ihres Mitwirkens an Sinn- und Normbildungsprozessen untersucht. Ein Ziel solcher Untersuchungen könnte sein, der historischen Differenz zwischen der literarischen Kultur der frühen Moderne und unserer Gegenwart stärker nachzugehen. Dazu wären heute die verschiedensten Empirizitäten literarischer Phänomene systematisch auf den Ebenen der Produktion, Distribution und Rezeption zu betrachten.

Im Hinblick auf das Gebiet der Produktion wäre erstens zu fragen: Wer schreibt heute eigentlich literarische Werke? Gibt es auf der Produktionsebene (noch) den Typ des literarischen Intellektuellen und wie tritt er kulturell in Erscheinung? Ist die auffallende Reihe von erfolgreich schreibenden Juristen und Medienprofis symptomatisch für unsere Gegenwartskultur und, wenn ja, inwiefern? Wie steht es mit dem von programmatischen Schriften begleiteten Gruppenphänomen, das es der Literaturgeschichtsschreibung nicht selten überhaupt erst ermöglichte, Literatur nach (aufeinander folgenden oder gleichzeitig konkurrierenden) Richtungen zu klassifizieren? Fiele ein popkulturelles Quintett wie *Tristesse Royale* noch in die Kategorie der literarischen Gruppenbildung oder gar der Bohème als intellektuelle Subkultur mit schriftstellerischen Ambitionen?

Zweitens wäre hinsichtlich der Distribution zu untersuchen, von wem und wie heute Literatur als Literatur, d. h. als käuflich erwerbbares Produkt und Kulturgut produziert und distribuiert wird. Wie sieht die Verlagslandschaft aus? Lässt sich beispielsweise noch eine in der Differenz aufeinander bezogene Opposition von Massenproduktion und eingeschränkter Produktion à la l'art pour l'art beobachten? Damit zusammenhängend wäre zu fragen, wie Bücher heute (im Medienverbund) beworben werden? Folgen Produktion und Vermarktung der anderer Kulturgüter? Welche Effekte haben neue medientechnische Voraussetzungen wie zum Beispiel der E-Reader für die Produktion und Distribution von Literatur?

Drittens schließlich interessiert in Blick auf die Rezeption die Frage nach der gegenwärtigen Leserschaft. Ist die Fülle des literarisch Kulturellen in der Konsumgesellschaft von der Leserforschung überhaupt noch zu überblicken? Oder ist die von den Kulturwissenschaften angeregte Analogie der Literatur zu anderen Kulturkonsumgütern doch übertrieben und die Besonderheit des Literarischen schärfer zu konturieren? Folgen der Erwerb und die Lektüre von Büchern (oder auch digitalisierten Texten) noch der Logik von Geschmacksträgertypen? Die Reihe der Fragen ließe sich fortsetzen, doch dürften die formulierten genügen, um der Leserin deutlich zu machen, dass die von der Literatursoziologie gebaute Brücke zur Kulturwissenschaft zahlreiche Spuren in jeweils beide Richtungen bietet.

10.2 Literatursoziologie und Literaturwissenschaft

Wissenschaftsgeschichtlich ist die Literaturwissenschaft älteren Datums als die Literatursoziologie und die Philologie älteren Datums als die Literaturwissenschaft. Die Philologie, deren Ursprünge in der Antike liegen, befasst sich vornehmlich und zunächst mit alten Texten, die rekonstruiert, in ihren Wortbedeutungen erklärt und kommentiert werden, damit sie verstanden und überliefert werden können. Philologische Verfahrensweisen mit ihren Bezügen auf Grammatik, Rhetorik, Lexikografie und Stilanalyse sind auf Texte schlechthin bezogen; die Trennung zwischen Sprach- und Literaturwissenschaft oder zwischen Literatur (als dem Gebiet der Fiktion) und anderen Formen sprachlicher Äußerungen spielt hier keine wesentliche Rolle. Das gilt auch noch für die Nationalphilologien, die im 19. Jahrhundert, in Deutschland verbunden mit dem Namen der Brüder Grimm, entstehen. Zwar wohnen unter dem gemeinsamen Dach der Philologie Sprach- und Literaturwissenschaft noch zusammen, weil sie vom gemeinsamen Bezug auf die Nationalsprache getragen sind, und beide entdecken die Geschichte als Tiefenraum der Begründung einer Nationalphilologie ebenso wie sie sich nun – im Unterschied zur älteren Philologie mit dem strikten Vorrang der alten Texte – der Gegenwart von Sprache und Literatur zuwenden. Aber beide, Sprach- und Literaturwissenschaft, differenzieren sich zunehmend gegeneinander, nicht zuletzt auch durch die Bedeutung von Wilhelm Diltheys Begründung einer eigenständigen Geisteswissenschaft für die Entwicklung der Literaturwissenschaft. Mit ihren Unterabteilungen wie Literaturgeschichte, Werkinterpretation, Literatur- und Gattungstheorie ist die Literaturwissenschaft zuständig geworden für die Welt der literarischen Fiktionen.

Nun hat sich die Literaturwissenschaft immer wieder – ausgelöst durch die mit dem Positivismus der zweiten Hälfte des 19. Jahrhunderts einhergehende Sammlung, Beschreibung und Klassifikation der Fülle der empirisch gegebenen Literatur – um theoretische Orientierungen bemüht, um die Vielfalt ihrer Gegenstände in eine gedankliche Ordnung problemorientierter Fragestellungen zu überführen. Besondere Kandidaten dafür sind Theorien mit disziplinübergreifendem Charakter, solche, die man auch Großtheorien nennen kann, weil ihre Modelle in verschiedenen Fächern produktiv gemacht werden können – wie

10.2 Literatursoziologie und Literaturwissenschaft

beispielsweise die Phänomenologie, der Strukturalismus, die Kritische Theorie, die Marxsche Theorie, Modernisierungstheorien oder die Systemtheorie. Die Literatursoziologie wird man kaum zu solchen Großtheorien rechnen können – auch wenn die Facetten literatursoziologischer Studien selbst nicht selten von solchen Großtheorien mit geprägt und inspiriert sind. Während große Theorien der Kohärenzproduktion in eigener Sache dienen und ihre Leistungskraft darin liegt, die Überforderungen durch die Fülle von Empirizitäten im Zaum zu halten, darf man in der Literatursoziologie die Möglichkeit sehen, in das Gebiet der Literaturwissenschaft einen Katalog ganz bestimmter Fragen und Problemstellungen zu inserieren: eben die nach den Spielarten und Ausprägungen des Gesellschaftlichen der Literatur und in der Literatur. Freilich wird, wer dazu neigt, die Literatur von der Berührung mit der Profanität von Gesellschaft rein zu halten und als das Andere der Gesellschaft zu überhöhen, solchen Fragen ungern Aufmerksamkeit schenken wollen. Erkennt man hingegen an, dass Literatur von Menschen gemacht und gelesen wird, die in Gesellschaft leben, und dass literarische Werke, in welcher Weise auch immer, auf gesellschaftliche Erfahrungen und Vergesellschaftungsweisen antworten und sie in Form bringen, wird man literatursoziologische Fragestellungen als einen Teil der literaturwissenschaftlichen Arbeit verstehen.

Literatursoziologische Denkmotive und Theoriekonzepte mit ihrer besonderen Fähigkeit zu interdisziplinären Wanderungsbewegungen sind dann auch in der Literaturwissenschaft zu finden und haben seit den 1960er Jahren dort verstärkt Aufmerksamkeit gefunden, sowohl durch die Einführung einer Historisierung von Literatur und Literaturwissenschaft („Sozialgeschichte") wie mit der Öffnung von Literaturwissenschaft für Theoriekonzepte soziologischer beziehungsweise gesellschaftstheoretischer Provenienz und nicht zuletzt durch Anknüpfungen an die Kultursoziologien und -theorien um 1900, die ästhetische Artefakte mit ihrem Formcharakter auf ihre gesellschaftlichen Signaturen und Signifikanzen hin befragten. Dabei dürfte die Dimension von Geschichtlichkeit ein durchgängig wichtiger Unterstrom literatursoziologisch inspirierter Literaturwissenschaft sein. Wir möchten im Folgenden vier Bereiche skizzieren, in denen Literatursoziologie interessiert – ohne damit einen Anspruch auf Vollständigkeit zu unterstellen.

Zur Literaturwissenschaft gehört zunächst die Literaturgeschichte. Literaturgeschichte lässt sich durchaus weitgehend auch ohne Literatursoziologie betreiben, wenn sich, der Chronik vergleichbar, die Darstellung auf die Aufeinanderfolge der Werke und Autoren konzentriert und so auf die Literatur selbst beschränkt bleibt, häufig verbunden mit Skalen literarischer Wertung oder der Auszeichnung von Blüte- und Verfallszeiten der Literatur. Über eine Geschichte der Werke, Stile oder literarischen Epochen hinauszugehen, ermöglicht die literatursoziologische

Perspektive, weil sie die gesellschaftliche Welt mit ihrem Gewimmel von sozialen, politischen, ökonomischen und ideellen Fakten als Bedingungs- und Ermöglichungsraum von Literatur ins Auge zu fassen sucht. Soziologisch inspiriert, fragt Literaturgeschichte nach den sozio-historischen Weisen der Institutionalisierung von Literatur mit den zugehörigen Formen ihrer Produktion, Distribution und Rezeption, nach der Geschichte der Funktion und Idee von Literatur und den Konzepten von Autorschaft. Es ist hier eine außerhalb der Werke liegende Geschichtlichkeit, von der aus das Licht auf die Gesellschaftlichkeit von Literatur fällt. Das ist das eine. Das andere: Literaturgeschichtsschreibung in soziologischer Absicht richtet ihr Augenmerk auch darauf, dass in den Werken selbst sich Gesellschaftsgeschichte sedimentiert hat und sich in ihnen – gelesen eher als Dokument denn als Ausdruck einer schöpferischen Individualität – etwas von ihrer Zeit, den Prozeduren der Vergesellschaftung, ihren Techniken und den Verfasstheiten kollektiver Mentalitäten enthüllt. Wenn sich Literatur und Geschichte nicht in einer bloßen literarischen Chronik, sondern auf der Ebene von Literaturgeschichte und Gesellschaftsgeschichte begegnen sollen, ist es nötig, zwei Weisen einer solchen Begegnung zu unterscheiden. Eine literatursoziologisch informierte Literaturgeschichtsschreibung kann sich zum einen am Gedanken der Entwicklung, der Zeitlichkeit von Transformationsprozessen orientieren – eine diachrone Perspektive, die literarischen und gesellschaftlichen Wandel miteinander kontextualisiert und beispielsweise Verschiebungen klassen- oder schichtgebundener Segregationen und Erfahrungsräume mit Veränderungen im Gebiet der Literatur im Zusammenhang sieht. Aber die Sache der Literaturgeschichtsschreibung ist auch die Analyse vergangener Zustände. Hier geht es um eine synchrone Perspektive auf die zu einer bestimmten Zeit gegebene Verfasstheit einer Gesellschaft, die Institutionalisiertheit ihrer Literatur und die in ihren Werken enthaltenen Denkgewohnheiten, Interessen und Werte als den gesellschaftlichen Gehalten ihrer Fiktionswelten.

Von solchen Fiktionswelten spricht Literatur in sehr unterschiedlichen Formen und Redeweisen. In der Literaturwissenschaft heißen sie literarische Gattungen. Sofern man sich nicht begnügen mag mit der Undifferenziertheit eines allgemeinen Textbegriffs, sondern der je besonderen Leistungskraft dieser Redeweisen Aufmerksamkeit schenkt, kann Literatursoziologie in diesem zweiten Bereich helfen, über eine Poetologie der Gattungen hinaus über deren gesellschaftliche Implikationen aufzuklären. Nicht nur fallen die Ordnungen von Subjektpositionen und Gegenstandsfeldern, wie sie im Drama, dem Roman und der Lyrik konturiert werden, sehr verschieden aus und ändern sich historisch, zu ihnen gehört auch eine unterschiedliche Gesellschaftlichkeit literarischer Rezeption. Das Theater mit seiner Inszenierung dramatischer Konflikte ist genuin auf Öffentlichkeit bezogen, auf eine kollektive Rezeptionsweise – die freilich inzwischen auch weitgehend vom

10.2 Literatursoziologie und Literaturwissenschaft

Film bedient wird –, und dabei setzt es – wie der Film auch – nicht voraus, dass seine Zuschauer des Lesens kundig sein müssen, wie antikes, mittelalterliches oder shakespeareianisches Theater bezeugen. Man könnte von einer prinzipiellen Massentauglichkeit der Öffentlichkeit des Theaters sprechen, wenn es nicht auch Eintrittspreise gäbe, die für eine Publikumsdifferenzierung sorgen und im Effekt dazu beitragen, dass die auf der Bühne gespielten Stücke – wie im bürgerlichen Theater oder der Experimentalbühne – ihre Formen ändern und publikumsspezifisch werden können. Eine neue, andere literarische Massentauglichkeit – allerdings ohne die Öffentlichkeit der Rezeption – hat der Roman mit der Alphabetisierung der Unterschichten und dem Aufstieg der Massenliteratur unter Beweis gestellt, und er ist bis heute diejenige literarische Gattung geblieben, die sich bevorzugt allgemeiner Beliebtheit erfreut. Literatursoziologisch gesehen, fällt der Roman als Gattung unter Massenliteratur für Alphabetisierte. Warum das Theater wiederum inzwischen dazu neigt, Romane zu verdramatisieren, harrt noch der soziologischen Aufklärung über die Dialektiken von literalen und illiteralen Spielarten im Gebiet der Fiktionen und der Vorlieben für Unterhaltungspräferenzen. Ein ganz anderer Modus gesellschaftlicher Rezeptionssituation ist mit der Lyrik gegeben. Auch sie geht, wie der Roman, mit der individuellen, häuslich-privaten Rezeption einher, aber anders als der Roman und anders auch als das Theater hat sie weniger Affinitäten zur Unterhaltung, sondern ist, sofern es sich nicht um gesungene Lieder wie zum Beispiel Schlager oder HipHop handelt, als Reflexionsliteratur in der Intimität des Selbstbezugs angesiedelt. Die Formgestalten literarischer Redeweisen mit ihren je auch gattungsinternen Veränderungen verkörpern, soziologisch gesehen, immer auch gesellschaftliche Rezeptionssituationen und Verhältnisse zu Öffentlichkeit. Für die Literaturwissenschaft könnte hier nicht zuletzt die Frage danach relevant sein, in welchen Erfahrungslagen eine bestimmte Gesellschaft beziehungsweise eine ihrer Schichten, Klassen oder (Sub-)Kollektive der einen oder anderen literarischen Redeweise einen Vorrang einräumt. Wie von selbst, so staunten die frühen Literatursoziologen, habe die breite und unbestimmte Romanform und mit ihr die erzählende Dichtung in der Moderne den Gipfel der Gattungshierarchie erklommen. Hinter das scheinbar Selbstverständliche der Formenwelt und ihrer Ordnung zu kommen, bleibt bis heute eine zentrale Aufgabe der Literatursoziologie und eine tragende Brücke zur Literaturwissenschaft.

Wer literarische Werke liest weiß, dass er sich nicht nur in fiktiven Welten bewegt, sondern dass in Literatur immer auch – ein dritter Aspekt für produktive Berührungen von Literaturwissenschaft und Literatursoziologie – Wissen Eingang findet: ein Wissen um Regeln der Lebensführung, von Macht- und Herrschaftsformen, von Bildungsprozessen, Alltagswissen oder ein wissenschaftliches Wissen, wie es in wissenschaftlichen Disziplinen bis hin zu seiner Popularisierung ausgearbeitet ist. Solche Arten des Wissens lassen sich in einer werkimmanenten Interpretation erschließen, indem man danach fragt, was Literatur zum Beispiel von Finanzkrisen, Krebserkrankungen oder Kriegen weiß. Im Unterschied dazu distanziert eine Außenbetrachtung den immanent gemeinten Sinn, wenn zwischen Literatur und nicht-literarischen Aussagen im Gebiet des Wissens nach Bezügen gesucht wird, zum Beispiel zwischen Campus-Romanen und Universitätsgeschichte beziehungsweise Hochschulpolitik. Die Produktionsgesetze der Sinnbildung werden dann nicht im einzelnen Werk für sich lokalisiert, sondern im Gefüge der gesellschaftlich praktizierten Aussageformen in verschiedenen Gebieten des Wissens. Wissenssoziologie und Diskursanalyse dürften für Relationen von Literatur und Wissen wesentliche theoretische Anschlussmöglichkeiten bereitstellen und die literatursoziologische Perspektive in der Literaturwissenschaft um wichtige Fragen erweitern. Denn sie ermöglichen eine Außenperspektive auf die Verfasstheit von Wissensordnungen, um Literatur als eine geistige Tatsache zu verstehen, die mit anderen geistigen Tatsachen in Gestalt eines nicht-fiktionalen Wissens kommuniziert. Mit Wissen ist hier mehr als bloße Information gemeint, aber auch weniger als die Spitze eines finalen Wahrheitswertes, mit dem ein solches Wissen ausgezeichnet werden könnte. Die Verknüpfung von Literatur und Wissen ist eher zweigleisig zu denken: die eine Linie betrifft die Konstruktionsweisen von Subjektpositionen (also Gesichtspunkte, unter denen „Subjekte" interessieren) und Gegenstandsfeldern (also für relevant erachtete Objekte des Wissens) in den Gebieten außerliterarischen Wissens; die andere betrifft die Subjektivierung und Personalisierung von Wissensformen und -ordnungen in ihrer literarischen Perspektivierung. Wenn Literatur hier als ein gegenüber den Gebieten des Wissens sekundäres Phänomen erscheinen mag, so wird ein Literaturwissenschaftler dies Sekundäre nicht gering achten und sich dafür interessieren, wie in dieser Welt des Sekundären das Gebiet des Primären zum Gegenstand der Reflexion gemacht und in seinen kurrenten Ordnungen distanziert oder verschoben werden kann – worin nicht zuletzt auch eine kulturelle Energie von Literatur zu sehen sein dürfte, weil in der Reflexion *auf* Wissensfelder eine Differenz *zu* ihnen liegt.

Während die ersten beiden Bereiche, in denen eine literatursoziologisch inspirierte Literaturwissenschaft zum Tragen kommt: Literatur-/Gesellschaftsgeschichte und die Frage der Gattungen, schon eine längere Tradition haben, ist der Literatur-Wissen-Komplex ebenso wie schließlich der vierte Fragekomplex: die Situierung von Literatur im Horizont von Globalisierung eher jüngeren Datums. In beiden Bereichen finden sich Impulse aus der Diskussion um eine kulturwissenschaftliche wie auch um eine nachfolgend gesondert behandelte sozialwissenschaftliche Perspektive wieder.

Wie Literatur immer auch an der Ausbildung und Konsolidierung eines kulturellen Selbstverständnisses von Nationalstaaten mitgearbeitet hat, so sind auch

10.2 Literatursoziologie und Literaturwissenschaft

die Literaturwissenschaften nach Nationalphilologien institutionalisiert. Mit den Prozessen von Globalisierung werden diese Orientierungen zunehmend irritiert. Zwar hat es Weltliteratur im Sinne des Austauschs zwischen verschiedenen Nationen und Ländern durch Literatur immer schon gegeben, und Übersetzungen ermöglichen die Lektüre von Werken, die in anderen Ländern geschrieben wurden. Das hermeneutisch inspirierte Verstehen dessen, was als fremd begegnet, gehört hierher. Aber globale Verflechtungen und Mobilität sorgen qua der ihnen eigenen Faktizität für zunehmende interkulturelle Austauschprozesse transnationalen Charakters, die die Bedeutung der Grenzen zwischen eigen und fremd verändern. Es gibt nicht nur einen Weltmarkt für Literatur, sondern zunehmend eine Literatur des Globalen, die kulturellen Kontakt und transkulturelle Mischung thematisiert oder als Literatur der Globalisierung konkret Erfahrungen von Globalisierungsprozessen beschreibt.

Dabei lässt sich der Umgang mit der neuen Bedeutung von Grenzen und Grenzüberschreitungen zwischen zwei Polen ansiedeln: der Pointierung der Differenz von Kulturidentitäten auf der einen und der Pointierung von Interkulturalität und Vermischung auf der anderen Seite. Zu beiden gehört weniger die Zentrierung um eine Hermeneutik des Fremden, sondern weitaus eher eine Art Selbsthermeneutisierung, die das Verhältnis von Individuum und Kollektiv betrifft. Hier kommt eine literatursoziologische Perspektive ins Spiel. Globalisierungsprozesse mobilisieren Fragen von Herkünften, nach Zugehörigkeiten ethnischer, kultureller und religiöser Art, die Prägekraft von Milieus, nach Identitätsaufbauten sub- und supranationaler Art. Zwar hat die Literaturwissenschaft dem Bezug auf den Autor als interpretationsrelevanten Faktor seine wissenschaftliche Dignität immer wieder abgesprochen, aber im Falle einer Literatur des Globalen dürfte es sinnvoll sein, diesen Bezug literatursoziologisch zu reaktivieren, und wie das Beispiel der Migrationsliteratur zeigt, hat die Literaturwissenschaft dies auch (stillschweigend) schon getan. Wer kommt woher? Wer schreibt von wo aus? Um welche Milieus und Herkünfte geht es und wie werden sie literarisiert? Lassen sich in den Beziehungen zwischen Individuum und Kollektiv global vermittelte Erfahrungsumbrüche oder psychohistorische Transformationen beobachten? Gibt es Figuren des Dritten – seien es konkrete Personen, bestimmte kulturelle Praktiken, Umgangsweisen mit Sprachen oder grenzüberschreitender Austausch von Dingen –, die als Mittler in interkulturellen Übertragungen fungieren oder literarisch imaginiert werden? Allgemeine Globalisierungstheorien helfen der Literaturwissenschaft hier weniger weiter als ein literatursoziologisch informierter Blick auf Neuformatierungen des Verhältnisses zwischen Individuum und Kollektiv, die Verortungen zwischen Eigenheiten und Fremdheiten und nicht zuletzt auf das Selbstverständnis von Schriftstellern im

Horizont von Globalisierungen. Wenn wir hier vier Bereiche skizziert haben, in denen die Literatursoziologie für die Literaturwissenschaft produktiv gemacht werden kann, so heißt dies nicht, dass diese sich darauf beschränken müsste. Die literatursoziologische Fantasie kann ihre Spielarten auch auf weiteren Feldern der Literaturwissenschaft entfalten.

10.3 Literatursoziologie und Soziologie

Soziologie und Literatursoziologie haben gemeinsame Prämissen: Sie setzen ein differenziertes Gesellschafts- beziehungsweise Literaturgefüge voraus und sind folglich in ihren Erkenntnisbemühungen rückgebunden an die Entstehung der neuzeitlichen bürgerlichen Gesellschaft. Beide verbindet ein Impuls der Aufklärung, der hinter die jeweilige Logik der Differenz des Sozialen beziehungsweise Literarischen zu kommen versucht. Beide bedienen sich dabei der Erkenntnisse des jeweils anderen. Man kann bezüglich der Parallelen beider Erkenntniswege noch weitergehen und, die Literatur selbst einbeziehend, sagen, dass eine spezifische Sozialfigur – die des literarischen Intellektuellen – die heute auf verschiedene Disziplinen verteilten Erkenntnisinteressen regelrecht bündelte: So hielt Heinrich Mann im Rückblick fest, er habe mit fünfundzwanzig Jahren das Gefühl gehabt, dass es Zeit werde, soziale Zeitromane zu schreiben, da die deutsche Gesellschaft sich selbst nicht kenne. Sie verfalle in Schichten, die einander unbekannt sind, und die führende Klasse verschwimme hinter Wolken.

Dafür, dass sich die deutsche Gesellschaft besser kennenlernt, haben seitdem nicht nur soziale Zeitromane sondern vor allem auch die Soziologie gesorgt. Entstanden im 19. Jahrhundert, avancierte sie in den 1960er Jahren zur Leitdisziplin und führte innerhalb der Literaturwissenschaft insbesondere zu einer Kritik der Methodologie. Zum Agens dieser Kritik wurde wiederum eine Literatursoziologie, die, vor dem Hintergrund von Hochschul- und Wissenschaftsreform, an der Seite der Soziologie neue Fragestellungen in die wissenschaftliche Beschäftigung mit Literatur einführen wollte. Ein Ruf nach Verwissenschaftlichung und Neubestimmung im Umkreis der Sozialwissenschaften prägte den literaturwissenschaftlichen Diskurs jener Jahre und forderte eine Wiederaufnahme der marginalisierten Tradition der Kultur- und Literatursoziologie; eine Arbeit am transdisziplinären Brückenbau, für den insbesondere die Versuche einer Neuausrichtung im Zeichen der Moderneforschung stehen.

Gewendet wurde die sozialwissenschaftliche Wende mit dem oben behandelten *cultural turn*, wobei die kulturwissenschaftliche Wende jedoch weder an der Literaturwissenschaft noch an der Soziologie spurlos vorbeiging und so die disziplinären Grenzziehungen weiter lockerte. Für die Literatursoziologie als transdisziplinäre

10.3 Literatursoziologie und Soziologie

Fragestellung erweist sich diese Lockerung oder auch zunehmende inter- und transdisziplinäre Verknüpfung als historische Chance, ihr Potenzial als Medium soziokultureller Aufklärung zum Tragen zu bringen. Denn wie bei jeder wissenschaftlichen Wende, so steht auch die im Zeichen der Kultur für die Eröffnung einer weiteren Perspektive auf uns selbst. Mit der kulturwissenschaftlichen Perspektive aber verschwindet die soziale nicht. Vielmehr kumuliert sozio-kulturelles Wissen und wird (wie die Gesellschaft selbst) komplexer. Anders formuliert: Wollte Heinrich Mann (und die Soziologie) die Schichten kennenlernen und einander bekannt machen, so will man heute die Kultur (der Schichten) kennenlernen; eine bemerkenswerte Verschiebung vom Gesellschafts- zum Kulturbegriff. Mehr und mehr erkennt sich die Gesellschaft dabei nicht allein in ihrem sozialen, sondern auch in ihrem kulturellen Gemachtsein. Mehr noch: Die soziale Ordnung wird als gemachte, sich unablässig (re)produzierende und mithin in ihrer kulturellen Dimension erkannt.

Genau an diesem Punkt kann die Literatursoziologie einsetzen, indem sie literarisches Handeln und literarische Formen als Teil einer Kulturalisierung der Gesellschaft begreift und für ein Verständnis der modernen Kultur und ihrer Gesellschaft fruchtbar macht. Jenseits aller Synthesewünsche stellt sie ganz auf Differenz ab und fokussiert – erinnert sei an die Frage des kleinen Tigers nach dem „Wo wie was für wen und von wem?" – das Herbeischreiben und die Korrelation symbolischer und sozialer Ordnungen. Diese Ordnungen selbst aber haben sich, und dies stellt die Literatursoziologie vor neue Herausforderungen, gewandelt. Keine kleine, weitgehend homogene und allein von Briefen durchzogene Flusslandschaft, sondern eine globalisierte und digitalisierte Weltgesellschaft scheint heute ihr Forschungsfeld zu sein.

Innerhalb dieses weiten Feldes möchten wir drei Untersuchungsbereiche skizzieren: Da ist erstens der im vorangegangenen Abschnitt bereits angesprochene Komplex der Literatur in einer globalisierten Welt. Verhandelt wird er innerhalb der Literaturwissenschaft zumeist als Konkurrenz zweier Konzepte: dem Konzept der Weltliteratur, wie es auf die deutsche Klassik und Romantik zurückgeht, und dem Konzept einer *global literature,* dem nicht selten weltweite, global verstehbare Bestseller zugeordnet werden. An der Differenz beider reaktualisiert sich häufig nicht nur die tradierte Gegenüberstellung von Hoch- und Trivialliteratur, sondern auch die zwischen Nationalphilologie und einer transnationalsprachlichen Komparatistik. In diesem Zusammenhang gewinnt die Übersetzung beziehungsweise die in der Übersetzungswissenschaft verhandelte Frage nach der Übersetzbarkeit ihre Relevanz.

Zweitens können Gesellschafts konzeptionen, einschließlich der der Globalisierung selbst, literatursoziologisch befragt werden. Dies erscheint uns umso bedenkenswerter, als spätestens mit dem Ende des 20. Jahrhunderts die Empirie von Gesellschaft in ihrer Bedeutung für die Literatursoziologie zurücktritt und soziologische Theorien für sie an Bedeutung gewinnen. Ideenhaushalte, wie sie mit der Rede von Risiko-, Erlebnis-, Kreativitäts-, Angst- oder auch Weltgesellschaft aufgerufen werden, führen ein semantisches, vielleicht sogar metaphorisches Potenzial mit sich, das der Untersuchung lohnt. Denn auch hier ließe sich fragen, wo sie wie für wen und von wem verfasst wurden, schließlich handelt es sich auch und gerade bei Gesellschaftstheorien um Texte mit wachsender Breitenwirkung. Sind gesellschaftstheoretische Autoren und ihre Leser im Sinne Escarpits durch einen gemeinsamen Kultur-, Anschauungs- und Sprachkreis verbunden? Inwiefern unterstehen längst auch wissenschaftliche Schriften der Logik kultureller Konsumgüter? Wenn Wertung als Zeichen einer Kultur im starken Sinne verstanden werden kann, das heißt als Indikator für ausgeprägte Prozesse der Valorisierung, wie sie für die Spätmoderne bezeichnend sind, dann muss jeder Bestseller – Belletristik oder Sachbuch – mit Sicht auf die mit ihm auf allen drei Ebenen (Produktion, Distribution und Rezeption) vollzogene Wert- und Funktionszuschreibung untersucht werden.

Und schließlich, dies führt zum dritten Punkt, wäre zu fragen, was wir über unsere Gegenwart erfahren, wenn in ihr Sachbücher, sich auf Kreativität, den Prozess gesellschaftlicher Ästhetisierung oder auch die Konjunktur des Singulären berufend, einen neuen Strukturwandel der Moderne einläuten und damit auf breites gesellschaftliches Interesse und Anerkennung stoßen. Bedeutet dies, dass unsere Gesellschaft kreativ, ästhetisiert und singularisiert ist oder sich literarisch und theoretisch (nur) so darstellt – oder vielleicht beides? Zur Beantwortung dieser Frage dürfte es sinnvoll sein, dem Akt der Wert- und Funktionszuschreibung als gesellschaftlich-kulturelle Leistung insgesamt größere Aufmerksamkeit zu schenken, und dies aus aus einer kulturgeschichtlichen Perspektive. Wenn die soziologischen Gegenwartsdiagnosen stimmen, so hätten wir es heute mit einer beispiellosen Entgrenzung des Kreativitätsbegriffs und einer geradezu maßlosen Aufwertung des Ästhetischen zu tun; ein brisanter Attest, angesichts dessen das Verhältnis von Kunst und Literatur zur Gesellschaft neu zu bestimmen wäre. In diesem Sinne wäre zu untersuchen, und wir schließen hier mit einer Vermutung, ob sich nicht gegenwärtig die Relation zwischen Literatur und Gesellschaft dahingehend verkehrt, als wir es mit einer Nachahmung der Literatur und Kunst durch die Gesellschaft und folglich mit einer „umgekehrten Mimesis" (Žmegač 1991) zu tun haben. Soziale Entitäten, dies lehrt eine Verknüpfung von Sozial- und Literaturgeschichte, können sich selbst erfinden. Wie am Beispiel der Bohème (Magerski 2015) und des Proletariats (Eiden-Offe 2017) bereits gezeigt wurde, verdanken sich soziale Formen auch und nicht zuletzt einem literarischen Entwurf, der, kollektiv in die Lebenspraxis übertragen, zum Teil der sozialen Wirklichkeit zu werden vermag. Inwieweit also wird, so gilt es, ohne am Ende einem radikalen Konstruktivismus das Wort reden zu wollen, zu fragen, Gesellschaft (auch) im wahrsten Sinne des Wortes herbeigeschrieben?

Literatur

Eiden-Offe, Patrick. 2017. *Die Poesie der Klasse. Romantischer Antikapitalismus und die Erfindung des Proletariats.* Berlin: Matthes & Seitz.
Magerski, Christine. 2015. *Gelebte Ambivalenz. Die Bohème als Prototyp der Moderne.* Wiesbaden: Springer VS.
Žmegač, Viktor. 1991. *Der europäische Roman. Geschichte seiner Poetik.* Tübingen: Niemeyer.

Literatur

Adorno, Theodor W. 1961a. Rede über Lyrik und Gesellschaft. In *Noten zur Literatur I*, 73–104. Frankfurt a. M.: Suhrkamp.
Adorno, Theodor W. 1961b. Versuch, das Endspiel zu verstehen. In *Noten zur Literatur II*, 188–236. Frankfurt a. M.: Suhrkamp.
Adorno, Theodor W. 1964. *Minima Moralia. Reflexionen aus dem beschädigten Leben.* Frankfurt a. M.: Suhrkamp.
Adorno, Theodor W. 1965. Engagement. In *Noten zur Literatur III*, 109–135. Frankfurt a. M.: Suhrkamp.
Adorno, Theodor W. 1970. *Ästhetische Theorie. Gesammelte Schriften,* Bd. 7. Frankfurt a. M.: Suhrkamp.
Adorno, Theodor W., und Walter Dirks, Hrsg. 1956. *Frankfurter Beiträge zur Soziologie*, Bd. 4: Soziologische Exkurse. Frankfurt: Europäische Verlagsanstalt.
Albrecht, Clemens. 2015. „Die Kunst Rembrandts, nicht die eines beliebigen Stümpers". Georg Simmel als Philosoph der repräsentativen Kultur. *Zeitschrift für Kulturphilosophie* 9 (1) 23–40.
Baasner, Rainer/Zens, Maria (2001): Methoden und Modelle der Literaturwissenschaft. Eine Einführung, Berlin: E. Schmidt.
Bacon, Francis. 1959. *Neu-Atlantis*. Berlin: Akademie.
Bark, Joachim. 1974. *Literatursoziologie*. Stuttgart: Kohlhammer.
Benjamin, Walter. 1974. Das Kunstwerk im Zeitalter seiner technischen Reproduzierbarkeit. In *Gesammelte Schriften*, Hrsg. von Rolf Tiedemann und Herman Schweppenhäuser. Abhandlungen, Bd. I, 2. Teil. Frankfurt a. M.: Suhrkamp.
Berman, Russell A. 1992. Literarische Öffentlichkeit. In *Deutsche Literatur. Eine Sozialgeschichte*, Bd. 8, Hrsg. von Horst Albert Glaser, 69–85 Hamburg: Rowohlt (Erstveröffentlichung 1982).
Bloch, Ernst. 1977. *Tübinger Einleitung in die Philosophie*. Frankfurt a. M.: Suhrkamp.
Bölsche, Wilhelm. 1898. *Das Liebesleben in der Natur*. Florenz
Born, Nicolas. 1984. *Die Fälschung*. Roman: Rowohlt.
Bosse, Heinrich. 1981. *Autorschaft ist Werkherrschaft. Über die Entstehung des Urheberrechts aus dem Geist der Goethezeit*. Paderborn: Schöningh.
Bourdieu, Pierre. 1974. *Zur Soziologie der symbolischen Formen*. Frankfurt a. M.: Suhrkamp.

Bourdieu, Pierre. 1982. *Die feinen Unterschiede. Kritik der gesellschaftlichen Urteilskraft.* Frankfurt a. M.: Suhrkamp.
Bourdieu, Pierre. 1999. *Die Regeln der Kunst. Genese und Struktur des literarischen Feldes.* Frankfurt a. M.: Suhrkamp.
Bourdieu, Pierre. 2009. *Soziologie ist ein Kampfsport.* Frankfurt a. M.: filmedition suhrkamp.
Bourdieu, Pierre. 2011. Für eine Wissenschaft von den kulturellen Werken. In *Kunst und Kultur. Kunst und künstlerisches Feld. Schriften zur Kultursoziologie 4. Schriften*, Bd. 12.2, 449–468 Konstanz: UVK.
Braudel, Fernand. 1994. *Das Mittelmeer und die mediterrane Welt in der Epoche Philipps II*, Bd. 3. Frankfurt a. M.: Suhrkamp.
Breidbach, Olaf. 2004. Das Selbst im Schädelinnenraum. Gottfried Benns „Gehirne" und die Hirnforschung nach 1900. In *„Scientia poetica". Literatur und Naturwissenschaft*, Hrsg. Norbert Elsner und Werner Frick, 317–334. Göttingen: Wallstein.
Brentano, Clemens. 1978. *Werke*, Bd. 1. München: Hanser.
Breton, André, und Philippe Soupault. 1981. *Die magnetischen Felder.* München: text und kritik.
Breuer, Stefan. 1995. *Ästhetischer Fundamentalismus. Stephan George und der deutsche Antimodernismus.* Darmstadt: Wissenschaftliche Buchgesellschaft.
Brückner, Dominik. 2003. *Geschmack. Untersuchungen zu Wortsemantik und Begriff im 18. und 19. Jahrhundert.* Berlin: De Gruyter.
Brüns, Elke, Hrsg. 2008. *Ökonomien der Armut. Soziale Verhältnisse in der Literatur.* München: Fink.
Bürger, Peter. 1974. *Theorie der Avantgarde.* Frankfurt a. M.: Suhrkamp.
Bürger, Peter. 1988. *Prosa der Moderne.* Frankfurt a. M.: Suhrkamp.
Clarke, Arthur C. 1984. *Profile der Zukunft. Über die Grenzen des Möglichen.* München: Heyne.
Dann, Otto, Hrsg. 1981. *Lesegesellschaften und bürgerliche Emanzipation. Ein europäischer Vergleich.* München: Beck.
Danneberg, Lutz, und Friedrich Vollhardt, Hrsg. In Zusammenarbeit mit Hartmut Böhme und Jörg Schönert. 1992. *Vom Umgang mit Literatur und Literaturgeschichte. Positionen und Perspektiven nach der „Theoriedebatte".* Stuttgart: Metzler.
Dotzler, Bernhard, und Sigrid Weigel, Hrsg. 2005. *„fülle der combination". Literaturforschung und Wissenschaftsgeschichte.* München: Fink.
Dörner, Andreas, und Ludgera Vogt. 1994. *Literatursoziologie. Literatur, Gesellschaft, Politische Kultur.* Opladen: Westdeutscher Verlag.
Dörner, Andreas, und Ludgera Vogt. 2013. *Literatursoziologie. Eine Einführung in zentrale Positionen – von Marx bis Bourdieu, von der Systemtheorie bis zu den British Cultural Studies.* Wiesbaden: Springer VS.
Eco, Umberto. 1984. *Apokalyptiker und Integrierte. Zur kritischen Kritik der Massenkultur.* Frankfurt a. M.: Fischer.
Eibl, Karl. 1991. Zurück zu Darwin. Bausteine zur historischen Funktionsbestimmung von Dichtung. In *Modelle des literarischen Strukturwandels*, Hrsg. Michael Titzmann, 347–366. Tübingen: Niemeyer.
Elias, Norbert. 1976. *Über den Prozeß der Zivilisation. Soziogenetische und psychogenetische Untersuchungen*, Bd. 2. Frankfurt a. M.: Suhrkamp.

Engelsing, Rolf. 1974. *Der Bürger als Leser. Lesergeschichte in Deutschland 1500–1800.* Stuttgart: Metzler.

Escarpit, Robert. 1961. *Das Buch und der Leser. Entwurf einer Literatursoziologie.* Köln: Westdeutscher Verlag.

Eßbach, Wolfgang. 1974. Der schmutzige Kampf gegen Schmutz und Schund. Massenkultur und Literaturpädagogik. In *Die heimlichen Erzieher. Kinderbücher und politisches Lernen*, Hrsg. Dieter Richter und Jochen Vogt, 108–128. Reinbek: Rowohlt.

Faulstich, Werner. 1983. *Bestandsaufnahme Bestseller-Forschung. Ansätze – Methoden – Erträge.* Wiesbaden: Harrasowitz.

Fiedler, Leslie A. 1994. Überquert die Grenze, schließt den Graben! Über die Postmoderne. In *Wege aus der Moderne. Schlüsseltexte der Postmoderne-Diskussion*, Hrsg. Wolfgang Welsch, 57–74. Berlin: Akademie.

Fiske, John. 2000. Populäre Urteilskraft. In *Politik des Vergnügens. Zur Diskussion der Populärkultur in den Cultural Studies*, Hrsg. Udo Göttlich und Rainer Winter, 53–74. Köln: Halem.

Fohrmann, Jürgen. 2000. Das Versprechen der Sozialgeschichte (der Literatur). In *Nach der Sozialgeschichte. Konzepte für eine Literaturwissenschaft zwischen Historischer Anthropologie, Kulturgeschichte und Medientheorie*, Hrsg. Martin Huber und Gerhard Lauer, 105–112. Tübingen: Niemeyer.

Foucault, Michel. 1974. *Die Ordnung der Dinge. Eine Archäologie der Humanwissenschaften.* Frankfurt a. M.: Suhrkamp.

Fried, Erich. 2000. *Gründe. Gedichte. Eine Auswahl aus dem Gesamtwerk.* Berlin: Wagenbach.

Fröhlich, A. J. Peter. 1982. Reaktionen des Publikums auf Vorführungen nach abstrakten Vorlagen. In *Sinn aus Unsinn. Dada International*, Hrsg. Wolfgang Paulsen und Helmut G. Hermann, 15–28. Bern: Francke.

Fuhrmann, Manfred. 2003. *Die Dichtungstheorie der Antike. Aristoteles – Horaz – ‚Longin'. Eine Einführung.* Düsseldorf: Artemis und Winkler.

Fügen, Hans Norbert. 1970. *Die Hauptrichtungen der Literatursoziologie und ihre Methoden; ein Beitrag zur literatursoziologischen Theorie.* Bonn: Bouvier.

Fügen, Hans Norbert. 1971. *Wege der Literatursoziologie.* Neuwied: Luchterhand.

Gehlen, Arnold. 2016. *Zeitbilder und weitere kultursoziologische Schriften.* Frankfurt a. M.: Klostermann.

Gelfert, Hans-Dieter. 2000. *Was ist Kitsch?* Göttingen: Vandenhoeck und Ruprecht.

Goethe, Johann Wolfgang. 1964. *Werke. Hamburger Ausgabe*, Bd. 1. Hamburg: Wegner.

Goldmann, Lucien. 1970. *Soziologie des Romans.* Neuwied: Luchterhand.

Göttlich, Udo, und Rainer Winter, Hrsg. 2000. *Politik des Vergnügens. Zur Diskussion der Populärkultur in den Cultural Studies.* Köln: Halem.

Göttlich, Udo, Lothar Mikos, und Rainer Winter, Hrsg. 2001. *Die Werkzeugkiste der Cultural Studies. Perspektiven, Anschlüsse und Interventionen.* Bielefeld: transcript.

Göttlich, Udo, Clemens Albrecht, und Winfried Gebhardt, Hrsg. 2002. *Populäre Kultur als repräsentative Kultur. Die Herausforderung der Cultural Studies.* Köln: Halem.

Goetz, Rainald. 1999. *Abfall für alle. Roman eines Jahres.* Frankfurt a. M.: Suhrkamp.

Grossberg, Lawrence. 1999. Was sind Cultural Studies? In *Widerspenstige Kulturen. Cultural Studies als Herausforderung*, Hrsg. Rainer Winter und Karl H. Hörning, 43–83. Frankfurt a. M.: Suhrkamp.

Guyau, Jean Marie. 1987. *Die Kunst als soziologisches Phänomen* (Neuer Übersetzung herausgegeben von Alphons Silbermann). Berlin: Spiess.
Habermas, Jürgen. 1965. *Strukturwandel der Öffentlichkeit. Untersuchungen zu einer Kategorie der bürgerlichen Gesellschaft*, 2. durchges. Aufl. Neuwied: Luchterhand.
Habermas, Jürgen. 1981. Die Moderne – ein unvollendetes Projekt. In *Kleine politische Schriften I–IV*, Hrsg. J. Habermas. Frankfurt a. M.: Suhrkamp.
Haferkamp, Hans. 1990. *Sozialstruktur und Kultur*. Frankfurt a. M.: Suhrkamp.
Hahn, Alois. 1986. Soziologische Relevanzen des Stilbegriffs. In *Stil. Geschichten und Funktionen eines kulturwissenschaftlichen Diskurselements*, Hrsg. von Hans Ulrich Gumbrecht und K. Ludwig Pfeiffer, 603–611. Frankfurt a. M.: Suhrkamp.
Halfmann, Jost. 2003. Technik als Medium. Von der anthropologischen zur soziologischen Grundlegung. In *Kunst, Macht, Institution*, Hrsg. Joachim Fischer und Hans Joas, 133–144. Frankfurt a. M.: Campus.
Haug, Christine, Hrsg. 2012. *Bestseller und Bestseller-Forschung (Kodex 2)*. Wiesbaden: Harrasowitz.
Hauser, Arnold. 1973. *Sozialgeschichte der Kunst und Literatur*. München: Beck.
Hegel, Georg Wilhelm Friedrich. 1970. *Vorlesungen über die Ästhetik. Werke in zwanzig Bänden. Vorlesungen über die Ästhetik*, Bd. 13, 14, 15. Frankfurt a. M.: Suhrkamp.
Hepp, Corona. 1992. *Avantgarde. Moderne Kunst, Kulturkritik und Reformbewegungen nach der Jahrhundertwende*. München: dtv.
Heydebrand, Renate von, und Simone Winko. 1996. *Einführung in die Wertung von Literatur. Systematik – Geschichte – Legitimation*. Paderborn: Schöningh.
Hitzler, Ronald, und Arne Niederbacher. 2010. *Leben in Szenen. Formen juveniler Vergemeinschaftung heute*. Wiesbaden: VS Springer.
Hoffmann, Stefan. 2002. *Geschichte des Medienbegriffs. Archiv für Begriffsgeschichte*. Hamburg: Meiner (Sonderheft Jg. 2002).
Hoffmann, Stefan. 2014. Medienbegriff. In *Handbuch Medienwissenschaft*, Hrsg. Jens Schröter, 13–20, Stuttgart: Metzler.
Hoggart, Richard. 1958. *The uses of literacy. Aspects of working-class life with special reference to publications and entertainments*. Harmondsworth: Penguin.
Horkheimer, Max, und Theodor W. Adorno. 1968. *Dialektik der Aufklärung. Philosophische Fragmente*. Amsterdam: de Munter.
Huber, Martin, und Gerhard Lauer, Hrsg. 2000. *Nach der Sozialgeschichte. Konzepte für eine Literaturwissenschaft zwischen Historischer Anthropologie, Kulturgeschichte und Medientheorie*. Tübingen: Niemeyer.
Hübinger, Gangolf, Rüdiger vom Bruch, und Friedrich Wilhelm Graf, Hrsg. 1989. *Kultur und Kulturwissenschaft um 1900. Krise der Moderne und Glaube an die Wissenschaft*. Stuttgart: Franz Steiner.
Illing, Frank. 2001. *Jan Mukařovský und die Avantgarde. Die strukturalistische Ästhetik im Kontext von Poetismus und Surrealismus*. Bielefeld: Aisthesis.
Illing, Frank. 2006. *Kitsch, Kommerz und Kult. Soziologie des schlechten Geschmacks*. Konstanz: UVK.
Iser, Wolfgang. 1993. *Das Fiktionale und das Imaginäre. Perspektiven literarischer Anthropologie*. Frankfurt a. M.: Suhrkamp.
Jelinek, Elfriede. 2004. *Bambiland*. Reinbek: Rowohlt.

Joseph, Jurt. 1995. *Das literarische Feld. Das Konzept Pierre Bourdieus in Theorie und Praxis.* Darmstadt: Wissenschaftliche Buchgesellschaft.
Kaes, Anton, Hrsg. 1978. *Kino-Debatte. Texte zum Verhältnis von Literatur und Film 1909–1929.* München: dtv.
Kant, Immanuel. 1995. *Kritik der Urteilskraft.* Stuttgart: Reclam.
Karpenstein-Eßbach, Christa. 1995a. *Medien – Wörterwelten – Lebenszusammenhang. Prosa der Bundesrepublik Deutschland 1975–1990 in literatursoziologischer, diskursanalytischer und hermeneutischer Sicht.* München: Fink.
Karpenstein-Eßbach, Christa. 1995b. Zum Unterschied von Diskursanalysen und Dekonstruktionen. In *Flaschenpost und Postkarte. Korrespondenzen zwischen Kritischer Theorie und Poststrukturalismus,* Hrsg. Sigrid Weigel, 127–138. Köln: Böhlau.
Karpenstein-Eßbach, Christa. 2006. Krebs – Literatur – Wissen. Von der Krebspersönlichkeit zur totalen Kommunikation. In *Epochen/Krankheiten. Konstellationen von Literatur und Pathologie,* Hrsg. Frank Degler und Christian Kohlroß, 233–264. St. Ingbert: Röhrig.
Karpenstein-Eßbach, Christa. 2013a. *Deutsche Literaturgeschichte des 20. Jahrhunderts.* München: Fink.
Karpenstein-Eßbach, Christa. 2013b. Ist literarischer Realismus entpolitisierbar? Historische Stationen eines Begriffs. In *Entsagung und Routines. Aporien des Spätrealismus und Verfahren der frühen Moderne,* Hrsg. Moritz Baßler, 387–411. Berlin: de Gruyter.
Karstein, Uta, und Nina Tessa Zahner, Hrsg. 2017. *Autonomie der Kunst? Zur Aktualität eines gesellschaftlichen Leitbildes.* Wiesbaden: Springer VS.
Keuschnigg, Marc. 2012. *Das Bestseller-Phänomen. Die Entstehung von Nachfragekonzentration im Buchmarkt.* Wiesbaden: Springer VS.
Killy, Walther, Hrsg. 1962. *Zeichen der Zeit. Ein deutsches Lesebuch. Auf dem Wege zur Klassik,* Bd. 1. Frankfurt a. M.: Fischer Bücherei
Killy, Walther. 1962. *Deutscher Kitsch.* Göttingen: Vandenhoeck & Ruprecht.
Kittler, Friedrich. 1985. *Aufschreibesysteme 1800. 1900.* München: Fink.
Kittler, Friedrich. 1986. *Grammophon, Film, Typewriter.* Berlin: Brinkmann & Bose.
Koopmann, Helmut. 1997. *Deutsche Literaturtheorien zwischen 1880 und 1920.* Darmstadt: Wissenschaftliche Buchgesellschaft.
Koselleck, Reinhart. 2000. *Vergangene Zukunft. Zur Semantik geschichtlicher Zeiten.* Frankfurt a. M.: Suhrkamp.
Köhler, Erich. 1982. *Literatursoziologische Perspektiven.* Heidelberg: Carl Winter.
Kreuzer, Helmut. 1968. *Die Boheme. Analyse und Dokumentation der intellektuellen Subkultur vom 19. Jahrhundert bis zur Gegenwart.* Stuttgart: Metzler.
Kreuzer, Helmut. 1975. *Veränderungen des Literaturbegriffs,* 7–26. Göttingen: Vandenhoeck & Ruprecht.
Kutzmutz, Olaf. 2010. *Bestseller. Das Beispiel Charlotte Link.* Wolfenbütteler: Akademie-Texte.
Kuzmics, Helmut, und Gerald Mozetič. 2003. *Literatur als Soziologie. Zum Verhältnis von literarischer und gesellschaftlicher Wirklichkeit.* Konstanz: UVK.
Lachmann, Karl et al. 1962. *Des Minnesangs Frühling,* neu bearb. v. Carl von Kraus. Stuttgart: Hirzel.
Langer, Jochen. 1991. Reichstag. In *Die Zeit danach. Neue deutsche Literatur,* Hrsg. Helge Malchow und Hubert Winkels. Köln: Kiepenheuer & Witsch.

Lazarsfeld, Paul, und Frank N. Stanton. 1949. *Communications Research 1948–1949*. New York: Harper & Brothers.

Lem, Stanislaw. 1979. *Der futurologische Kongreß. Aus Ijon Tichys Erinnerungen*. Frankfurt a. M.: Suhrkamp.

Lepenies, Wolf. 1988. *Die drei Kulturen. Soziologie zwischen Literatur und Wissenschaft*. München: Hanser.

Lichtblau, Klaus. 1996. *Kulturkrise und Soziologie um die Jahrhundertwende. Zur Genealogie der Kultursoziologie in Deutschland*. Frankfurt a. M: Suhrkamp.

Link, Jürgen. 1983. *Elementare Literatur und generative Diskursanalyse*. München: Fink.

Löwenthal, Leo. 1964. *Literatur und Gesellschaft. Das Buch in der Massenkultur, Neuwied*. Berlin: Luchterhand.

Löwenthal, Leo. 1966. *Das Bild des Menschen in der Literatur*. Neuwied: Luchterhand.

Löwenthal, Leo. 1980. *Literatur und Massenkultur*. Frankfurt a. M.: Suhrkamp.

Loo, Hans van der, und Willem van Reijen. 1997. *Modernisierung. Projekt und Paradox*, 2. aktual. Aufl. München: dtv.

Lublinski, Samuel. 1900. *Litteratur und Gesellschaft im 19. Jahrhundert*, Bd. 2. Berlin: Siegfried Cronbach.

Lublinski, Samuel. 1974. *Die Bilanz der Moderne*, Hrsg. von Gotthart Wunberg. Tübingen: Niemeyer (Erstveröffentlichung 1904).

Lublinski, Samuel. 1976. *Ausgang der Moderne. Ein Buch der Opposition*. Dresden, Hg. von Gotthart Wunberg. Tübingen: Niemeyer (Erstveröffentlichung 1909).

Luckmann, Thomas. 1986. Soziologische Grenzen des Stilbegriffs. In *Stil. Geschichten und Funktionen eines kulturwissenschaftlichen Diskurselements*, Hrsg. von Hans Ulrich Gumbrecht und K. Ludwig Pfeiffer, 612–618. Frankfurt a. M.: Suhrkamp.

Lutz, Peter. 1961. Marxismus und Literatur. Eine kritische Einführung in das Werk von Georg Lukács. In *Schriften zur Literatursoziologie. Ausgewählt und eingeleitet von Peter Lutz,* Hrsg. Georg Lukács, (=Soziologische Texte, Bd. 9). Neuwied: Luchterhand.

Luhmann, Niklas. 1984a. *Soziale Systeme. Grundriß einer allgemeinen Theorie*. Frankfurt a. M.: Suhrkamp.

Luhmann, Niklas. 1984b. *Liebe als Passion. Zur Codierung von Intimität*. Frankfurt a. M.: Suhrkamp.

Luhmann, Niklas. 1986. Das Kunstwerk und die Selbstproduktion der Kunst. In *Stil. Geschichten und Funktionen eines kulturwissenschaftlichen Diskurselements*, Hrsg. von Hans Ulrich Gumbrecht und K. Ludwig Pfeiffer, 620–668. Frankfurt a. M.: Suhrkamp.

Luhmann, Niklas. 1996. *Die Kunst der Gesellschaft*. Frankfurt a. M.: Suhrkamp.

Lukács, Georg. 1910/1973. Zur Theorie der Literaturgeschichte (1910 unter dem Titel „Zur Methodologie der Literaturgeschichte" in der Übersetzung von Denes Zalan, Erlangen erschienen. Erstdruck in 'Alexander-emlekkönyv', Budapest 1910, 399–421). Wieder abgedruckt. *Text und Kritik. Zeitschrift für Literatur*, Hrsg. von Heinz Ludwig Arnold. H 39/40, Oktober 1973, 24–51.

Lukács, Georg. 1952. *Balzac und der französische Realismus*. Berlin: Aufbau.

Lukács, Georg. 1955. Kunst und objektive Wahrheit. In *Probleme des Realismus*, Hrsg. Georg Lukács, 5–46. Berlin: Aufbau.

Lukács, Georg. 1956. Einführung in die ästhetischen Schriften von Marx und Engels. In *Beiträge zur Geschichte der Ästhetik*, Hrsg. Georg Lukács, 191–216. Berlin: Aufbau.

Lukács, Georg. 1963. Tendenz oder Parteilichkeit? In *Literatursoziologie*, Hrsg. Georg Lukács und v. Peter Ludz, 109–121. Neuwied: Luchterhand.
Lukács, Georg. 1971. *Die Theorie des Romans, Neuauflage Neuwied*. Berlin: Luchterhand (Erstveröffentlichung 1914).
Lukács, Georg. 1981. *Entwicklungsgeschichte des modernen Dramas*, Bd. 15. Lukács Werke. Darmstadt: Luchterhand.
Magerski, Christine. 2004. *Die Konstitution des literarischen Feldes in Deutschland nach 1871. Berliner Moderne, Literaturkritik und die Anfänge der Literatursoziologie.* Tübingen: Niemeyer.
Magerski, Christine. 2015a. *Gelebte Ambivalenz. Die Bohème als Prototyp der Moderne.* Wiesbaden: VS Verlag.
Magerski, Christine. 2015b. Schule machen. Zur Geschichte und Aktualität der Literatursoziologie. *Zagreber Germanistische Beiträge* 24 (2015): 193–220.
Magerski, Christine. 2016. Peter Bürger. In *Klassiker der Soziologie der Künste*, Hrsg. Christian Steuerwald, S. 79–92. Wiesbaden: Springer VS.
Makropoulos, Michael. 2008. *Theorie der Massenkultur*. München: Fink.
Maletzke, Gerhard. 1998. *Kommunikationswissenschaften im Überblick*. Opladen: Leske + Budrich.
Mann, Heinrich. 1990. *Im Schlaraffenland. Ein Roman unter feinen Leuten, Neuausgabe*. Berlin: Aufbau (Erstveröffentlichung 1900).
Mannheim, Karl. 1964. Ideologische und soziologische Interpretation der geistigen Gebilde. In *Wissenssoziologie*, Hrsg. Karl Mannheim, 388–407. Berlin: Luchterhand.
Martin, Susanne, und Christine Resch, Hrsg. 2014. *Kulturindustrie und Sozialwissenschaften*. Münster: Westfälisches Dampfboot.
Marx, Karl. 1953. *Grundrisse der Kritik der politischen Ökonomie. Rohentwurf 1857/1858*. Berlin: Dietz.
Marx, Karl. 1970. *Das Kapital. Marx Engels Werke*, Bd. 23. Berlin: Dietz.
Matejovski, Dirk, und Friedrich Kittler, Hrsg. 1996. *Literatur im Informationszeitalter*. Frankfurt a. M.: Campus.
McLuhan, Marshall. 1970. *Die magischen Kanäle. Understanding Media*. Frankfurt a. M.: Fischer.
McLuhan, Marshall, und Quentin Fiore. 1984. *Das Medium ist Massage*. Frankfurt a. M.: Ullstein.
Mehring, Franz. 1961. Ästhetische Streifzüge. In *Aufsätze zur deutschen Literatur von Hebbel bis Schweichel. Gesammelte Werke,* Bd. 11, Hrsg. Franz Mehring, 141–226. Berlin: Dietz.
Meyer-Kalkus, Reinhart. 2001. *Stimme und Sprechkünste im 20. Jahrhundert*. Berlin: Akademie.
Mukařovský, Jan. 1970. Ästhetische Funktion, Norm und ästhetischer Wert. In *Kapitel aus der Ästhetik*, 7–112. Frankfurt a. M.: Suhrkamp.
Nadolny, Sten. 1983. *Die Entdeckung der Langsamkeit. Roman*. München: Piper.
Neuhaus, Stefan. 2004. *Literaturkritik. Eine Einführung*. Stuttgart: UTB.
Niekisch, Sibylle. 2001. Cultural Studies und Ethnologie. Zu einem schwierigen Verhältnis. In *Die Werkzeugkiste der Cultural Studies. Perspektiven, Anschlüsse und Interventionen*, Hrsg. Udo Göttlich, Lothar Mikos, und Rainer Winter, 131–158. Bielefeld: transcript.
Nipperdey, Thomas. 1998. *Wie das Bürgertum die Moderne fand*. Stuttgart: Reclam.

Ong, Walter. 1987. *Oralität und Literalität. Die Technologisierung des Wortes.* Opladen: Leske + Budrich.
Ort, Claus-Michael. 1991. Literarischer Wandel und sozialer Wandel: Theoretische Anmerkungen zum Verhältnis von Wissenssoziologie und Diskursgeschichte. In *Modelle des literarischen Strukturwandels,* Hrsg. Michael Titzmann, 367–394. Tübingen: Niemeyer.
Osterkamp, Ernst. 1993. Friedrich Gundolf zwischen Kunst und Wissenschaft. Zur Problematik eines Germanisten aus dem George-Kreis. In *Literaturwissenschaft und Geistesgeschichte 1910 bis 1925,* Hrsg. Christoph König und Eberhard Lämmert. Frankfurt a. M.: Fischer.
Parsons, Talcott. 2003. *Das System moderner Gesellschaften,* 6. Aufl. Weinheim: Juventa.
Rammert, Werner. 2000. *Technik aus soziologischer Perspektive, Bd. 2: Kultur – Innovation – Virtualität.* Opladen: VS Verlag.
Reckwitz, Andreas. 2012. *Die Erfindung der Kreativität. Zum Prozess gesellschaftlicher Ästhetisierung.* Frankfurt a. M.: Suhrkamp.
Reijen, Willem van. 2011. She is not there. Eine kleine Phänomenologie des Nichts. In *Weiter-Denken. Literatur- und kulturwissenschaftliche Streifzüge im Zeichen der Transgression. Christa Karpenstein-Eßbach zum 60. Geburtstag,* Hrsg. Il-Tschung Lim, Martin Odermatt et al. Berlin: Köster.
Reisner, Jacob. 1955. Zum Begriff Kitsch. Unveröffentlichte Dissertation (Universität Freiburg).
Roberts, David. 1996. Genealogie der Literatur. Zur Selbstbeobachtung in stratifizierten Gesellschaften. In *Systemtheorie und Literatur,* Hrsg. von Jürgen Fohrmann. München: Fink.
Roberts, David. 1998. Von der Ästhetischen Utopie der Moderne zur Kunst der Gesellschaft: Ort und Funktion der autonomen Kunst in der Systemtheorie Luhmanns. In *Etho-Poietik. Ethik und Ästhetik im Dialog: Erwartungen, Forderungen, Abgrenzungen,* Hrsg. von Bernhard Greiner und Maria Moog-Grünewald. Bonn: Bouvier.
Rosenberg, Rainer. 2000. Kanon. In *Reallexikon der deutschen Literaturwissenschaft,* Bd. II: H – O, Hrsg. Harald Fricke, 224–227. Berlin: Walter de Gruyter.
Saul, Nicolas, und Ricarda Schmidt, Hrsg. 2007. *Literarische Wertung und Kanonbildung.* Würzburg: Königshausen und Neumann.
Scharfschwerdt, Jürgen. 1977. *Grundprobleme der Literatursoziologie. Ein wissenschaftsgeschichtlicher Überblick.* Stuttgart: Kohlhammer.
Schiller, Friedrich. 1967. Was kann eine gute stehende Schaubühne eigentlich wirken? In *Sämtliche Werke,* Bd. 5, Hrsg. v. Gerhard Fricke und Herbert G. Göpfert, 818–831. München: Hanser.
Schmidt, Siegfried J. 1989. *Die Selbstorganisation des Sozialsystems Literatur im 18. Jahrhundert.* Frankfurt a. M.: Suhrkamp.
Schoeck, Helmut. 1971. *Kleines soziologisches Wörterbuch.* Freiburg: Herder.
Schönert, Jörg. 2007. *Perspektiven zur Sozialgeschichte der Literatur. Beiträge zu Theorie und Praxis.* Tübingen: Niemeyer.
Schulte-Sasse, Jochen. 1976. *Literarische Wertung.* Stuttgart: Metzler.
Schücking, Levin L. 1973. Literaturgeschichte und Geschmacksgeschichte. Ein Versuch zu einer neuen Problemstellung. In *Materialien zur Ideologiegeschichte,* Hrsg. Gotthart Wunberg, 92–110 (Erstveröffentlichung 1913). Tübingen: Niemeyer.

Schücking, Levin L. 1923. *Die Soziologie der literarischen Geschmacksbildung*. München: Roesl & Cie.
Schwanitz, Dietrich. 1990. *Systemtheorie und Literatur. Ein neues Paradigma*. Opladen: Westdeutscher Verlag.
Sanders, Hans. 1981. *Institution Literatur und Roman. Zur Rekonstruktion der Literatursoziologie*. Frankfurt a. M.: Suhrkamp.
Silbermann, Alphons. 1981. *Einführung in die Literatursoziologie*, München: Oldenbourg.
Silbermann, Alphons. 1986. *Empirische Kunstsoziologie*. Stuttgart: Teubner.
Silbermann, Alphons. 1987. Voranstellung: Prinzipielles zum Verhältnis von Kunst und Massenkommunikation. In *Die Rolle der elektronischen Medien in der Entwicklung der Künste*, Hrsg. Alphons Silbermann. Frankfurt: Peter Lang.
Sill, Oliver. 2001. *Literatur in der funktional differenzierten Gesellschaft*. Opladen: Westdeutscher Verlag.
Simmel, Georg. 1980. Stefan George. Eine kunstphilosophische Betrachtung. In *Stefan George in seiner Zeit. Dokumente zur Wirkungsgeschichte*, Bd. I, Hrsg. von Ralph-Rainer Wuthenow. Stuttgart (Erstveröffentlichung 1898). Klett Cotta.
Simmel, Georg. 1992. Aufsätze und Abhandlungen 1894–1900. In *Gesammelte Schriften*, Bd. 5, Hrsg. Georg Simmel. Frankfurt a. M.: Suhrkamp.
Simmel, Georg. 1989. *Philosophie des Geldes*. Frankfurt a. M.: Suhrkamp (Erstveröffentlichung 1900).
Skotak, Anika. 2015. *Essen zwischen Kontrolle und Begehren. Konturen des Alimentären in Literatur und Bildender Kunst der Gegenwart*. Würzburg: Königshausen und Neumann.
Staiger, Emil. 1968. *Grundbegriffe der Poetik*, 8. Aufl. Zürich: Atlantis.
Steiner, George. 1981. *Der Tod der Tragödie. Ein kritischer Essay*. Frankfurt a. M.: Suhrkamp.
Steinert, Heinz. 2002. *Kulturindustrie*. Münster: Westfälisches Dampfboot.
Stichweh, Rudolf. 2014. ‚Zeitgenössische Kunst' – Eine Fallstudie zur Globalisierung. *Merkur* 785 (10): 909–915.
Szondi, Peter. 1973. *Lektüren und Lektionen. Versuche über Literatur, Literaturtheorie und Literatursoziologie*. Frankfurt a. M.: Suhrkamp.
Titzmann, Michael, Hrsg. 1991. *Modelle des literarischen Strukturwandels*. Tübingen: Niemeyer.
Tucholsky, Kurt. 1967. *Gesammelte Werke*, Bd. III: 1929–1932. Wien: Büchergilde Gutenberg.
Ueding, Gert. 1973. *Glanzvolles Elend. Versuch über Kitsch und Kolportage*. Frankfurt a. M.: Suhrkamp.
Urbani, Nadja. 2015. *Medienkonkurrenzen um 2000. Affekte, Finanzkrisen und Geschlechtermythen in Roman, Film und Theater*. Bielefeld: transcript.
Vosskamp, Wilhelm. 1978. Methoden und Probleme der Romansoziologie. Über Möglichkeiten einer Romansoziologie als Gattungssoziologie. In *Internationales Archiv für Sozialgeschichte der deutschen Literatur*, Bd. 3, Hrsg. von Georg Jäger, Dieter Langewiesche und Alberto Martino, 1–37. IASL.
Vosskamp, Wilhelm, und Jürgen Fohrmann. 1991. *Wissenschaft und Nation*. München: Fink.
Vosskamp, Wilhelm. 1993. Literatursoziologie: Eine Alternative zur Geistesgeschichte? "Sozialliterarische Methoden" in den ersten Jahrzehnten des 20. Jahrhunderts. In *Literaturwissenschaft und Geistesgeschichte 1910 bis 1925*, Hrsg. von Christoph König und Eberhard Lämmert, 291–306. Frankfurt a. M.: Fischer.

Weber, Max. 1956. Rede auf dem Ersten Deutschen Soziologentag in Frankfurt. In *Gesammelte Aufsätze zur Soziologie und Sozialpolitik*. Tübingen: Mohr (Erstveröffentlichung 1910).

Werber, Niels. 1992. *Literatur als System. Zur Ausdifferenzierung literarischer Kommunikation*. Opladen: Westdeutscher Verlag.

Wild, Reiner. 1982. *Literatur im Prozeß der Zivilisation. Entwurf einer theoretischen Grundlegung der Literaturwissenschaft*. Stuttgart: Metzler.

Williams, Raymond. 1972. *Gesellschaftstheorie als Begriffsgeschichte. Studien zur historischen Semantik von „Kultur"*. München: Rogner und Bernhard.

Winter, Rainer. 2001. Ethnographie, Interpretation und Kritik. Aspekte der Methodologie der Cultural Studies. In *Die Werkzeugkiste der Cultural Studies. Perspektiven, Anschlüsse und Interventionen*, Hrsg. Udo Göttlich, Lothar Mikos, und Rainer Winter, 43–62. Bielefeld: transcript.

Wunberg, Gotthart. 1971. *Die literarische Moderne. Dokumente zum Selbstverständnis der Literatur um die Jahrhundertwende*. Frankfurt a. M.: Athenäum.

Wunberg, Gotthart. 1974a. Samuel Lublinskis literatursoziologischer Ansatz. In *Naturalismus. Bürgerliche Dichtung und soziales Engagement*, Hrsg. Helmut Scheuer, 206–234. Stuttgart: Kohlhammer.

Wunberg, Gotthart. 1974b. *Samuel Lublinskis Versuch, Literatur soziologisch zu verstehen. Nachwort zu: Samuel Lublinski: Die Bilanz der Moderne (1904)*, 369–407. Tübingen: Niemeyer.

Zeller, Rosemarie. 1991. Gesetzmäßigkeiten literarischen Wandels am Beispiel des Dramas in der zweiten Hälfte des 18. Jahrhunderts. In *Modelle literarischen Strukturwandels*, Hrsg. Michael Titzmann, 89–102. Tübingen: Niemeyer.

Zima, Peter. 1978. *Kritik der Literatursoziologie*. Frankfurt a. M.: Suhrkamp.

Zima, Peter. 1980. *Textsoziolgie. Eine kritische Einführung*. Stuttgart: Metzler.

Žmegač, Viktor. 1969. *Kunst und Wirklichkeit. Zur Literaturtheorie bei Brecht, Lukács und Broch*. Bad Homburg: gehlen.

Žmegač, Viktor, Hrsg. 1971. *Methoden der deutschen Literaturwissenschaft. Eine Dokumentation*. Frankfurt a. M.: Athenäum.

Žmegač, Viktor. 1973. Probleme der Literatursoziologie. In *Zur Kritik literaturwissenschaftlicher Methodologie*, Hrsg. Zdenko Škreb und Viktor Žmegač, 253–282. Frankfurt a. M.: Fischer Arthenäum.

Žmegač, Viktor. 1991. *Der europäische Roman. Geschichte seiner Poetik*. Tübingen: Niemeyer.

The manufacturer's authorised representative in the EU is Springer Nature Customer Service Centre GmbH, Europaplatz 3, 69115 Heidelberg, Germany. If you have any concerns regarding our products, please contact ProductSafety@springernature.com

Printed and bound by CPI Group (UK) Ltd, Croydon, CR0 4YY
23/03/2026
02076679-0006